家事事件手続法規逐条解説（一）

梶 村 太 市 〔著〕

発行 テイハン

はしがき

　本書『家事事件手続法規逐条解説』は，平成23年法律第52号の「家事事件手続法」と平成24年最高裁判所規則第8号の「家事事件手続規則」の逐条解説です。家事事件手続法は条文の順序に従いますが，家事事件手続規則はそれぞれの関連法に併せてその次に記載します。法規の原文は，テイハン法令編集部戸籍実務研究会編『戸籍六法』各年版に基づきます。本書は大部になり，また体系的な観点もあって，以下の三巻に分けることとします。

　第一巻は，家事法1条から116条まで，家事規則1条から77条までです。いわば，『家事事件・家事審判総論編』の部分です。第一編総則と第二編第一章総則がその範囲です。第一編総則は，家事審判や家事調停など家事事件全般に通じる一般的な規定であり，通則のほか，管轄，裁判所職員の除斥・忌避，当事者能力・手続行為能力，手続代理人・補佐人，手続費用，家事事件の審理等の諸原則，電子情報処理組織による申立て等を扱っています。第二編家事審判手続，第一章総則は，家事審判の諸手続（通則，家事審判の申立て，家事審判の手続期日，事実の調査・証拠調べ，家事審判手続における子の意思の把握等，家事調停可能事件についての家事審判手続の特則，審判等，取下げによる事件の終了，高裁が第一審として行う手続），不服申立て，再審，審判前の保全処分，戸籍の記載等の嘱託等を扱っています。

　第二巻は，家事法の117条から243条まで，家事規則の78条から123条までです。いわば，『家事審判各論編』の部分です。成年後見関係事件，保佐関係事件，補助関係事件，不在者財産管理関係事件，失踪宣告関係事件，婚姻等関係事件，親子関係

1

事件，親権関係事件，未成年後見関係事件，扶養関係事件，推定相続人廃除関係事件，相続時の祭祀承継関係事件，遺産分割関係事件，相続承認放棄関係事件，財産分離関係事件，相続人不存在（特別縁故者への相続財産分与）関係事件，遺言関係事件，遺留分関係事件，任意後見関係事件，戸籍関係事件，性同一性障害関係事件，年金関係事件，児童福祉法関係事件，生活保護法関係事件，破産法関係事件，中小企業経営承継円滑化関係事件などがその対象です。

　第三巻は，家事法244条から293条まで，家事規則124条から140条までです。いわば『家事調停編』の部分です。総則では，通則，家事調停の申立て等，家事調停の手続，調停の成立，調停の成立によらない事件の終了，付調停等が対象です。そして調停手続独特の「合意に相当する審判」と「調停に代わる審判」が詳しく解説され，そのあと不服申立てと続きます。最後に，家事事件全般に通じる「履行の確保」と「罰則」が加わります。

　そして，執筆の姿勢としては，家事事件手続法規の適切な運用は家庭裁判所の健全な発展にとって最も重要なことであり，戦後70年近くにわたって積み重ねてきた家庭裁判所の実績をさらに前進させるのが現在の私どもの務めであるという認識に立ちます。よく言われることですが，戦後の司法改革の中で最も成功したのが，家事事件と少年事件とを併せ持ち家庭に光を，少年に愛をという合言葉の下に出発した家庭裁判所と，判事・検事・弁護士の法曹三者を同じ釜の飯の下の合同研修とした司法研修所であると言われています。家庭裁判所は，戦後の新憲法14条の法の下の平等や24条の家族生活における個人の尊厳と両性の平等の規定を受けて，個人の権利保護と人間関係の調整を目的とした福祉的裁判所として出発しましたが，反面非訟

はしがき

手続としての性格上個人の手続保障が不十分であったとして，家事事件手続における透明性の確保と当事者権の保障を強化するために平成25年1月1日に家事事件手続法規が施行されました。その分だけ，家事事件手続法が権利義務中心の民事訴訟法化し，人間関係調整的な側面の後退を見たことは否めません。

　翻って考えますと，近時は，少子高齢化が想定をはるかに超える速度で進み，我が国は世界に先駆けて人口減少時代に突入し，加えて価値観の多様化・複雑化と経済社会のグローバリゼーション化が進む一方で，我が国の基層文化の強固さも衰えを見せず，家事紛争・家事事件は欧米先進国の影響を受けると同時に，当然のことながら日本的特色も色濃く残っています。家事事件は，地球規模の視野を持ち（グローバル），地域視点で行動して（ローカル），グローカル化しており，最近の離婚や親権・親子や，相続や遺言・遺留分等の事件ではいずれもそのような傾向があるとされています。そうすると，最近また，家事事件は権利義務だけで解決することはできず，個人的権利と利益の広範な調整が必要となり，本来の家庭裁判所らしさを取り戻すべきだという意見もあちこちで聞かれるようになりました。すなわち，家事事件手続法規をめぐる環境は複雑化，高度化の進展がすさまじく，そんな中にあって，家庭裁判所の果たすべき役割や家事事件手続法規の運用の在り方に対する国民の期待は，非常な高まりを見せています。

　本書は，このような問題意識の下に，制度運営者の立場としてよりも，これを利用する国民・市民の立場に立ちつつ，その期待に応えられるようにするためには，この家事事件の紛争解決の手続を如何に適切に運用していくべきかという視点からも，一定の提案をしていくという心づもりでおります。私は，旧家

3

事審判法の時代の 1986 年に「家事調停の現代的課題」(文献⑧ 419 頁以下) を，2008 年に「家事事件手続法の課題と展望」(同 397 頁以下) を書きましたが，それ以前から家事事件手続法への思い入れは強く，一定の見解を提示してきましたので，本書でも可能な限りそれを組み入れ，類書との違いにも意を注いでいきたいと思っています。

　本書第一巻は，「戸籍」誌に連載されたものに手を加えたものです。

　実務的には，本書の理解を深め各手続を積極的に活用するために，後掲〔逐条解説参考文献〕⑬の『家事事件書式体系Ⅰ，Ⅱ〔第 2 版〕』(青林書院・2018 年) を併せ読んでいただくことをお勧めします。

　本書の刊行に当たっては，株式会社テイハン社長坂巻徹氏，編集部の保科健太郎氏に大変お世話になりました。ここに記して謝意を表したいと思います。

　　　　2018 年 11 月

　　　　　　　　　　　　　　　　梶　村　太　市

【逐条解説参考文献】

① 金子修編著『逐条解説家事事件手続法』(商事法務・2013年)

② 金子修編著『一問一答・家事事件手続法』(商事法務・2012年)

③ 最高裁判所事務総局家庭局監修『条解家事事件手続規則』(法曹会・2013年)

④ 高田裕成・編著『家事事件手続法 理論・解釈・運用』(有斐閣・2014年)

⑤ 梶村太市著『[新版]実務講座家事事件法 家事調停・家事審判・人事訴訟・民事訴訟・強制執行・渉外事件』(日本加除出版・初版2010年、新版2013年)

⑥ 梶村太市＝徳田和幸編著『家事事件手続法裁判例集』(有斐閣・2011年)

⑦ 梶村太市著『新家事調停の技法 家事法改正論議と家事事件手続法制定を踏まえて』(日本加除出版・2012年)

⑧ 梶村太市著『家族法学と家庭裁判所』(日本加除出版・2008年)

⑨ 梶村太市＝徳田和幸編著『家事事件手続法 第3版』(有斐閣・2016年)

⑩ 佐上善和著『家事事件手続法Ⅰ 家事審判・家事調停』(信山社・2017年)

⑪ 佐上善和著『家事事件手続法Ⅱ 別表第1の審判事件』(信山社・2014年)

⑫ 東京家事事件研究会編『家事事件・人事訴訟事件の実務～家事事件手続法の趣旨を踏まえて』(法曹会・2015年)

⑬ 梶村太市＝石田賢一＝石井久美子編著『家事事件手続書式体系Ⅰ・Ⅱ(第2版)』(青林書院・2018年)

【凡例】

旧家審法	家事審判法（昭和 22 年法律第 152 号）
家事法	家事事件手続法（平成 23 年法律第 52 号）
旧家審規	家事審判規則（昭和 22 年最高裁判所規則第 15 号）
旧特家審規	特別家事審判規則（平成 22 年最高裁判所規則第 16 号）
家事規則	家事事件手続規則（平成 24 年最高裁判所規則第 8 号）
人訴法	人事訴訟法（平成 15 年法律第 109 号）
人訴規	人事訴訟法規則（平成 15 年最高裁判所規則第 24 号）
民訴法	民事訴訟法（平成 8 年法律第 109 号）
民訴規則	民事訴訟規則（平成 8 年最高裁判所規則第 24 号）
民訴費用法	民事訴訟費用法等に関する法律（昭和 46 年法律第 40 号）
（別表）第一（旧甲類）事件	家事事件手続法 39 条別表第一事件
（別表）第二（旧乙類）事件	家事事件手続法 39 条別表第二事件

参考文献等

【判例引用】

大判（決）	大審院判決（決定）
最判（決）	最高裁判所小法廷判決（決定）
最大判（決）	最高裁判所大法廷判決（決定）
家月	家庭裁判所月報
判時	判例時報
判タ	判例タイムズ

目　次

序説（制定の経緯と家事事件手続法の概要）

1　制定の経緯　*1*
2　家事法の概要　*2*
3　家事事件処理系統図　*5*

第一編　総則

第一章　通則 ……………………………………………… *11*

（一）　家事法の趣旨　*12*
（二）　裁判所・当事者の責務　*13*
（三）　規則への委任　*15*
　　1　家事事件手続規則　*15*
　　2　法律事項と規則事項の振り分け　*15*
（四）　書類の提出・公告・申立ての方法等　*16*

第一章の二　日本の裁判所の管轄権 …………………… *20*

1　渉外事件の準拠法と国際裁判管轄　*20*
2　中間試案・補足説明・要綱案　*20*
3　民事事件全般の国際裁判管轄規定の整備の完成　*21*
4　家事事件の国際裁判管轄権の整備完成　*22*

5　立法化までの経緯と立法のあらまし　*22*

6　戸籍法に規定する家事事件の国際裁判管轄規定の
不採用　*23*

第二章　管轄 ……………………………………………… *38*

（一）　管轄原則　*39*

（二）　移送・自庁処理　*41*

第三章　裁判所職員の除斥・忌避 ……………………… *45*

（一）　裁判官の除斥・忌避・回避　*46*

（二）　裁判所書記官・参与員・家事調停官の除斥・忌避・
回避　*49*

（三）　家庭裁判所調査官・家事調停委員の除斥・回避　*51*

第四章　当事者能力及び手続行為能力 ……………… *52*

（序説）　形式的当事者概念と実質的当事者概念
（関係人概念）　*52*

（一）　当事者能力と手続行為能力　*54*

1　民事訴訟法の準用（家事法17条1項）　*55*

⑴　民訴法28条の準用　*55*

⑵　民訴法29条の準用　*56*

⑶　民訴法31条の準用　*57*

⑷　民訴法33条の準用　*58*

⑸　民訴法34条の準用　*58*

⑹　民訴法30条の不採用　*58*

2　当事者能力と手続行為能力の概念　*59*

⑴　審判手続要件　*59*

⑵　手続行為能力の原則　*59*

　　⑶　受動的手続行為の場合の例外　*60*

　　⑷　特別の授権　*60*

　（二）　未成年者及び成年被後見人の法定代理人　*61*

　（三）　特別代理人　*62*

　（四）　法定代理権の消滅の通知　*63*

　（五）　法人の代表者等への準用　*64*

第五章　手続代理人及び補佐人 ……………………………… *64*

　（一）　手続代理人の資格　*64*

　　1　任意代理人と弁護士代理の原則
　　　（家事法 22 条 1 項本文）　*65*

　　2　「手続代理委任状」の書式（家事法 22 条 1 項本文）　*65*

　　3　弁護士以外の許可代理（家事法 22 条 1 項ただし書）　*66*

　　4　非弁護士選任許可基準（家事法 22 条 1 項ただし書）　*66*

　　5　手続代理人許可の取消し（家事法 22 条 2 項）　*68*

　（二）　子どもの手続代理人の選任　*68*

　　1　手続代理人の選任（家事法 23 条 1 項）　*69*

　　2　子ども代理人制度との関係（家事法 23 条 2 項）　*69*

　　3　弁護士報酬（家事法 23 条 3 項）　*70*

　（三）　手続代理人の代理権の範囲　*70*

　　1　手続代理人の代理権の範囲（家事法 24 条 1 項）　*71*

　　2　特別委任事項（家事法 24 条 2 項）　*71*

　　3　手続代理人の代理権の制限（家事法 24 条 3 項）　*72*

　　4　法令による代理権の制限（家事法 24 条 4 項）　*72*

　（四）　手続代理人の代理権消滅の通知　*72*

　　1　家事調停・審判事件における代理権消滅の通知

（家事法 25 条前段）　*73*

　　2　調停・審判事件以外の家事事件における代理権消滅の
　　　通知（家事法 25 条後段，規則 25 条）　*73*

　（五）　手続代理人に関する民事訴訟規定の準用　*74*

　　1　民訴法 34 条 1 項及び 2 項の準用　*74*

　　2　民訴法 56 条から 58 条までの準用　*75*

　（六）　補佐人　*75*

第六章　手続費用 ································· *76*

第一節　手続費用の負担 ···················· *76*

　（一）　各自負担の原則　*76*

　（二）　費用負担の必要的裁判　*77*

　（三）　費用額の予納と立替え　*78*

　（四）　民事訴訟規定の準用　*79*

第二節　訴訟上の救助 ······················ *80*

第七章　家事事件の審理等 ················· *82*

　（一）　手続の非公開　*82*

　　1　裁判の第三者公開（一般公開）の原則
　　　（家事法 33 条本文）　*82*

　　2　例外的公開（家事法 33 条ただし書）　*84*

　　3　当事者公開　*84*

　　4　同席調停と同席審判（情報の共有）　*85*

　（二）　期日及び期間　*86*

　　1　期日・期間の意義（家事法 34 条 1 項）　*87*

　　2　期日の指定（家事法 34 条 2 項）　*87*

　　3　期日の変更（家事法 34 条 3 項）　*88*

4 期日の呼出し
（家事法 34 条 4 項，民訴法 94 条の準用） *89*

5 期間の計算・伸縮等（家事法 34 条 4 項，民訴法 95 条・
96 条の準用） *89*

6 手続行為の追完（家事法 34 条 4 項，民訴法 97 条の
準用） *90*

7 家事規則の規定 *90*

（三） 手続の併合等 *91*

1 家事事件の個数（審判物・調停物） *91*

2 手続の併合・分離（家事法 35 条 1 項） *92*

3 裁判の取消し（家事法 35 条 2 項） *93*

4 併合後の手続（家事法 35 条 3 項） *93*

（四） 送達及び手続の中止 *94*

1 送達と手続の中止（家事法 36 条） *95*

2 書類の送達（家事規則 25 条） *95*

3 手続の中止（民訴法 130 条以下の準用） *96*

（五） 書類の送付 *97*

（六） 裁判所書記官の処分に対する異議 *98*

1 異議の対象となる裁判所書記官の処分 *98*

2 異議の申立てに対する裁判（家事法 37 条 1 項） *99*

3 即時抗告（家事法 37 条 2 項） *99*

第八章　電子情報処理組織による申立て等 ……………*99*

第二編　家事審判に関する手続

第一章　総則 …………………………………………………………… 101

第一節　家事審判の手続 ……………………………………………… 101

第一款　通則 …………………………………………………………… 101

（一）審判事項　*101*

1　制限列挙主義　*101*

2　第一事件審判事項（別表第一）（審判可・調停不可）　*103*

3　第二事件審判事項（別表第二）（審判可・調停可）　*110*

（二）参与員　*112*

1　参与員の意見聴取（家事法40条1項）　*112*

2　参与員の期日の立会い（家事法40条2項）　*113*

3　参与員の説明聴取等（家事法40条3項以下）　*113*

（三）当事者参加　*114*

1　用語の解説　*115*

⑴　「当事者」　*115*

⑵　「当事者となる資格を有する者」　*115*

⑶　「審判を受ける者となるべき者」　*115*

⑷　「審判の結果により直接の影響を受ける者」　*116*

⑸　参加の制度　*116*

⑹　参加と新申立てとの関係　*116*

2　「当事者となる資格を有する者」による当事者参加
（家事法41条1項）　*118*

⑴　当事者参加の制度的意義　*118*

⑵　当事者参加が認められる場合　*118*

3　他の当事者による申立て等（引き込み等）
　　　（家事法41条2項）*119*
　　　⑴　引き込み当事者参加の制度趣旨　*119*
　　　⑵　引き込みによる当事者参加が
　　　　　認められる場合の制限　*120*
　　　⑶　引き込みによる当事者参加が認められる場合　*120*
　　4　当事者参加の手続（家事法41条3項）*121*
　　　⑴　自ら参加しようとする場合　*121*
　　　⑵　他の当事者による引き込みの場合　*121*
　　　⑶　職権による場合　*122*
　　　⑷　当事者参加の書式例　*122*
　　5　即時抗告（家事法41条4項）*122*
　　6　参加の申出の方式等（家事規則27条）*122*
（四）　利害関係人参加　*123*
　　1　「審判を受ける者となるべき者」による利害関係参加
　　　（家事法42条1項）*124*
　　　⑴　利害関係参加の制度的意義　*124*
　　　⑵　「審判を受ける者となるべき者」の参加　*124*
　　2　「審判の結果により直接の影響を受ける者」及び
　　　「当事者となる資格を有する者」による利害関係参加
　　　（家事法42条2項）*125*
　　　⑴　「審判の結果により直接の影響を受ける者」の
　　　　　参加　*125*
　　　⑵　「当事者となる資格を有する者」の参加　*125*
　　3　職権による利害関係参加（引き込み）
　　　（家事法42条3項）*126*

4　利害関係参加の手続（家事法 42 条 4 項）　*126*
　　(1)　「審判を受ける者となるべき者」の
　　　　利害関係参加　*126*
　　(2)　「審判の結果により直接の影響を受ける者」及び
　　　　「当事者となる資格を有する者」の利害関係参加　*127*
　5　未成年者による利害関係参加（家事法 42 条 5 項）　*127*
　6　即時抗告（家事法 42 条 6 項）　*128*
　7　利害関係参加人の地位（家事法 42 条 7 項）　*128*
（五）　手続からの排除　*129*
　1　手続からの排除制度の趣旨
　　　（家事法 43 条 1 項，家事規則 28 条）　*129*
　2　排除の裁判と却下の裁判との関係
　　　（家事法 43 条 1 項）　*130*
　3　即時抗告（家事法 43 条 2 項）　*130*
（六）　手続の受継　*131*
　1　手続の中断と受継（民事訴訟との違い）　*131*
　　(1)　中断と受継の関係　*131*
　　(2)　手続代理人がある場合　*132*
　2　法令により手続を続行する資格のある者による受継
　　　（家事法 44 条 1 項）　*132*
　　(1)　1 項の趣旨　*132*
　　(2)　「当事者が手続を続行することが
　　　　できない場合」　*132*
　　(3)　「法令により手続を続行する資格のある者」　*133*
　　(4)　有資格者の受継の申立てと受継決定　*133*
　3　有資格者の受継申立て却下と即時抗告

（家事法44条2項）　*133*

　4　他の当事者による申立て又は職権による受継

　　（家事法44条3項）　*133*

　　(1)　他の申立権者による受継の申立て

　　　　（家事法45条1項）　*134*

　　(2)　職権による受継（家事法45条2項）　*135*

　　(3)　受継申立て等の期間制限（家事法45条3項）　*135*

（七）　調書の作成等　*136*

　1　本条の趣旨（家事法46条）　*136*

　2　調書作成の原則（家事法46条本文）　*137*

　3　経過要領の例外（家事法46条ただし書）　*137*

（八）　記録の閲覧等　*140*

　1　家事法47条の趣旨　*141*

　2　裁判所の許可（家事法47条1項）　*142*

　3　録音テープ・ビデオテープの複製

　　（家事法47条2項）　*142*

　4　当事者の閲覧謄写等（家事法47条3項）　*143*

　5　閲覧等不許可の場合（家事法47条4項）　*143*

　　(1)　事件の関係人である未成年者の

　　　　利益を害するおそれ　*143*

　　(2)　当事者・第三者の私生活・業務の

　　　　平穏を害するおそれ　*143*

　　(3)　当事者・第三者の私生活についての重大な秘密が

　　　　明らかにされることにより，その者が社会生活を

　　　　営むのに著しい支障を生じたり，その者の名誉を

　　　　著しく害するおそれ　*143*

⑷　事件の性質・審理の状況・記録の内容等に照らして
　　　当該当事者に記録の閲覧等又は記録の複製を許可
　　　することを不適当とする特別の事情があると
　　　認められるとき　*144*

　6　利害関係人の閲覧謄写（家事法 47 条 5 項）　*144*

　7　裁判書の正本等の交付（家事法 47 条 6 項）　*144*

　8　裁判所執務支障等の場合の例外（家事法 47 条 7 項）　*145*

　9　不服申立て（家事法 47 条 8 項〜10 項）　*145*

（九）　検察官への通知（家事法 48 条）等　*146*

第二款　家事審判の申立て ……………………………………… *148*

（一）　申立ての方式等　*148*

　1　書面による申立て（家事法 49 条 1 項）　*149*

　2　申立書の必要的記載事項
　　　（家事法 49 条 2 項・家事規則 37 条）　*150*

　　⑴　当事者及び法定代理人　*150*

　　⑵　申立ての趣旨及び理由と事件の実情　*151*

　　⑶　審判物（申立事項）の特定　*152*

　3　申立ての併合（家事法 49 条 3 項）　*155*

　4　申立書審査と補正命令・却下・即時抗告
　　　（家事法 49 条 4 〜 6 項，家事規則 38 条・39 条）　*156*

（二）　申立ての変更　*157*

　1　処分権主義との関係　*158*

　2　申立変更の意義と要件（家事法 50 条 1 項）　*158*

　3　申立変更の手続
　　　（家事法 50 条 2 項，家事規則 41 条）　*159*

　4　変更不許の裁判（家事法 50 条 3 項）　*160*

5　手続が著しく遅延する場合（家事法50条4項）　*160*

第三款　家事審判の手続の期日 ……………………………………… *161*

（一）　事件の関係人の呼出し　*161*

　　1　本人出頭主義（本条の趣旨）　*161*

　　2　事件の関係人の呼出し（家事法51条1項）　*162*

　　3　本人又は代理人の出頭（家事法51条2項）　*164*

　　4　不出頭の制裁（家事法51条3項）　*164*

（二）　裁判長の訴訟指揮権　*165*

　　1　裁判長の訴訟指揮権（本条の趣旨）　*165*

　　2　手続指揮権の主体（家事法52条1項）　*166*

　　3　手続指揮権の内容（家事法52条2項）　*166*

　　4　裁判長の指揮に対する異議（家事法52条3項）　*166*

（三）　受命裁判官による手続　*167*

　　1　受命裁判官による手続処理（家事法53条1項）　*167*

　　2　受命裁判官の権限（家事法53条2項）　*167*

（四）　音声の送受信による通話の方法による手続　*168*

　　1　電話会議システム・テレビ会議システム
　　　（家事法54条の趣旨）　*168*

　　2　両システムにおける手続（家事法54条1項）　*169*

　　3　出頭したものとみなす（家事法54条2項）　*170*

　　4　両システムの通話者等の確認　*170*

（五）　通訳人の立会い等その他の措置　*170*

　　1　通訳人の立会い等（家事法55条）　*171*

　　2　必要な陳述をすることができない者に対する措置
　　　（家事規則43条）　*171*

第四款　事実の調査及び証拠調べ ……………………………………… *172*

11

（一）　事実の調査及び証拠調べ等　*172*

1　事実の調査中心主義と科学的調査主義　*172*

2　職権探知主義（家事法 56 条 1 項）　*173*

3　当事者の協力（家事法 56 条 2 項）　*174*

4　科学的調査主義と記録化（家事規則 44 条）　*176*

（二）　疎明　*177*

1　自由な証明と疎明　*177*

2　疎明の意義と具体例　*178*

（三）　家庭裁判所調査官による事実の調査　*179*

1　家庭裁判所調査官による事実の調査主義
（家事法 58 条 1 項）　*179*

2　裁判長による調査命令（家事法 58 条 2 項）　*180*

3　調査報告書（家事法 58 条 3 項）　*180*

4　調査官意見（家事法 58 条 4 項）　*181*

（四）　家庭裁判所調査官の期日への立会い等　*181*

1　期日への立会いと意見陳述
（家事法 59 条 1 項・2 項）　*182*

2　家庭裁判所調査官の調整権限
（家事法 59 条 3 項・4 項）　*182*

（五）　裁判所技官による診断等　*183*

（六）　事実の調査の嘱託等　*184*

1　受託裁判官による事実の調査
（家事法 61 条 1 項・2 項・4 項）　*184*

2　受命裁判官による事実の調査
（家事法 61 条 3 項・4 項）　*185*

3　嘱託の手続は裁判所書記官の担当（家事規則 45 条）　*185*

（七）　調査の嘱託等　*185*

　1　調査の嘱託（家事法62条）　*185*

　2　報告の請求　*186*

（八）　事実の調査の通知　*186*

　1　通知制度の重要性（家事法63条）　*186*

　2　「手続の追行に重要な変更を生じ得るものと
　　　認めるとき」　*187*

　3　通知の内容と当事者の意見聴取　*188*

（九）　証拠調べ　*188*

　1　民訴法の規定の準用（家事法64条1項）　*191*

　2　即時抗告に伴う執行停止（家事法64条2項）　*191*

　3　文書提出命令の不順守と過料
　　　（家事法64条3項・4項）　*191*

　4　当事者に対する出頭・宣誓・陳述命令
　　　（家事法64条5項・6項）　*191*

　5　証拠調べに関する規則の規定（家事規則46条）　*192*

第五款　家事審判の手続における子の意思の把握等 ………*192*

　1　子の意思の考慮制度の趣旨（家事法65条）　*192*

　　⑴　実務の伝統と児童の権利条約　*192*

　　⑵　子の意思の考慮　*193*

　　⑶　未成年者の法的地位　*193*

　2　考慮が必要な家事審判の手続　*194*

　3　子の意思の把握の方法　*195*

　4　子の必要的陳述の聴取　*196*

　5　子の意思の考慮の意味と子の
　　　代弁人（手続代理人）制度　*197*

13

第六款　家事調停をすることができる事項についての
　　　　家事審判の手続の特則 ……………………………… *199*

（一）　合意管轄　*199*

　1　合意管轄制度　*199*

　2　管轄の合意（家事法 66 条 1 項）　*200*

　3　管轄の合意の方式（家事法 66 条 2 項）　*202*

（二）　家事審判の申立書の写しの送付等　*202*

　1　申立書送付制度（家事法 67 条）　*203*

　2　申立書送付の原則（家事法 67 条 1 項本文）　*203*

　3　申立書送付の例外（家事法 67 条 1 項ただし書）　*204*

　4　送付不能の場合（家事法 67 条 2 項）　*205*

　5　費用予納がない場合（家事法 67 条 3 項・4 項）　*205*

（三）　陳述の聴取　*206*

　1　陳述聴取制度（家事法 68 条）　*206*

　2　必要的陳述聴取（家事法 68 条 1 項）　*206*

　3　審問の申出（家事法 68 条 2 項）　*207*

　4　実務上の留意点　*207*

（四）　審問の期日　*208*

　1　当事者の審問期日立会権（家事法 69 条）　*208*

　2　審問の重要性と他の当事者の立会権
　　（家事法 69 条本文）　*209*

　3　立会権保障の例外（家事法 69 条ただし書）　*209*

　4　立会権と利害関係参加人（家事規則 48 条）　*209*

　5　実務上の留意点　*210*

（五）　事実の調査の通知　*210*

　1　当事者及び利害関係参加人への通知（家事法 70 条）　*210*

　　　　　　　　　　　　　　　　　　　　　　　　　　　　　　　目　次

　2　事実の調査の通知制度の意義（家事法70条）　*211*

　3　実務上の留意点　*211*

（六）　審理の終結　*212*

　1　審理終結日の制度（家事法71条）　*212*

　2　審理の終結をすることができる場合

　　　（家事法71条本文）　*212*

　3　審判期日での審理の終結（家事法71条ただし書）　*213*

　4　審理終結日の効果（家事法71条）　*213*

　5　実務上の留意点　*213*

（七）　審判日　*214*

　1　審判日の制度（家事法72条）　*214*

　2　審判日指定の時期（家事法72条）　*214*

　3　審判日指定の取消し・変更（家事法81条）　*215*

　4　実務上の留意点　*215*

第七款　審判等 ……………………………………………… *215*

（一）　審判　*215*

　1　審判と家事審判事件の意義（家事法73条）　*216*

　2　全部審判（家事法73条1項）　*217*

　3　一部審判（家事法73条2項）　*218*

（二）　審判の告知及び効力の発生等　*218*

　1　審判の告知の制度（家事法74条）　*219*

　2　審判の告知の対象者と方法（家事法74条1項）　*220*

　3　認容審判の効力発生時期（家事法74条2項）　*221*

　4　申立却下審判の効力発生時期（家事法74条3項）　*221*

　5　審判の確定（家事法74条4項）　*221*

　6　審判の確定遮断（家事法74条5項）　*222*

15

7 審判確定証明書等（家事規則49条）*222*

（三） 審判の執行力 *222*

1 審判の執行力（家事法75条） *222*

2 給付命令・給付文言（家事法75条） *223*

3 給付審判を債務名義とする強制執行 *223*

（四） 審判の方式及び審判書 *224*

1 審判の方式（家事法76条1項，家事規則50条） *224*

2 審判書の記載事項（家事法76条2項） *225*

（五） 更正決定 *225*

1 更正決定の要件と手続（家事法77条1項） *225*

2 裁判書の作成（家事法77条2項） *226*

3 更正決定に対する即時抗告（家事法77条3項） *226*

4 更正決定申立却下決定に対する即時抗告
（家事法77条4項） *226*

5 原審判に対して適法な即時抗告があった場合の措置
（家事法77条5項） *227*

（六） 審判の取消し又は変更 *227*

1 審判の取消しと変更の意義（家事法78条） *228*

2 取消し・変更をすることができる審判
（家事法78条1項） *228*

3 取消し・変更審判の時的制限（家事法78条2項） *229*

4 陳述の聴取（家事法78条3項） *230*

5 取消し・変更審判に対する不服申立て
（家事法78条4項） *230*

（七） 審判に対する民事訴訟法の準用 *230*

1 審判に関する民事訴訟法の準用（家事法79条） *231*

2　民訴法 247 条の準用　*231*

3　民訴法 256 条 1 項の準用　*231*

4　民訴法 258 条の準用　*232*

（八）　外国裁判所の確定裁判の効力―外国裁判の承認―

（民訴法 118 条の準用）　*232*

（九）　中間決定　*233*

1　中間決定事項（家事法 80 条 1 項）　*234*

2　中間決定の方式（家事法 80 条 2 項）　*234*

（十）　審判以外の裁判　*234*

1　審判以外の裁判（家事法 81 条 1 項）　*235*

2　手続の指揮に関する裁判（家事法 81 条 2 項）　*235*

3　判事補が単独でできる裁判（家事法 81 条 3 項）　*235*

第八款　取下げによる事件の終了 ……………………………… *236*

（一）　家事審判の申立ての取下げ　*236*

1　申立ての取下げの原則的許容（家事法 82 条 1 項）　*237*

2　別表第二事件（旧乙類）の申立ての取下げ

（家事法 82 条 2 項）　*238*

3　取下げの通知（家事法 82 条 3 項）　*238*

4　相手方の取下げ同意の擬制（家事法 82 条 4 項）　*238*

5　申立て取下げの方式等（家事法 82 条 5 項）　*239*

（二）　家事審判取下げの擬制　*239*

1　取下げ擬制の制度（家事法 83 条）　*239*

2　「みなすことができる」　*239*

第九款　高等裁判所が第一審として行う手続 ……………… *240*

1　高裁が第一審として行う裁判（家事法 84 条 1 項）　*241*

2　適用除外（家事法 84 条 2 項）　*242*

17

第二節　不服申立て ……………………………………… 242
第一款　審判に対する不服申立て ……………………… 242
第一目　即時抗告　242
（一）　即時抗告が可能な審判　242
　　1　即時抗告をすることができる審判
　　　（家事法 85 条 1 項）　242
　　2　手続費用の負担の裁判に対する即時抗告
　　　（家事法 85 条 2 項）　243
　　3　抗告審における当事者　243
（二）　即時抗告期間　244
　　1　即時抗告の期間（家事法 86 条 1 項）　244
　　2　即時抗告期間の起算点（家事法 86 条 2 項）　245
（三）　即時抗告提起の方式　245
　　1　即時抗告の提起の方式（家事法 87 条 1 項・2 項）　247
　　2　原裁判所による即時抗告の却下
　　　（家事法 87 条 3 項・4 項・5 項）　247
　　3　抗告裁判所裁判長の抗告状審査権
　　　（家事法 87 条 6 項）　248
　　4　抗告理由書の提出期間 14 日（家事規則 55 条）　248
　　5　その他の家事規則の規定　248
　　6　即時抗告の書式例　248
（四）　抗告状の写しの送付等　249
　　1　抗告状の写しの送付（家事法 88 条 1 項）　249
　　2　費用不予納の場合の抗告状却下命令
　　　（家事法 88 条 2 項）　250
（五）　原審判取消しの場合の陳述聴取の必要性　250

1　2 項規定以外の審判事件の場合（家事法 89 条 1 項）　*250*

　　2　別表第二事件の場合（家事法 89 条 2 項）　*251*

（六）　原裁判所による更正　*251*

　　1　再度の考案の原則的認容（家事法 90 条本文）　*251*

　　2　別表第二（旧乙類）事件における禁止

　　　（家事法 90 条ただし書）　*252*

（七）　抗告裁判所による裁判　*252*

　　1　抗告裁判所による裁判の方式（家事法 91 条 1 項）　*252*

　　2　抗告裁判所による審判に代わる裁判

　　　（家事法 91 条 2 項）　*253*

（八）　原審の管轄違いの取扱い　*253*

　　1　管轄違いによる原裁判の取消し（家事法 92 条 1 項）　*253*

　　2　原裁判取消しの場合の移送の裁判

　　　（家事法 92 条 2 項）　*254*

（九）　家事審判手続規定・民事訴訟法の準用等　*254*

　　1　第一審の家事審判に関する規定の準用

　　　（家事法 93 条 1 項）　*255*

　　2　即時抗告が不適法等の場合の特則

　　　（家事法 93 条 2 項）　*255*

　　3　民訴法の準用（家事法 93 条 3 項）　*256*

　　4　抗告審における申立ての取下げ及び抗告の取下げ　*256*

　　5　民訴規則の準用　*256*

第二目　特別抗告　*256*

（一）　特別抗告をすることができる裁判等　*257*

　　1　特別抗告ができる裁判（家事法 94 条 1 項）　*259*

　　2　特別抗告裁判所の調査の範囲（家事法 94 条 2 項）　*260*

3 特別抗告理由書の提出14日以内（家事規則63条）*260*

4 特別抗告の手続等（各規則）*260*

5 特別抗告の書式例 *261*

（二） 原裁判の執行停止 *261*

1 特別抗告の場合の原裁判執行停止

（家事法95条1項）*261*

2 供託及び担保（家事法95条2項・3項）*262*

3 書面による申立て（家事規則67条）*262*

（三） 即時抗告の規定及び民事訴訟法の準用 *262*

1 即時抗告の規定の準用（家事法96条1項）*263*

2 民事訴訟法の準用（家事法96条2項）*263*

3 各手続規定（家事規則68条）*264*

第三目 許可抗告 *264*

（一） 許可抗告が可能な裁判等 *265*

1 抗告許可の対象となり得る裁判

（家事法97条1項）*265*

2 高等裁判所による許可の要件

（家事法97条2項から4項）*266*

3 抗告裁判所の調査の範囲等

（家事法97条5項・6項）*267*

（二） 即時抗告等の規定及び民事訴訟法の準用 *267*

1 即時抗告の規定の準用（家事法98条1項）*269*

2 民事訴訟法の準用（家事法98条2項）*270*

3 民事訴訟規則等の準用（家事規則69条）*270*

4 許可抗告の書式例 *270*

第二款 審判以外の裁判に対する不服申立て …………………… *270*

（一）　不服申立ての対象　*270*

　　1　審判以外の裁判の例と特別の定め（家事法 99 条）　*271*

　　2　手続関係（家事規則 70 条・71 条）　*272*

（二）　受命裁判官等の裁判に対する異議　*272*

　　1　受命裁判官等の裁判に対する異議申立て
　　　　（家事法 100 条 1 項）　*273*

　　2　異議申立ての裁判に対する即時抗告
　　　　（家事法 100 条 2 項）　*273*

（三）　即時抗告期間等　*273*

　　1　即時抗告期間（家事法 101 条 1 項）　*273*

　　2　即時抗告に伴う執行停止（家事法 101 条 2 項）　*274*

　　3　供託・担保（家事法 101 条 3 項）　*274*

（四）　審判に対する不服申立ての規定の準用　*274*

　　1　裁判に対する不服申立ての規定の準用
　　　　（家事法 102 条）　*274*

　　2　手続関係（家事規則 72 条）　*275*

第三節　再審 ……………………………………………………… *275*

（一）　再審事由と再審の手続　*275*

　　1　再審の規定の明文化（家事法 103 条）　*276*

　　2　再審を申し立てることができる裁判
　　　　（家事法 103 条 1 項）　*276*

　　3　再審の手続（家事法 103 条 2 項）　*277*

　　4　再審事由（家事法 103 条 3 項）　*277*

　　5　再審開始決定に対する即時抗告
　　　　（家事法 103 条 4 項）　*278*

　　6　再審申立棄却決定に対する即時抗告

（家事法 103 条 5 項）　*278*

 7　手続関係（家事規則 73 条）　*278*

（二）　執行停止の裁判　*279*

 1　執行停止等の裁判の手続（家事法 104 条 1 項）　*279*

 2　不服申立ての禁止（家事法 104 条 2 項）　*279*

 3　準用規定（家事法 104 条 3 項）　*279*

 4　手続関係（家事規則 74 条）　*280*

第四節　審判前の保全処分 ……………………………………… *280*

（一）　意義・要件・管轄等　*280*

 1　審判前の保全処分の意義等（家事法 105 条 1 項）　*280*

  ⑴　意義と目的　*280*

  ⑵　保全処分の四類型　*281*

  ⑶　本案調停・審判係属要件　*283*

  ⑷　保全処分の管轄裁判所　*284*

 2　本案高裁係属中の管轄裁判所（家事法 105 条 2 項）　*284*

 3　実務上の留意点　*284*

（二）　審判前の保全処分の申立て等　*284*

 1　保全処分の申立て（家事法 106 条 1 項）　*286*

  ⑴　本案認容の蓋然性（被保全権利）　*286*

  ⑵　保全の必要性　*287*

 2　申立人の疎明義務（家事法 106 条 2 項）　*287*

 3　職権調査（家事法 106 条 3 項）　*287*

 4　保全処分申立ての取下げ（家事法 106 条 4 項）　*288*

 5　審判前の保全処分の手続（家事規則 75 条）　*288*

 6　審判前の保全処分の書式例　*288*

（三）　仮の地位を定める審判事件における陳述の聴取　*289*

1　陳述聴取の原則（家事法107条本文）　*289*

2　陳述聴取の例外（家事法107条ただし書）　*290*

（四）　記録の閲覧等　*290*

（五）　保全処分の審判　*291*

1　疎明（家事法109条1項）　*291*

2　即時の効力発生（家事法109条2項）　*292*

3　保全処分の執行と効力（家事法109条3項）　*292*

（六）　即時抗告　*292*

1　却下審判に対する即時抗告（家事法109条1項）　*293*

2　認容審判に対する即時抗告（家事法109条2項）　*293*

（七）　即時抗告に伴う執行停止　*293*

1　即時抗告に伴う執行停止（家事法111条1項）　*294*

2　執行停止等の裁判手続（家事法111条2項）　*294*

3　執行停止申立ての書式例　*295*

（八）　事情変更による審判前の保全処分の取消し　*295*

1　管轄と手続の開始（家事法112条1項）　*295*

2　本案が高裁に係属している場合
（家事法112条2項）　*296*

3　保全処分取消しの申立てと審理手続等
（家事法112条3項）　*296*

4　取消し申立ての書式例　*297*

（九）　即時抗告等　*297*

1　却下審判に対する即時抗告（家事法113条1項）　*297*

2　取消審判に対する即時抗告（家事法113条2項）　*298*

3　執行停止（家事法113条3項）　*298*

（十）　調書の作成　*298*

1 裁判長の許可による調書不作成
（家事法 114 条 1 項）　*298*

2 家事法 46 条の不適用（家事法 114 条 2 項）　*299*

（十一）　民事保全法の準用　*299*

1 保全処分の手続に関する民事保全法の準用　*299*

2 保全処分の取消しの裁判に関する民事保全法の準用　*300*

第五節　戸籍の記載等の嘱託 ……………………………………… *300*

1 戸籍の記載の嘱託（家事法 116 条）　*304*

2 家事規則の定め（家事規則 76 条・77 条）　305

解　説

序説（制定の経緯と家事事件手続法の概要）

1　制定の経緯

　戦後になって，時代のニーズに即応するため，戦前から続いていた片仮名・旧仮名遣い等による民事手続法全般の平易化を目指して，その見直しと改訂作業が続けられましたが，最後に残ったのが非訟事件手続法関係でした。そこで今回は，平成23年に最後の手続法の抜本的改正として，旧非訟事件手続法の改正と，そのいわば特別法ともいうべき家事審判法規の改正すなわち旧家審法及び旧家審規則の廃止と新家事事件手続法規すなわち新家事法及び新家事規則の制定を実現させたわけです。

　明治時代からある旧「非訟事件手続法」（明治31年法律14号）は戦後も続きましたが，戦後まもなく新憲法の男女平等や個人の尊厳等の精神に合致させるため，戦前の家督相続等を中心とする明治民法の改正と家庭裁判所制度の創設に伴い「家事審判法」（昭和22年法律152号）及び「家事審判規則」（昭和22年最高裁規則15号）・「特別家事審判規則」（昭和22年最高裁規則16号）が制定されました。確かに，これは新仮名遣いとなり，分かりやすくなったのですが，非訟手続としての性質を有する家事審判手続の総論部分の規制は，家事審判法7条が広く旧非訟事件手続法の総則部分を準用していたために，両方の条文を比較参照しなければ全体像が現れてこず，とても分かりにくい規定ぶりとなっていました。

　しかも，戦後60年の家事審判法の実績は，家庭裁判所の評価を高めてきたのですが，反面，手続の不透明部分が残り，当事者や利害関係人の参加などの手続部分の権利の保障に問題があるともされてきました。また，平成15年には旧来の人事訴訟手続法が新しく人事訴訟法（平成15年法律第109号）及び人事訴訟規則（平成15年最高裁規則第24号）に改正され

1

解　説

ましたので，これとの関連も問題となりました。

　そこで，このままでは，近時の社会の著しい変化と当事者の権利意識の高まりに適切に対応できないのではないかという問題意識から，旧家事審判法規を廃止して，新しく家事事件手続法規を制定することになりました。いわば民事（会社）非訟法ともいうべき「非訟事件手続法」（平成23年法律第51号）とともに，家事非訟法ともいうべき「家事事件手続法」（同年法律第52号）が平成23年5月19日制定され，それにあわせて旧家事審判法が廃止されることになったわけです。その後平成24年7月17日「家事事件手続規則」（平成24年最高裁規則第8号）が制定され，両者は，平成25年1月1日に施行となったことは周知の通りです（以上につき，文献②3頁以下参照）。

2　家事法の概要

　以上のような経緯の中で，国民にとってより利用しやすく，現代社会の要請にも合致したものとするべく，家事事件手続の透明性と当事者権の保障を目指して制定されたのが，前記「家事事件手続法」と「家事事件手続規則」です。

　従来の旧家事審判法規と比較すると，戦後まもなく司法優位国のアメリカGHQの影響下に制定された憲法の下で，裁判所の規則制定権がかなり前面に出ており，民事訴訟法など他の手続法と比較して規則の突出ぶりは目立っていました。その後国会の法律制定権優位の思想が一般化されてきて，当事者や利害関係人の権利利益に関係する手続の重要部分はやはり法律で規定すべきであるとする考え方が主流となりました。そこで，平成23年制定の家事事件手続法（以下，家事法）では，従来の家事審判の規則・特別規則の主要部分を取り入れて，293か条に及ぶ巨大な法体系となり，家事事件手続規則は細部的な部分にのみ限定されることになりました。

　家事事件手続法は，家事審判事件と家事調停事件の双方を含む意味で

2

「家事事件」と総称し，両者の手続関係を包括的・総括的に規定しました。家事審判も家事調停も非訟事件手続に属しますが，いずれも非訟事件手続法から独立させ，従来の家事審判法がその通則部分につき旧非訟事件手続法の規定を準用してきた方式を改め，その通則部分も家事事件手続法の中に規定することとし，家事法は自足的な法律として自己完結しました。そのため，従来は家事審判法の規定とともに非訟事件手続法の規定も斟酌しなければならなかったのが，家事法では専ら家事事件手続法の条文のみを検討すればよいこととなって，この面からも分かりやすい規定ぶりとなりました。

そこで家事法の規定を見ますと，第一編が総則で，家事事件に共通する手続を規定しています。通則・管轄・裁判所職員の除斥と忌避，当事者能力と手続行為能力・手続代理人と補佐人・手続費用・家事事件の審理等・電子情報処理組織による申立て等がその内容となります。まさに，審判と調停手続全般を通じた通則的な規定であり，自己完結的な規定ぶりとなっています。以下，第二編が審判手続，第三編が調停手続，第四編が履行の確保，第五編が罰則の順序で規定しています。

審判事件には，相手方がなく調停手続を経ない別表第一（旧甲類）事件と，相手方があり調停が可能な別表第二（旧乙類）事件とがあります。そうすると，第二（乙類）事件の場合には，時系列的には調停手続を経て審判手続に移行するのが通常ですので，本来であれば，規定上も，まず調停手続から始めるのが論理的であるともいえます。しかし反面，家事法は調停手続を経ない第一（旧甲類）事件を含めて規定していることから，第二編審判，第三編調停というように，審判に関する規定をまず置き，その後に調停に関する規定を置くという順序となりました。そこで，第二事件の調停に関する規制の多くは審判に関する規定を準用するという規定ぶりとならざるを得ず，調停に関しては若干分かりにくい構成となってしまったのはやむを得ないというべきでしょうか。

3

解　説

　そこでまず第二編が家事審判に関する手続の規定ということになりますが，第一章の総則には，(1) 家事審判の手続として，①通則，②家事審判の申立て，③家事審判の手続の期日，④事実の調査と証拠調べ，⑤家事審判の手続における子の意思の把握等，⑥家事調停をすることができる事項についての家事審判の手続の特則，⑦審判等，⑧取下げによる事件の終了，⑨高等裁判所が第一審として行う手続を規定しています。(2) 不服申立てには，①審判に対する不服申立てとして即時抗告・特別抗告・許可抗告があり，②審判以外の裁判に対する不服申立てがあることを規定しています。そのほか，(3) 再審，(4) 審判前の保全処分，(5) 戸籍の記載等の嘱託について規定しています。

　本書では，以上が第一巻に収められています。

　第二編，第二章では，家事審判事件のいわば各論として，(1) 成年後見関係事件，(2) 保佐関係事件，(3) 補助関係事件，(4) 不在者財産管理関係事件，(5) 失踪関係事件（①失踪宣告，②失踪宣告取消），(6) 婚姻等関係事件（夫婦同居協力扶助・夫婦財産契約事件・婚姻費用分担・子の監護に関する処分・財産分与・離婚等の場合の祭祀承継），(7) 親子関係事件（①嫡出否認の訴えの際の特別代理人選任，②子の氏の変更許可，③養子縁組許可，④死後離縁許可，⑤離縁等の場合の祭祀承継，⑥特別養子縁組成立），(8) 親権関係事件，(9) 未成年後見関係事件，(10) 扶養関係事件，(11) 推定相続人廃除事件，(12) 相続における祭祀承継事件，(13) 遺産分割事件，(14) 相続承認・放棄事件，(15) 財産分離関係事件，(16) 相続人不存在関係事件，(17) 遺言関係事件，(18) 遺留分関係事件，(19) 任意後見関係事件，(20) 戸籍関係事件，(21) 性同一性関係事件，(22) 年金分割関係事件，(23) 児童福祉法関係事件，(24) 生活保護法関係事件，(25) 精神保健等法関係事件，(26) 破産法関係事件，(27) 中小企業円滑化法関係事件等について，個別的に規定を設けています。

　前述したように，旧家事審判法の下では，甲類（第一類）と乙類（第二

類）とに分けて規定していましたが，家事法ではこれを上記のような事件内容別に第一と第二を一括して規定しました。したがって，例えば，婚姻関係事件の中には，調停ができない第一58項の夫婦財産契約に関する事件と，調停が可能な第二に属するその他の事件とが含まれることになります。したがって，第一（甲類）か第二（乙類）かは，別表で初めて明らかになるという規定ぶりとなっています。

本書では，以上が第二巻に収められています。

第三編は家事調停に関する手続で，第一章総則には，(1) 通則，(2) 家事調停の申立て等，(3) 家事調停の手続，(4) 調停の成立，(5) 調停の成立によらない事件の終了，(6) 付調停等，第二章は合意に相当する審判，第三章は調停に代わる審判，第四章は不服申立て等です。前述したように，家事審判規定の多くを準用しています。

第四編は履行の確保，第五編は罰則規定です。

本書では，以上が第三巻に収められています。

3　家事事件処理系統図

本書の『家事事件手続法規逐条解説』を理解するためには，まず家事事件手続の全体像を頭に入れていただくのが効率的です。

図表 (1)「家事事件類型別処理系統図」は，家庭裁判所等で扱う家事事件の類型別の主な事件処理の流れを，第一審の家庭裁判所での処理結果とそれに対する不服申立て，それに対する高等裁判所や最高裁判所での処理等について，一覧性を重視して簡潔にまとめたものです。この一覧表は，2008 年に発表したものですが（文献⑧ 421 頁参照），分かり易いとして評判がよく，本書以外にもあちこちで引用されています。

概説しますと，家事事件には大別して家事審判事件と家事調停事件とがあります。家事審判事件には，第1に，調停の対象とすることができない家事事件手続法 39 条別表第一項事件（旧家事審判法 9 条甲類事件，一覧

解　説

表では①第一（旧甲類）審判事件と表示），第2に，調停の対象とすることができる家事法39条別表第二項審判事件（旧家審法9条乙類事件，一覧表では②第二（旧乙類）審判事件と表示）とがあります。②は審判の対象にも調停の対象にもすることができるという趣旨です。これに対し，それ以外は審判の対象とすることはできない調停事件ということになりますが，この家事調停事件には，第3に，調停の対象とすることはできるが合意に相当する審判が必要な（離婚と離縁を除く）人事訴訟事件（一覧表では③本来的人訴事件と表示），第4に，調停の対象とすることができ調停を成立させることもできる人事訴訟事件中の離婚と離縁事件と一般の民事訴訟事件（一覧表では④一般調停事件と表示），第5に，審判や訴訟の対象とはならず専ら調停で解決するしかない事件（一覧表では⑤として表示）とがあります。

　そして，家事調停事件は調停が不成立となると，②の第二（旧乙類）事件は当然に審判手続に移行し，③と④中の離婚・離縁事件はそれで調停は終了し，あとは人事訴訟を提起して紛争を解決することになります。④中のその他の一般事件も，不成立で調停は終了し，あとは一般の民事訴訟を提起する途が残されています。⑤は調停が終わればそのまま全て終わりで，審判や訴訟を起こす余地はありません。

　①や②の事件について家裁の審判があっても，不服であれば即時抗告の途が開かれているし，④や⑤の事件について家裁の人事訴訟や地裁等の民事訴訟の判決に不服であれば，控訴の途が開かれており，図表（1）にあるように高裁の決定や判決に不服であれば最高裁に特別抗告や上告等の途が残されています。

　図表（2）は，図表（1）④の一般調停事件は調停が成立すると調停成立調書が作られて確定します。合意ができなくても裁判官が調停に代わる審判をすることがあり，2週間以内に異議の申立てがなければ確定し，異議の申立てがあれば失効します。図表（1）②の第二（乙類）事件も調停が

成立すれば調停成立調書が作られ，また調停に代わる審判をすることも可能ですが異議申立ての有無によって効力が異なることは④の場合と同様です。図表（1）③本来的人訴事件は合意が成立しても調停を成立させることはできず，必ずその合意に相当する審判の手続によってその合意の中身を審査することが求められています。③や④の審判は調停手続きにおける特殊な裁判であり，①や②における本案の審判とは異なります。

図表（1）の①は審判のみが可能で調停をする余地はなく，⑤は図にある通りであり，調停が成立しても執行力はなく，その意味で法的効力はありません。

図表（1）が家事事件の理解に役立つのは，家庭裁判所に登場する家事事件は必ず上記の①から⑤までの類型のいずれかに該当しますので，その①から⑤までの類型のいずれに該当する紛争であるかを見極めれば，それによってその後の調停・審判・訴訟の流れが把握できるからです。読者の皆さんが具体的な紛争に直前したとき，あるいは他人から相談を受けたときには，まずそれが上記①ないし⑤のいずれの類型に当てはまるかを検討して下さい。そのための予備知識としては，本逐条解説参考文献として掲げた中の文献⑤『[新版] 実務講座家事事件法』が便利だと思います。同書は家事事件の内容別に，調停・審判・人事訴訟・民事訴訟・強制執行・渉外事件の全分野にわたって洩れなく解説しているからです。それと，本書『家事事件手続法規逐条解説一巻，二巻（未完），三巻（未完）』を併せ読んでいただければ，鬼に金棒と思います。

これを具体的に見ますと例えば調停事件中最も事件数の多い離婚事件（夫婦関係調整事件）は④の類型に属し，人事訴訟事件ではありますが，合意による解決が可能で，合意がまとまれば調停成立調書を作って，それで直ちに離婚の効力が生じます。これに対し合意がまとまらないと調停は不成立となって調停は終わります。離婚を求めるためには改めて別に離婚の訴えを提起しなければなりません。

解　説

図表(1)　家事事件類型別処理系統図

家　事　事　件

家事審判事件		家　事　調　停　事　件			
①第一(甲類)審判事件	②第二(乙類)審判事件	人事訴訟事件	民事訴訟事件		⑤審判・訴訟の対象とならない事件
		③本来的人訴事件	④一般調停事件		

①第一(甲類)審判事件：成年後見、保佐、補助、不在者財産管理、失踪宣告、婚姻等、親権、未成年後見、扶養、推定相続人廃除、遺言、遺留分、任意後見、戸籍、児童福祉、保護者選任等、相続承認放棄、財産分離、相続人不存在、意思後見

②第二(乙類)審判事件：夫婦同居、婚姻費用分担、子の監護(監護者指定、子の引渡、面会交流、養育費)、財産分与、祭祀承継、離縁後の扶養、親権指定、親権者の指定変更、扶養順位決定変更、扶養の程度方法決定変更、遺産分割、遺産順位決定変更、寄与分、年金分割等

③本来的人訴事件：婚姻無効取消、離婚無効取消、婚姻関係存否確認、認知、認知無効取消、嫡出否認、実親子関係存否確認、養子縁組無効取消、離縁無効取消、養親子関係存否確認、父を定める訴え

④一般調停事件：離婚、離縁／分減殺請求等、後紛争調停、認知相続回復請求、被認知者価額請求等／離婚慰謝料、婚約不当破棄慰謝料、婚姻後の紛争調停、親族間紛争調停、遺産紛争調停、共有物分割、不倫慰謝料、遺産範囲確認、遺産分割無効確認、胎児認知、離婚、遺留分

⑤審判・訴訟の対象とならない事件：夫婦関係円満調整、親子間親族間円満調整、婚約履行請求など具体的権利義務の形成を目的とせず、当事者の任意履行に期待する事項

審判	審判取下げ等	調停成立	調停取下げ	調停不成立	調停に代わる審判	調停拒否	調停取下げ	合意に相当する審判	調停不成立	調停に代わる審判	調停成立	調停取下げ	調停拒否	調停成立	調停取下げ	調停拒否	調停成立	調停取下げ	調停拒否	調停不成立

（当然移行／(異議)審判申立て／訴え提起 など）

付調停　　　　付調停

家事審判手続	家裁人事訴訟手続	地裁簡裁民事訴訟手続
審判(認容・却下)	判決(認容・棄却)	訴訟上の和解など　取下げなど

即時抗告　　　控訴

高　等　裁　判　所

特別抗告　許可抗告　　　上告・上告受理申立て・特別上告

最　高　裁　判　所

解　説

図表(2)　家事調停・審判事件手続の流れ　（☐が調停終了原因を示す）

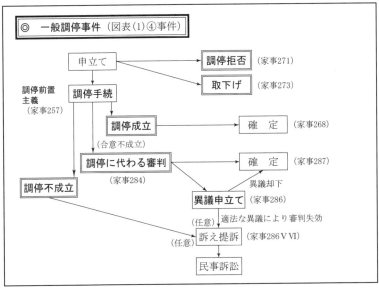

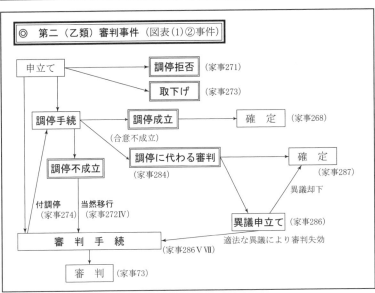

解 説

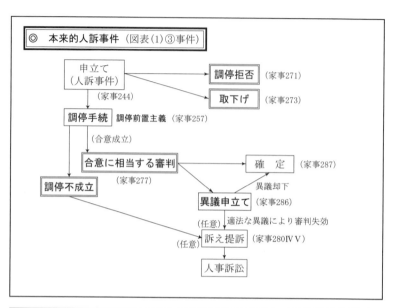

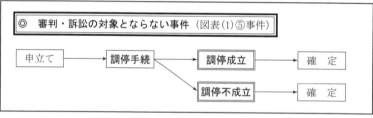

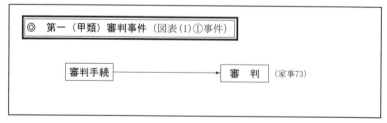

第一編　総則

第一章　通則

　ここでは，家事法の趣旨（家事法1条），裁判所と当事者の責務（家事法2条），最高裁判所規則の委任（家事法3条），裁判所提出書面の記載事項（家事規則1条），ファクシミリによる提出（家事規則2条），電磁的方式による提供等（家事規則3条），公告の方法等（家事規則4条），民事訴訟規則の準用規定（家事規則5条）について規定しています。

　総則中のまたその総則で，家事審判と家事調停に全部的に共通する部分だけを「通則」としました。そのため，家事審判と家事調停に共通する手続でも，例えば参加・継受・記録開示などは違いがあるため，第二編以下に規定しています。その場合には，まず第二編で家事審判について規定し，家事調停独自の部分は第三編に規定し，共通する部分は第二編を準用するという形式です。そのため，家事調停の規律を知るためには家事審判の規律にも目を配る必要があります。ややこしくはありますが，できるだけ重複の規定を避けるという立法の要請からやむを得ません。

　家事事件の中でも家事調停は，その実質的困難性から見ればこれに注ぐ人的資源と処理時間は家事事件全体の7〜8割を占めるほど重要な手続です。にもかかわらず，家事法は審判事件を中心に規定を整備してしまったために，家事調停手続の多くは審判規定の準用という形になっていますので，家事調停の手続を分かりやすく解説するためには工夫が必要です。そこで，文献⑤拙著『［新版］実務講座家事事件法』では，手続的に先行する家事調停手続の解説に手続的に後行する家事審判の手続を組み入れて解説しました。本書8頁から10頁に再録しました。分かりやすいとして好評ですので，ご参考にしていただければと思います。

第一編　総則

（一）　家事法の趣旨

> **家事法 1 条（趣旨）**
> 　家事審判及び家事調停に関する事件（以下「家事事件」という。）の手続については，他の法令に定めるもののほか，この法律の定めるところによる。

　家事法 1 条は，家事審判及び家事調停に関する事件（家事事件）の手続の基本法であることを規定しています。旧家審法 1 条では，「この法律は，個人の尊厳と両性の本質的平等を基本として，家庭の平和と健全な親族共同生活の維持を図ることを目的とする。」とする目的規定を置いていましたが，現在では，家事事件の処理についてこのような趣旨を尊重すべきことは目的規定を置くまでもなく明らかであるということから，家事法ではこのような目的規定を置いていません（文献② 58 頁）。

　最近の民事手続法で，このように目的規定を置かず趣旨規定だけですましているものに，行政事件訴訟法（昭和 37 年）・民事保全法（平成元年）・民事訴訟法（平成 8 年）・人事訴訟法（平成 15 年）等がありますので，本法もこれにならったものと思われます。

　旧家審法規定の「健全な親族共同生活」という用語については，価値観が多様化している現在の状況下で，解釈指針として相当かという懸念もあったので，目的規定を置かないこととなったという指摘もありますが（文献④ 25 頁），個人主義化の要請が強いとしても，この程度の家族観は当然のことであり，残しておいても良かったのではないかと考えます。最近は他方では個人化の行き過ぎが指摘されているからです。家族主義と個人主義の調和こそ求められるのです。

　家事審判法規の解釈に当たっては，保守とリベラルのどちらにも偏らず，その調和を目指す姿勢が大事です。いたずらに個人主義化した欧米の法解釈に追随するのではなく，日本の法文化に適応した法解釈を追い求め

第一章　通則

るべきであるとするのが，本書の基本的立場です。

（二）　裁判所・当事者の責務

家事法 2 条（裁判所及び当事者の責務）
　　裁判所は，家事事件の手続が公正かつ迅速に行われるように努
め，当事者は，信義に従い誠実に家事事件の手続を追行しなければ
ならない。

　この問題は家庭裁判所ないし家庭裁判所裁判官の機能論に関係します。
この点で，文献⑩ 17 頁で佐上教授は，家庭裁判所は家事審判や調停を扱
う裁判所であり，司法的機能に加えて人間関係調整という後見的・福祉的
機能を備えており，家庭裁判所裁判官は人間や家庭に関する理解と人間諸
科学に対するある程度の理解を身につけることが求められていると指摘さ
れる。その通りであると思います。

　もっとも，ここ 10 年ほど前から家庭裁判所の地方裁判所化運動が盛ん
になったと言われるようになりました。その傾向の一端として，例えば門
口正人「家庭裁判所の裁判官に求められるもの」家自 1 巻 1 号（2009 年）
24 頁では，家裁の裁判官に求められるものは地裁の裁判官に求められる
ところと変わらず，人間諸科学への理解が必要であることを強調すること
は誤解を生じさせるとして反対されます。

　裁判所と当事者の責務を定めた本条は，調停手続と審判手続の全体を通
じた原則ですが，この当事者の信義誠実義務は，事実の調査など証拠収集
の段階における「職権探知主義と当事者の役割」（家事法 56 条）における
当事者の協力義務に通じます。ここで「裁判所」とは手続主体としての裁
判所です。旧家審法時代には「家事審判官」という用語を用いていました
が，家事法では一般的な用語である「裁判官」に統一しました。家事審判
官は調停事件も扱っていましたので，紛らわしい等の理由からですが，家

13

第一編　総則

庭裁判所の裁判官には地方裁判所等訴訟裁判所の裁判官と異なり，非訟裁判所の性質を持つ特殊性を強調する意味で，従来の「家事審判官」という用語を承継してもよかったのではないかとも思います。

　非訟事件として公益性（実体的真実追求性）が顕著な家事事件手続が公正かつ迅速に行われるよう裁判所が努めなければならないことは当然であり（文献⑤7頁以下・14頁以下，同⑦110頁以下参照），同時に当事者も公正・迅速な手続の実現に向けて信義誠実の原則に従い，これを追行する必要があることもいうまでもありません。職権探知主義と当事者の責務とは矛盾せず，相互排斥的ではないと解されています（文献②60頁）。ここで「当事者」とは家事事件手続における申立人及び相手方です。タイトルで「責務」という言葉を用いていて，「義務」とか「責任」とかいう言葉は避けていることでもあり，その違反に対する制裁には，慎重な考慮が求められましょう。

　当事者の責務は，例えば，濫用的な申立てに対する簡易却下（家事法12条5項・13条1項・47条9項），裁判長が命じた補正に従わない場合の申立書却下（家事法49条5項・255条4項），事実調査・証拠調べの協力（家事法56条2項・258条1項），当事者が出頭命令や文書提出命令に従わない場合の過料の制裁（家事法51条3項・64条3項・4項・6項・258条1項），家事審判の申立ての取下げの擬制の制度（家事法83条）等に現れているとされます（文献②60頁以下参照）。

　しかし，当事者の「責務」から具体的な法規範が直接出てくるわけではありません（文献①5頁）。家事事件手続は訴訟事件と異なり，憲法32条（裁判を受ける権利）による歯止めが弱いので，責務を怠ったとして審理の打ち切りや主張や証拠の採用を制限したりすることは，当事者権の保障の見地からして望ましくない場合があるように思われます。また，裁判所の職権探知主義や職権証拠調べの活用を控える口実にしないようにすべきでしょう。本来裁判所の責任であるべきなのに，これを安易に当事者の責

第一章　通則

任にすり替えてはいけないということです。

（三）　規則への委任

> **家事法 3 条（最高裁判所規則）**
> 　この法律に定めるもののほか，家事事件の手続に関し必要な事項
> は，最高裁判所規則で定める。

1　家事事件手続規則

　平成 23 年の家事事件手続法の制定で，法律と規則の振り分けは，近時
の立法傾向に従い，当事者等の権利義務に重大な影響を及ぼす事項や家事
事件手続の大綱部分は法律事項とし，それ以外の手続の細目的事項は規則
事項としたとされています。

　この規定によって定められたのが平成 24 年最高裁判所規則第 8 号の
「家事事件手続規則」です。その全体を文献③が詳しく解説していますの
で，参照して下さい。

2　法律事項と規則事項の振り分け

　新憲法に基づく当初の司法省立法担当者は，司法国家たるアメリカ法の
影響を受けて訴訟の手続に関する事項は国会の定める法律ではなく，最高
裁判所規則によるべきだという憲法観に従って管轄裁判所等も含め広く家
事審判規則等で定めました。

　しかし，平成 8 年制定の民事訴訟法を初めとする手続立法では，当事者
の権利義務に重大な影響を及ぼす事項や手続の大綱は法律事項とすべきで
あり，ただその手続の細則についてだけは規則に委ねてよいという憲法解
釈に立脚したため，今回の家事審判法規の改正を同様の基準に基づき制定
されました。

15

第一編　総則

以下，規則の規定を見ていきます。

（四）　書類の提出・公告・申立ての方法等

> **家事規則1条（当事者等が裁判所に提出すべき書面の記載事項）**
> 　申立書その他の当事者，利害関係参加人又は代理人が裁判所に提出すべき書面には，次に掲げる事項を記載し，当事者，利害関係参加人又は代理人が記名押印するものとする。
> 　一　当事者及び利害関係参加人の氏名又は名称及び住所並びに代理人の氏名及び住所
> 　二　事件の表示
> 　三　附属書類の表示
> 　四　年月日
> 　五　裁判所の表示
> 2　前項の規定にかかわらず，当事者，利害関係参加人又は代理人からその住所を記載した同項の書面が提出されているときは，以後裁判所に提出する同項の書面については，これを記載することを要しない。

　「申立書その他の当事者，利害関係参加人又は代理人が裁判所に提出すべき書面」には，各種申立書のほか，抗告状・申述書・届出書等が含まれます。

　附属書類には，申立書等の添付されている証拠書類の写し（家事法37条の2・127条）・戸籍記載事項証明書・遺産目録（家事法102条の1・127条）等があります。

　住所は，当事者これが知られたらＤＶその他の被害の心配があるときは，代理人の事務所を住所とすることも許されます。電話番号やファクシミリ番号はここで記載事項とはされていません。同じくＤＶ等の被害を避

第一章　通則

けるためです（文献③4頁参照）。住所の記載は時に犯罪のきっかけともなりかねませんので，慎重な配慮が必要です。

家事規則2条（裁判所に提出すべき書面のファクシミリによる提出）

　裁判所に提出すべき書面は，次に掲げるものを除き，ファクシミリを利用して送信することにより提出することができる。

　一　民事訴訟費用等に関する法律（昭和46年法律40号）の規定により手数料を納付しなければならない申立てに係る書面

　二　その提出により家事事件の手続の開始，続行，停止又は完結をさせる書面（前号に該当する書面を除く。）

　三　法定代理権，家事事件の手続における手続上の行為（15条において「手続行為」という。）をするのに必要な授権又は手続代理人の権限を証明する書面その他の家事事件の手続上重要な事項を証明する書面

　四　特別抗告の抗告理由書又は家事事件手続法（平成23年法律52号。以下「法」という。）97条2項（法102条及び288条において準用する場合を含む。）の申立てに係る理由書

2　ファクシミリを利用して書面が提出されたときは，裁判所が受信した時に，当該書面が裁判所に提出されたものとみなす。

3　裁判所は，前項に規定する場合において，必要があると認めるときは，提出者に対し，送信に使用した書面を提出させることができる。

　本条は，最近の実務の実情にあわせて，提出書面は原則としてファクシミリ送信による提出ができること，例外的にこれができない書面の特定，ファクシミリによる送信の提出時点，裁判所は送信に使用した書面の提出を求めることができる旨を定めたものです。

　1項の例外規定の中には，審判や調停の申立書，抗告状や各種取下書な

第一編　総則

ど重要な書面はほとんど含まれますので，注意が必要です。

家事規則３条（裁判所に提出する書面に記載した情報の電磁的方法による提供等）

　　裁判所は，書面を裁判所に提出した者又は提出しようとする者が当該書面に記載されている情報の内容を記録した電磁的記録（電子的方式，磁気的方式その他人の知覚によっては認識することができない方式で作られる記録であって，電子計算機による情報処理の用に供されるものをいう。以下この項において同じ。）を有している場合において，必要があると認めるときは，その者に対し，当該電磁的記録に記録された情報を電磁的方法（電子情報処理組織を使用する方法その他の情報通信の技術を利用する方法をいう。）であって裁判所の定めるものにより裁判所に提供することを求めることができる。

２　裁判所は，申立書その他の書面を送付しようとするときその他必要があると認めるときは，当該書面を裁判所に提出した者又は提出しようとする者に対し，その写しを提出することを求めることができる。

　本条は，最近の電磁的方法による情報提供の発達と日常化の傾向にあわせて，裁判所の裁量で，裁判所に提出する書面を記載した情報の電磁的方法による提供を求めることができる旨，及び申立書その他の書面の提出者に対し，その写しの提出を求めることができる旨を定めたものです。

　前者は，遺産分割等における遺産目録・財産目録，調停条項案等について裁判所が審判書・調停調書作成等にそのまま活用できるようにするためのものであり，これまでの実務では電子メールによる送信が利用されています。

　後者は，写しの提出について個別規定を欠く場合にも他の当事者等に送

る等必要がある場合に便宜だからです。

> **家事規則4条（公告の方法等）**
> 　　公告は，特別の定めがある場合を除き，裁判所の掲示場その他裁判所内の公衆の見やすい場所に掲示し，かつ，官報に掲載してする。
> 　2　公告に関する事務は，裁判所書記官が取り扱う。

本条は，公告の方法と事務担当者の規定です。

> **家事規則5条（申立てその他の申述の方式等に関する民事訴訟規則の準用）**
> 　　民事訴訟規則（平成8年最高裁判所規則5号）1条の規定は家事事件の手続における申立てその他の申述の方式について，同規則4条の規定は家事事件の手続における催告及び通知について，同規則5条の規定は家事事件の手続における書類の記載の仕方について準用する。

民訴規則の準用規定ですので，関係民訴規則を掲げておきます。

［参考］

民訴規則1条（申立て等の方式）申立てその他の申述は，特別の定めがある場合を除き，書面又は口頭ですることができる。

2　口頭で申述をするには，裁判所書記官の面前で陳述をしなければならない。この場合においては，裁判所書記官は，調書を作成し，記名押印しなければならない。

同規則4条（催告及び通知）民事訴訟に関する手続における催告及び通知は，相当と認める方法によることができる。

2　裁判所書記官は，催告又は通知をしたときは，その旨及び催告又は通知の方法を訴訟記録上明らかにしなければならない。

3　催告は，これを受けるべき者の所在が明らかでないとき，又はその者

が外国に在るときは，催告すべき事項を公告してすれば足りる。この場合には，その公告は，催告すべき事項を記載した書面を裁判所の掲示場その他裁判所内の公衆の見やすい場所に掲示して行う。

4　前項の規定による催告は，公告をした日から1週間を経過した時にその効力を生ずる。

同規則5条（訴訟書類の記載の仕方）訴訟書類は，簡潔な文章で整然かつ明瞭に記載しなければならない。

第一章の二　日本の裁判所の管轄権
—国際裁判管轄概説—

1　渉外事件の準拠法と国際裁判管轄

　最近は家事事件も当事者の国籍・住所・行為地などが外国であるなど渉外的要素が絡む事件（渉外事件）が多くなりました。そこで例えば，フィリピン人夫婦の離婚事件はどこの法律で判断するかというような「準拠法」が問題となると同時に，そもそも例えば，外国にいる日本人同士の子どもの親権紛争について日本の家庭裁判所が調停・審判や訴訟をすることができる「国際裁判管轄」があるかどうかが問題となります。

2　中間試案・補足説明・要綱案

　家事事件を含め人事訴訟事件及び民事訴訟事件の国際的裁判管轄に関しては，従来は法の規定がなく専ら裁判所の判例に委ねられてまいりましたが（詳しくは，文献⑤389頁以下参照），最近ようやく法律の整備が完成しました。まず法務省民事局参事官室は，平成27年2月27日に「人事訴訟事件及び家事事件の国際裁判管轄法制に関する『中間試案』」及びその『補足説明』を公表しました。そして同年3月19日から5月15日までパ

ブリックコメントの手続が取られ，その後の法制審議会の審議を経て，平成 27 年 10 月 30 日の法制審議会の『要綱案』を経て，下記のように今回国会での成立を見るに至ったということです（『家庭の法と裁判』2015 年 2 号 137 頁以下「人事訴訟事件及び家事事件の国際裁判管轄法制に関する中間試案について」参照）。本書の以下の各則の説明は，主にこの要綱案に至る前の『中間試案』とその参事官室『補足説明』及び法務省のホームページに掲載されている 18 回に及ぶ法制審議会国際裁判管轄法制（人事訴訟事件及び家事事件関係）部会の議事録に依拠しています。

3　民事事件全般の国際裁判管轄規定の整備の完成

　これより遡って民事手続法全体で見ますと，民事訴訟法は，平成 23 年 5 月の改正法で，第二章第一節「日本の裁判所の管轄権」として民事訴訟部門の国際裁判管轄規定を新設しました。その基本規定である同法 3 条の 2（被告の住所による管轄権）を設け，「（1 項）裁判所は，人に対する訴えについて，その住所が日本国内にあるとき，住所がない場合又は住所が知れない場合にはその居所が日本国内にあるとき，居所がない場合又は居所が知れない場合には訴えの提起前に日本国内に住所を有していたとき（日本国内に最後の住所を有していた後に外国に住所を有していたときを除く。）は，管轄権を有する。（2 項）裁判所は，大使，公使その他外国に在ってその国の裁判権からの免除を享有する日本人に対する訴えについて，前項の規定にかかわらず，管轄権を有する。（3 項）裁判所は，法人その他の社団又は財団に対する訴えについて，その主たる事務所又は営業所がない場合又はその所在地が知れない場合には代表者その他の主たる業務の担当者の住所が日本国内にあるときは，管轄権を有する。」と定めました。その他国際裁判管轄の特則規定として 3 条の 3 から同条の 10 まで規定しています。ここでは経済事件を中心とする民事訴訟法に基づく民事訴訟事件の国際裁判管轄の規定が整備されたのですが，あとは人事訴訟事

第一編　総則

件と家事事件の国際裁判管轄規定が残されることになりました。

4　家事事件の国際裁判管轄権の整備完成

それが遂に平成30年4月25日，同年法律第20号「人事訴訟法等の一部を改正する法律」が公布され，同法1条で人事訴訟法の一部を改正することと併せて，同法2条で，家事事件手続法の一部改正として，同法第一編第一章の次に，第一章の二が追加されたというわけです。公布の日から起算して1年6月を超えない範囲内において政令で定める日から施行するということです。

家事事件は，人事訴訟事件と比較しては勿論，一般の民事事件と比較しても極めて多種・多様な事件を対象とし，実体法との結びつきも強く，家事事件の多くは当該実体法の実現手続と一側面があり，特に家事事件手続法別表第一（旧甲類）の審判事件は，相手方の存在を予定せず，審判の効力を受ける者等への裁判所の後見的関与の度合いが強い反面，別表第二（旧乙類）の審判事件は，調停前置主義を採用しており，相手方が存在し当事者の対立的構造を手続に反映させる必要があるという特色を持っています。

5　立法化までの経緯と立法のあらまし

そこで，立法化が遅れていたこれまでの判例・実務等では，家事事件の国際裁判管轄を考える上で，一般的に言って，当事者（事件本人）の国籍や住所地（常居所地），財産の所在地，裁判所による事実調査の必要性（当事者，事件本人等の環境調査や証拠の所在地），緊急措置を講じる必要性（本来の管轄裁判所の手続をとることができない事情）等の要素が重要な要素を持つとされてきました。そしてそのようにして，当該事件について国内裁判管轄の規律から日本に管轄が認められる場合には原則として日本の国際裁判管轄権が認められ，また当該事件の準拠法が日本法となる場

第一章　通則

合にも原則として日本の国際裁判管轄権が認められて来ましたが，その上に事件類型の手続的要素や緊急保護の必要性が考慮されてきたとされています（文献⑩ 176 頁以下参照）。これらの従来の判例・実務と学説が今回の立法化に大きな影響を与えたことは言うまでもありません。

　今回の家事事件手続法の一部改正は，大別して，①家事事件の管轄権につき，養子縁組をするについての許可の審判事件，特別養子縁組の離縁の審判事件，親権に関する審判事件，相続に関する審判事件などの家事審判事件や家事調停事件について，単位事件類型ごとに日本の裁判所の管轄権を有する場合を定めることとした家事法 3 条の 2 から家事法 3 条の 13 までと，②特別の事情による申立ての却下として，日本の裁判所は，家事事件について管轄権を有することとなる場合においても，事案の性質その他の事情を考慮して，日本の裁判所が審理及び裁判をすることが適正かつ迅速な審理の実現を妨げ，又は申立人と相手方との間の衡平を害することとなる特段の事情があると認めるときは，申立ての全部又は一部を却下できることとした家事法 3 条の 14 関係，③管轄権に関する規定の整備として管轄権の標準時の規定を設けた家事法 3 条の 15 関係，④外国裁判所の確定家事事件の裁判について日本においても効力を有する要件をこれまでの判例に従い整備した家事法 79 条の 2 関係があり，最後の④に関連して外国裁判所の確定家事裁判の執行判決を求める手続を民事執行法の改正により整備しました。

6　戸籍法に規定する家事事件の国際裁判管轄規定の不採用

　中間試案では，戸籍法に規定する審判事件（氏又は子の氏変更についての許可に係る審判事件（家事法別表第一 55 項事件）をいい，外国法において当該事件類型に相当すると解されるものを含む）及び民法 791 条に規定する子の氏変更の審判事件は，日本の裁判所に専属するものとする旨の甲案と，特に規定を設けないこととする旨の乙案が提案されましたが，最

23

第一編　総則

終的には乙案が採用されて，管轄規定は見送られました。

　これから，国際裁判管轄権に関する各改正法の解説に入ります。

> **家事法３条の２（不在者の財産の管理に関する処分の審判事件の管轄権）**
>
> 　裁判所は，不在者の財産の管理に関する処分の審判事件（別表第１の55の項の事項についての審判事件をいう。第145条において同じ。）について，不在者の財産が日本国内にあるときは，管轄権を有する。

　中間試案の規定を引き継ぎ，裁判所は，不在者の財産の管理に関する審判事件は，不在者の財産が日本国内にあるときは，国際裁判管轄権を有することとされました。

　ここで単位事件類型としての「不在者の財産の管理に関する審判事件」とは，家事法別表第一55項に定める不在者財産管理処分に係る審判事件のほか，外国法において当該事件類型に該当するものも含まれると解されます。

　不在者財産管理処分事件の国内裁判管轄権は家事法145条に規定があり，不在者の従来の住所地又は居所地を管轄する家庭裁判所にあります。

　中間試案では，審判の効力を日本国内にある不在者の財産に係る管理に限定するものとするか否かについては，引き続き検討するとしていましたが，改正法では規定されていません。解釈に委ねられたものと思われます。

> **家事法３条の３（失踪の宣告の取消しの審判事件の管轄権）**
>
> 　裁判所は，失踪の宣告の取消しの審判事件（別表第１の57の項の事項についての審判事件をいう。第149条第１項及び第２項において同じ。）について，次の各号のいずれかに該当するときは，管

第一章　通則

　轄権を有する。

　　一　日本において失踪の宣告の審判があったとき。

　　二　失踪者の住所が日本国内にあるとき又は失踪者が日本の国籍
　　　を有するとき。

　　三　失踪者が生存していたと認められる最後の時点において，失
　　　踪者が日本国内に住所を有していたとき又は日本の国籍を有し
　　　ていたとき。

　中間試案を整備して，失踪宣告の審判事件の規定の１項及び２項を落と
すとともに，３項及び４項に規定する失踪の宣告の取消しの審判事件につ
いては，一号から三号までのいずれかに該当する場合にのみ，日本の国際
裁判管轄権を有することとされました。

　ここで単位事件類型としての「失踪の宣告の取消し」とは，家事法別表
第一57項に定める審判事件をいい，外国法において当該事件類型に相当
するものと解されるものを含むとされます。

　なお，失踪宣告審判事件の準拠法と国際裁判管轄の規定として，法の適
用に関する通則法６条がありますので注意して下さい。

**家事法３条の４（嫡出否認の訴えの特別代理人の選任の審判事件の
管轄権）**

　　裁判所は，嫡出否認の訴えについて日本の裁判所が管轄権を有す
　るときは，嫡出否認の訴えの特別代理人の選任の審判事件（別表第
　１の59の項の事項についての審判事件をいう。第159条第１項及
　び第２項において同じ。）について，管轄権を有する。

　中間試案においては規定を欠くようですが，「要綱案」には，裁判所
は，嫡出否認の訴えについて日本の裁判所が管轄権を有するときは嫡出否
認の訴えの特別代理人の選任の審判事件（家事法別表第一59項事件）に

25

第一編　総則

ついて管轄権を有するとしていますので，これに倣い，その審判事件の国際裁判管轄権を日本国内事件の管轄裁判所に認めています。

　この場合の国内事件の裁判管轄権は，家事法159条1項・2項により，子の住所地を管轄する家庭裁判所にあります。

家事法3条の5（養子縁組をするについての許可の審判事件等の管轄権）

　　裁判所は，養子縁組をするについての許可の審判事件（別表第1の61の項の事項についての審判事件をいう。第161条第1項及び第2項において同じ。）及び特別養子縁組の成立の審判事件（同表の63の項の事項についての審判事件をいう。第164条第1項及び第2項において同じ。）について，養親となるべき者又は養子となるべき者の住所（住所がない場合又は住所が知れない場合には，居所）が日本国内にあるときは，管轄権を有する。

　中間試案の規定を引き継ぎ，養子縁組をするについての許可の審判事件，特別養子縁組の成立の審判事件の国際裁判管轄権を，養親となるべき者又は養子となるべき者の住所（又は居所）が日本国内にあるときは，日本に国際裁判管轄権を認めています。

　試案では，この両者を含めて「養子縁組の成立を目的とする審判事件」と言っています。そこでその意味は，養子縁組をするについての許可の審判事件（家事法別表第一61項）及び特別養子縁組成立の審判事件（同第一63項）をいい，更に外国法において当該事件類型に相当する事件と解されるものを含むことになると解されています。

家事法3条の6（死後離縁をするについての許可の審判事件）

　　裁判所は，死後離縁をするについての許可の審判事件（別表第1の62の項の事項についての審判事件をいう。第162条第1項及び

第一章　通則

　　第2項において同じ。）について，次の各号のいずれかに該当する
　　ときは，管轄権を有する。
　　　一　養親又は養子の住所（住所がない場合又は住所が知れない場
　　　　合には，居所）が日本国内にあるとき。
　　　二　養親又は養子がその死亡の時に日本国内に住所を有していた
　　　　とき。
　　　三　養親又は養子の一方が日本の国籍を有する場合であって，他
　　　　の一方がその死亡の時に日本の国籍を有していたとき。

　中間試案では，死後離縁を目的とする審判事件について，当該身分関係
の当事者である申立人の住所が日本国内にあるとき又は縁組の当事者の一
方が死亡の時に日本国内に住所を有していたときは，管轄権を有するもの
としていました。

　この規定をさらに明確にする形で，改正法は，死後離縁をするについて
の許可の審判事件の国際裁判管轄権を，当該身分関係の当事者である養親
又は養子の住所（又は居所）が日本国内にあるとき，あるいは養親又は養
子の死亡の時に日本国内に住所を有していたときなど，一号から三号まで
のいずれかの規定に該当する場合に限り，日本の国際裁判管轄を認めるこ
ととしました。

　ここで，単位事件類型としての「死後離縁を目的とする審判事件」と
は，家事法別表第一62項の審判事件をいい，外国法において当該事件類
型に相当すると解されるものを含むと解されています。

家事法3条の7（特別養子縁組の離縁の審判事件の管轄権）
　　裁判所は，特別養子縁組の離縁の審判事件（別表第1の64の項
　の事項についての審判事件をいう。以下同じ。）について，次の各
　号のいずれかに該当するときは，管轄権を有する。

27

第一編　総則

　　　一　養親の住所（住所がない場合又は住所が知れない場合には，
　　　　居所）が日本国内にあるとき。
　　　二　養子の実父母又は検察官からの申立てであって，養子の住所
　　　　（住所がない場合又は住所が知れない場合には，居所）が日本
　　　　国内にあるとき。
　　　三　養親及び養子が日本の国籍を有するとき。
　　　四　日本国内に住所がある養子からの申立てであって，養親及び
　　　　養子が最後の共通の住所を日本国内に有していたとき。
　　　五　日本国内に住所がある養子からの申立てであって，養親が行
　　　　方不明であるとき，養親の住所がある国においてされた離縁に
　　　　係る確定した裁判が日本国で効力を有しないときその他の日本
　　　　の裁判所が審理及び裁判をすることが養親と養子との間の衡平
　　　　を図り，又は適正かつ迅速な審理の実現を確保することとなる
　　　　特別の事情があると認められるとき。

　中間試案は，特別養子縁組の離縁が身分関係の解消を目的とする点にお
いて離縁と共通するところから，離縁の訴えと同様に相手方主義を基調と
する甲案と，双方主義を基調とする乙案を示しましたが，上記管轄権の一
号ないし四号は，折衷説的な規定となりました。
　ここで，単位事件類型としての「特別養子縁組の離縁を目的とする審判
事件」とは，家事法別表第一51項の事件のほか，外国法において当該事
件類型に相当するとされる事件をも含むと解されるものを含みます。

家事法3条の8（親権に関する審判事件等の管轄権）
　　裁判所は，親権に関する審判事件（別表第1の65の項から69の
　項まで並びに別表第2の7の項及び8の項の事項についての審判事
　件をいう。第167条において同じ。），子の監護に関する処分の審判

28

第一章　通則

> 事件（同表の 3 の項の事項についての審判事件をいう。第 150 条第
> 四号及び第 151 条第二号において同じ。）（子の監護に要する費用の
> 分担に関する処分の審判事件を除く。）及び親権を行う者につき破
> 産手続が開始された場合における管理権喪失の審判事件（別表第 1
> の 132 の項の事項についての審判事件をいう。第 242 条第 1 項第二
> 号及び第 3 項において同じ。）について，子の住所（住所がない場
> 合又は住所が知れない場合には，居所）が日本国内にあるときは，
> 管轄権を有する。

　中間試案に倣い，親権又は子の監護に関する審判事件の管轄権は，子の
利益を重視し，子の住所（又は居所）が日本にあるときは，日本の国際裁
判管轄権を認めました。

　ここで，単位事件類型としての「親権に関する審判事件」は，法文上明
らかな通り，家事法別表第一 65 項から 69 項までの特別代理人選任等の各
審判，別表第二の 7 項の離縁後の親権者指定や 8 項の親権者の指定・変更
審判であり，「子の監護に関する処分の審判事件」は，別表第二 3 項の事
件中監護費用分担を除いたもの（監護者指定変更・子の引渡し・面会交流
等）であり，「親権を行う者につき破産手続が開始された場合における管
理権喪失の審判事件」は別表第一 132 項の審判事件です。

> **家事法 3 条の 9（養子の離縁後に未成年後見人となるべき者の選任**
> **の審判事件）**
>
> 　裁判所は，養子の離縁後に未成年後見人となるべき者の選任の審
> 判事件（別表第 1 の 70 の項の事項についての審判事件をいう。第
> 176 条及び第 177 条第一号において同じ。）又は未成年後見人の選
> 任の審判事件（同表の 71 の項の事項についての審判事件をいう。
> 同条第二号において同じ。）について，未成年被後見人となるべき

第一編　総則

> 者若しくは未成年被後見人（以下この条において「未成年被後見人
> となるべき者等」という。）の住所若しくは居所が日本国内にある
> とき又は未成年被後見人となるべき者等が日本の国籍を有するとき
> は，管轄権を有する。

　中間試案を踏襲し，養子の離縁後に未成年後見人となるべき者の選任の
審判事件は，法文上明らかな通り，未成年後見人となるべき者等の住所又
は居所が日本国内にあるとき，及びその者が日本国籍を有するときに，日
本の国際裁判権を認めました。
　中間試案では，成年後見等に関する審判事件の国際裁判管轄や，任意後
見に関する審判事件の国際裁判管轄についても提案されていましたが，前
者は法の適用に関する通則法5条の規定に委ね，後者は今回は立法化が見
送られました。

家事法3条の10（夫婦，親子その他の親族関係から生ずる扶養の義務に関する審判事件の管轄権）

　　裁判所は，夫婦，親子その他の親族関係から生ずる扶養の義務に
関する審判事件（別表第1の84の項及び85の項並びに別表第2の
1の項から3の項まで，9の項及び10の項の事項についての審判事
件（同表の3の項の事項についての審判事件にあっては，子の監護
に要する費用の分担に関する処分の審判事件に限る。）をいう。）に
ついて，扶養義務者（別表第1の84の項の事項についての審判事
件にあっては，扶養義務者となるべき者）であって申立人でないも
の又は扶養権利者（子の監護に要する費用の分担に関する処分の審
判事件にあっては，子の監護者又は子）の住所（住所がない場合又
は住所が知れない場合には，居所）が日本国内にあるときは，管轄
権を有する。

中間試案を踏襲して，夫婦，親子その他の親族関係から生ずる扶養の義務に関する審判事件（子の監護に関する処分中監護費用分担の審判を含む）について，申立人を除く扶養義務者となるべき者の住所（又は居所）が日本国内にあるとき，扶養権利者となるべき者（子の監護費用の分担審判にあっては監護者又は子）の住所（又は居所）が日本国内にあるときは，日本に国際裁判管轄権を認めました。

　ここで，単位事件類型としての「夫婦，親子その他の親族関係から生ずる扶養の義務に関する審判事件」とは，①扶養義務の設定（家事法別表第一74項），②扶養義務の設定の取消し（同第一85項），③扶養の順位の決定及びその決定の取消し（家事法別表第二9項），④扶養の程度又は方法についての決定及びその決定の取消し（同第二10項），⑤夫婦間の協力扶助に関する処分（同第二1項），⑥婚姻費用の分担に関する処分（同第二2項），⑦子の監護費用の分担事件（同第二3項）が含まれ，更に外国法において当該事件類型に相当するものとされる事件を含むと解されています。

家事法3条の11（相続に関する審判事件の管轄権）

　裁判所は，相続に関する審判事件（別表第1の86の項から110の項まで及び133の項並びに別表第2の11の項から14の項までの事項についての審判事件をいう。）について，相続開始の時における被相続人の住所が日本国内にあるとき，住所がない場合又は住所が知れない場合には相続開始の時における被相続人の居所が日本国内にあるとき，居所がない場合又は居所が知れない場合には被相続人が相続開始の前に日本国内に住所を有していたとき（日本国内に最後に住所を有していた後に外国に住所を有していたときを除く。）は，管轄権を有する。

第一編　総則

2　相続開始の前に推定相続人の廃除の審判事件（別表第1の86の項の事項についての審判事件をいう。以下同じ。），推定相続人の廃除の審判の取消しの審判事件（同表の87の項の事項についての審判事件をいう。第188条第1項及び第189条第1項において同じ。），遺言の確認の審判事件（同表の102の項の事項についての審判事件をいう。第209条第2項において同じ。）又は遺留分の放棄についての許可の審判事件（同表の110の項の事項についての審判事件をいう。第216条第1項第二号において同じ。）の申立てがあった場合における前項の規定の適用については，同項中「相続開始の時における被相続人」とあるのは「被相続人」と，「相続開始の前」とあるのは「申立て前」とする。

3　裁判所は，第1項に規定する場合のほか，推定相続人の廃除の審判又はその取消しの審判の確定前の遺産の管理に関する処分の審判事件（別表第1の88の項の事項についての審判事件をいう。第189条第1項及び第2項において同じ。），相続財産の保存又は管理に関する処分の審判事件（同表の90の項の事項についての審判事件をいう。第201条第10項において同じ。），限定承認を受理した場合における相続財産の管理人の選任の審判事件（同表の94の項の事項についての審判事件をいう。），財産分離の請求後の相続財産の管理に関する処分の審判事件（同表の97の項の事項についての審判事件をいう。第202条第1項第二号及び第3項において同じ。）及び相続人の不存在の場合における相続財産の管理に関する処分の審判事件（同表の99の項の事項についての審判事件をいう。以下同じ。）について，相続財産に属する財産が日本国内にあるときは，管轄権を有する。

4　当事者は，合意により，いずれの国の裁判所に遺産の分割に関す

第一章　通則

> る審判事件（別表第2の12の項から14の項までの事項についての
> 審判事件をいう。第3条の14及び第191条第1項において同じ。）
> の申立てをすることができるかについて定めることができる。
> 5　民事訴訟法（平成8年法律第109号）第3条の7第2項から第4
> 項までの規定は，前項の合意について準用する。

　中間試案では，相続に係る審判事件は多様な類型がある上，相続が被相続人の遺産全体に関するものであるところから，被相続人の住所や居所等が日本国内にある場合には，日本に管轄権を認め，遺産の所在地との関係では，遺産に含まれる財産が日本国内にある時は管轄権があるとするが，当該財産の価額が著しく低いときは除外するという「甲A案」とし，相続財産の保存又は管理に関する処分等一定の事件について，それが日本国内にある時は日本に管轄権を有するとする「甲B案」，財産の所在地に関する管轄の規律は設けないとする「乙案」などが唱えられ，また遺産分割に関する審判事件については，合意により日本の裁判所に管轄権を認めるなどの提案がされていました。

　今回の法改正では，1項で相続に関する審判事件全般について被相続人の相続開始時又は最後の住所等が日本国内にある場合について管轄権を認めました。そして，2項において，被相続人の死亡時前に発生する推定相続人の廃除の審判事件や廃除審判の取消しの審判事件，遺言の確認の審判事件，遺留分の放棄に関する審判事件についても，1項の規定について必要な読み替えをして，同様に日本の管轄権を認めました。

　また，3項において，推定相続人の廃除の審判又はその取消しの審判確定前の遺産の管理に関する処分の審判事件，相続財産の保存又は管理に関する処分の審判事件，財産分離の請求後の相続財産の管理に関する処分の審判事件，及び相続人の不存在の場合における相続財産の管理に関する処分の審判事件について，相続財産に属する財産が日本国内にあるときも，

33

第一編　総則

日本に管轄権を認めました。

　そして，3項と4項において，中間試案の提案に従い，遺産分割の審判に関して，合意による国際裁判管轄権を認めることとしました。相続事件は身分関係上の事件ではあるが，財産に関する事件としての性質が強いという評価に基づきます。

家事法3条の12（財産の分与に関する処分の審判事件の管轄権）

　　裁判所は，財産の分与に関する処分の審判事件（別表第2の4の項の事項についての審判事件をいう。第150条第五号において同じ。）について，次の各号のいずれかに該当するときは，管轄権を有する。

　　一　夫又は妻であった者の一方からの申立てであって，他の一方の住所（住所がない場合又は住所が知れない場合には，居所）が日本国内にあるとき。

　　二　夫であった者及び妻であった者の双方が日本の国籍を有するとき。

　　三　日本国内に住所がある夫又は妻であった者の一方からの申立てであって，夫であった者及び妻であった者が最後の共通の住所を日本国内に有していたとき。

　　四　日本国内に住所がある夫又は妻であった者の一方からの申立てであって，他の一方が行方不明であるとき，他の一方の住所がある国においてされた財産の分与に関する処分に係る確定した裁判が日本国で効力を有しないときその他の日本の裁判所が審理及び裁判をすることが当事者間の衡平を図り，又は適正かつ迅速な審理の実現を確保することとなる特別の事情があると認められるとき。

　中間試案では，財産分与事件を婚姻関係の清算としての要素を中心とし

第一章　通則

ていると評価し，基本的に婚姻・離婚に関する訴えの国際裁判管轄に係る
甲案，乙案に対応した提案が掲げられています。婚姻・離婚に関する訴え
の国際裁判管轄に係る甲案とは，被告の住所を基本的な管轄原因とし，当
該訴えに係る身分関係の当事者の国籍や最後の共通の住所等他の管轄原因
を併せて提案するものであり，乙案とは，被告の住所のほか原告の住所も
それだけで基本的な管轄原因とし，他の管轄原因を併せて提案するもので
した。

　今回の改正では，その一号で，夫又は妻であった者の一方からの申立て
であって，他の一方の住所（又は居所）が日本国内にあるときを基本的な
管轄原因と定め，二号で，双方が日本国籍を有するときを，三号で最後の
共通の住所が日本国内に有していたときを，四号で日本の裁判所が審理・
裁判をすることが当事者間の衡平を図り，又は適正かつ迅速な審理の実現
を確保することとなる特別の事情があると認められるときを，それぞれ管
轄原因とし，基本的に甲案を採用しました。

　なお，試案では，財産分与事件については，財産分与の対象となる財産
が日本国内にあるときを管轄原因と認めるか否かについては，上記財産分
与事件に係る評価のほか，財産分与が個別の財産の処分を目的とするもの
ではなく分与対象財産全体を問題としていること等から消極に解する立場
もあるが，検討課題であるとしていました。しかし，結局この点の立法化
は見送られました。

家事法３条の１３（家事調停事件の管轄権）

　裁判所は，家事調停事件について，次の各号のいずれかに該当す
るときは，管轄権を有する。

　　一　当該調停を求める事項についての訴訟事件又は家事審判事件
　　　について日本の裁判所が管轄権を有するとき。

　　二　相手方の住所（住所がない場合又は住所が知れない場合に

第一編　総則

　　　は，居所）が日本国内にあるとき。
　　三　当事者が日本の裁判所に家事調停の申立てをすることができ
　　　る旨の合意をしたとき。
２　民事訴訟法第３条の７第２項及び第３項の規定は，前項第三号の
　合意について準用する。
３　人事訴訟法（平成15年法律第109号）第２条に規定する人事に
　関する訴え（離婚及び離縁の訴えを除く。）を提起することができ
　る事項についての調停事件については，第１項（第二号及び第三号
　に係る部分に限る。）の規定は，適用しない。

　中間試案では，離婚及び離縁の訴えを提起することができる事項につい
ての調停事件及び家庭に関する事件についての調停事件（本書図表（1）
④中の離婚・離縁事件を除いた一般調停事件）については，日本の裁判所
は，ⅰ）その調停に係る事項に係る訴訟又は家事審判について管轄権を有
するとき，ⅱ）相手方の住所が日本国内にあるとき，ⅲ）当事者が日本の
裁判所に家事調停をすることに合意したとき（ただし申立人の住所を付加
的要件とするかは検討課題とされている）に管轄権を有するものとする提
案がされていました。また，日本の裁判所は，離婚及び離縁の訴えを除く
人事に関する訴えを提起することができる事項についての調停事件につい
ては，日本の裁判所が当該事項に係る訴訟について管轄権を有するときは
管轄権を有するものとする提案がされていました。

　今回の立法は，一号で上記ⅰ）（国内管轄主義）を，二号で上記ⅱ）（相
手方主義）を，三号で上記ⅲ）（合意管轄）を採用しました。

　家事法３条の13第２項が準用する民事訴訟法３条の７第２項と３項の
規定は，管轄権に関する合意を内容とするもので，「(1項) 当事者は，合
意により，いずれの国の裁判所に訴えを提起することができるかについて
定めることができる。(2項) 前項の合意は，一定の法律関係に基づく訴

えに関し，かつ，書面でしなければ，その効力を生じない。（3項）1項の
合意がその内容を記載した電磁的記録（電子的方式，磁気的方式その他人
の知覚によって認識することができない方式で作られた記録であって，電
子計算機による情報処理の用に供されるものをいう。以下同じ。）によっ
てされたときは，その合意は，書面によってされたものとして，前項の規
定を適用する。」と定めています。

　また家事法3条の13第3項は，人事訴訟法2条に規定する人事に関す
る訴え中離婚及び離縁の訴えを除く部分（本書8頁図表（1）③の本来的
人訴事件）についての調停事件は，同条1項（二号及び三号に係る部分に
限る。）の規定を適用しないと定めていますが，これらの本質的人訴事件
は，同書図表（1）③事件に記載の通り，合意が成立しただけでは調停を
成立させることができず，さらに「合意に相当する審判」をかぶせること
が必要だからです。

家事法3条の14（特別の事情による申立ての却下）

　　裁判所は，第3条の2から前条までに規定する事件について日本
　の裁判所が管轄権を有することとなる場合（遺産の分割に関する審
　判事件について，日本の裁判所にのみ申立てをすることができる旨
　の合意に基づき申立てがされた場合を除く。）においても，事案の
　性質，申立人以外の事件の関係人の負担の程度，証拠の所在地，未
　成年者である子の利益その他の事情を考慮して，日本の裁判所が審
　理及び裁判をすることが適正かつ迅速な審理の実現を妨げ，又は相
　手方がある事件について申立人と相手方との間の衡平を害すること
　となる特別の事情があると認めるときは，その申立ての全部又は一
　部を却下することができる。

　中間試案では，特別の事情による申立ての却下について，単位事件類型
ごとの国際裁判管轄に係る規定及び総論の他の規律によれば，日本の裁判

第一編　総則

所の管轄権が認められる場合でも，個別の事案により，当事者の衡平等の観点から，他の裁判所に審理判断を委ねることが望ましい場合も存在するという認識のもとに，申立ての全部又は一部を却下することができる旨の規定をすべきとの提案がされていました。特に家事事件においては，事件の当事者とはならない未成年の子が存在することがあるため，未成年の子の利益を一つの考慮要素とすべきであるという提案です。

　この試案の考え方が反映されたのが本条であり，本条では，一方では考慮事情をかなり広く認めて，「事案の性質，申立人以外の事件の関係人の負担の程度，証拠の所在地，未成年者である子の利益その他の事情」を考慮すべきものとすると同時に，他方では「日本の裁判所が審理及び裁判をすることが適正かつ迅速な審理の実現を妨げ，又は相手方がある事件について申立人と相手方との間の衡平を害することとなる特別の事情があると認められるとき」とその要件を絞り込んだ上で，家事事件の申立ての全部又は一部を却下することができることとしました。

> **家事法３条の15（管轄権の標準時）**
> 　日本の裁判所の管轄権は，家事審判若しくは家事調停の申立てがあった時又は裁判所が職権で家事事件の手続を開始した時を標準として定める。

　管轄権の標準時は，他の場合と同様に，事件申立時又は職権開始時としたものです。

第二章　管轄

　本章は家事事件の土地管轄について規律しています。具体的な管轄は，家事審判事件については本書第二巻の第２編第２章で各個別事件ごとに定め，調停事件については家事法245条以下に定めていますので，第１編第

第二章　管轄

2章では，そのような個別の規定によっては管轄裁判所が定まらない場合
や，管轄違いの場合の移送や自庁処理等の規律など，まさに通則的な定め
をしています。

　家事事件の国内裁判管轄は，家事事件の公益性・後見性等に照らし実体
的真実主義が作用し，当該事件の解決のための最適地の裁判所で審理判断
すべきであるという要請が働きます。そこで管轄を固定する必要があるこ
とから，原則として専属管轄とされています。合意管轄・応訴管轄・併合
管轄は認めず，管轄違いの申立てに対しては，管轄裁判所に移送するのが
原則とされるわけです。

　しかし，これには，審判・調停各事件の自庁処理の容認（家事法9条），
調停事件における合意管轄の容認（家事法245条1項）等の例外がありま
す。

（一）　管轄原則

> **家事法4条（管轄が住所地により定まる場合の管轄権を有する家庭裁判所）**
>
> 　　家事事件は，管轄が人の住所地により定まる場合において，日本
> 国内に住所がないとき又は住所が知れないときはその居所地を管轄
> する家庭裁判所の管轄に属し，日本国内に居所がないとき又は居所
> が知れないときはその最後の住所地を管轄する家庭裁判所の管轄に
> 属する。

　家事法二章以下の規定を見れば分かるように，117条を初めとして家事
事件は管轄が住所地により定まる場合が多いのですが，その場合の管轄権
の定め方に関する規定です。

　①住所地，②居所地，③最後の住所地の順です。

39

第一編　総則

> **家事法５条（優先管轄）**
>
> 　この法律の他の規定により２以上の家庭裁判所が管轄権を有する
> ときは，家事事件は，先に申立てを受け，又は職権で手続を開始し
> た家庭裁判所が管轄する。

　複数の管轄権がある場合，申立事件は係属順に優先し，調停前置主義等
による職権開始事件（家事法274条１項）は申立事件に優先する旨の規定
です。

> **家事法６条（管轄裁判所の指定）**
>
> 　管轄裁判所が法律上又は事実上裁判権を行うことができないとき
> は，その裁判所の直近上級の裁判所は，申立てにより又は職権で，
> 管轄裁判所を定める。
> 2　裁判所の管轄区域が明確でないため管轄裁判所が定まらないとき
> は，関係のある裁判所に共通する直近上級の裁判所は，申立てによ
> り又は職権で，管轄裁判所を定める。
> 3　前２項の規定により管轄裁判所を定める裁判に対しては，不服を
> 申し立てることができない。

　法律上・事実上管轄が定まらないときのための管轄裁判所の指定の制度
です。

　なお，管轄指定申立ての書式例は，文献⑬中の［書式例269］の通りで
す。

> **家事法７条（管轄権を有する家庭裁判所の特例）**
>
> 　この法律の他の規定により家事事件の管轄が定まらないときは，
> その家事事件は，審判又は調停を求める事項に係る財産の所在地又
> は最高裁判所規則で定める地を管轄する家庭裁判所の管轄に属する。

第二章　管轄

　法律の規定により管轄権が定まらないときの特例規定として，本条の規定により管轄が定まるとしたものです。

> **家事規則 6 条（法 7 条の最高裁判所規則で定める地の指定）**
> 　法 7 条の最高裁判所規則で定める地は，東京都千代田区とする。

　結局，この規定によって東京家庭裁判所の管轄となります。

> **家事法 8 条（管轄の標準時）**
> 　裁判所の管轄は，家事審判若しくは家事調停の申立てがあった時又は裁判所が職権で家事事件の手続を開始した時を標準として定める。

　管轄裁判所を決める標準時は，申立時又は職権開始時（付調停時）です。

（二）　移送・自庁処理

> **家事法 9 条（移送等）**
> 　裁判所は，家事事件の全部又は一部がその管轄に属しないと認めるときは，申立てにより又は職権で，これを管轄裁判所に移送する。ただし，家庭裁判所は，事件を処理するために特に必要があると認めるときは，職権で，家事事件の全部又は一部を管轄権を有する家庭裁判所以外の家庭裁判所に移送し，又は自ら処理することができる。
> 2　家庭裁判所は，家事事件がその管轄に属する場合においても，次の各号に掲げる事由があるときは，職権で，家事事件の全部又は一部を当該各号に定める家庭裁判所に移送することができる。
> 　一　家事事件の手続が遅滞することを避けるため必要があると認

41

第一編　総則

　　　めるときその他相当と認めるとき　5条の規定により管轄権を
　　　有しないこととされた家庭裁判所
　　　二　事件を処理するために特に必要があると認めるとき　前号の
　　　　家庭裁判所以外の家庭裁判所
　3　前2項の規定による移送の裁判及び1項の申立てを却下する裁判
　　に対しては，即時抗告をすることができる。
　4　前項の規定による移送の裁判に対する即時抗告は，執行停止の効
　　力を有する。
　5　民事訴訟法22条の規定は，家事事件の移送の裁判について準用
　　する。

1　管轄権を有しない裁判所の移送又は自庁処理（家事法9条1項）

　専属管轄と移送その例外としての自庁処理を認める規定です。移送に
は，1項本文の本来の管轄権を有する裁判所への移送のほかに，同項ただ
し書の「事件を処理するために特に必要があると認めるとき」に限り，例
外的に管轄権を有しない裁判所への移送と自庁処理を認めているのが注目
されます。2項一号，二号の事由があるときとの違いに注意して下さい。

　もっとも，これらの制度は旧家事審判法時代からあったものですが，
「特に必要がある」ことについて厳格に運用していたわけではなく，あく
まで実務運用上の妥当性の見地から自庁処理が認められてきており，今後
も同様だろうと思います。実務的には，例えば，子の監護に関する処分事
件の場合，調停段階では相手方住所地の裁判所の管轄ですが（家事法245
条1項），審判になると子の住所地となって（家事法150条四号），相手方
住所地の調停裁判所には管轄はありません。そのような場合，調停裁判所
は審理の経過等を考慮して「特に必要がある」ということで自庁処理をし
たり，子育て中などのため経済的に遠くへ行くのは難しいから自宅の近く
の裁判所に申し立てて，「特に必要がある」と認めてもらうというような

42

運用も考えられます。

このように，自庁処理の裁判（又は管轄権を有する家庭裁判所以外の家庭裁判所への移送の裁判とすることが必要になる典型例としては，そのほかに，遺産分割の事例がよく挙げられます。遺産分割審判事件の管轄は相続開始地の家庭裁判所ですが（家事法191条1項），被相続人が晩年遠隔地で生活していて相続財産の所有地や相続人の住所等から離れているというような場合には，むしろ相続財産が存在し相続人も多く居住する裁判所で，しかも調停が行われていた家庭裁判所で自庁処理をする方がベターであるということになります。

自庁処理等の裁判は職権で行われ，当事者は職権発動を促す申立てをすることができるに過ぎません。

2　管轄権を有する家庭裁判所への移送（家事法9条2項）

本項一号は，家事法5条の規定により優先管轄をされなかったために管轄権を有しないこととなった家庭裁判所への移送について，本項二号は，前条以外の管轄権を有しない裁判所への移送の要件と手続を定めています。

3　即時抗告（家事法9条3項）

移送に関する裁判と移送申立て却下裁判に対する即時抗告について定めています。

移送決定に対する即時抗告の書式例は，文献⑬中の［書式250］です。

4　即時抗告の効力（家事法9条4項）

執行停止の効力を有しないことを定めています。

5　民事訴訟法の準用（家事法9条5項）

民訴22条の移送の裁判に対する規定の準用です。

家事規則7条（移送の申立ての方式・法9条）

　移送の申立ては，家事事件の手続の期日においてする場合を除き，書面でしなければならない。

第一編　総則

> 2　前項の申立てをするときは，申立ての理由を明らかにしなければ
> ならない。

　書面主義は手続の正確を期すためです。そのため審判期日や調停期日に行う場合には口頭で足ります。

　なお，移送申立ての書式例は，文献⑬中の［書式例270］の通りです。

> **家事規則8条（移送等における取扱い・法9条）**
> 　家庭裁判所は，法9条1項ただし書の規定による裁判（移送の裁判を除く。）をするときは，当事者及び利害関係参加人の意見を聴かなければならない。
> 2　家庭裁判所は，法9条1項ただし書又は2項の規定による移送の裁判をするときは，当事者及び利害関係参加人の意見を聴くことができる。

　当事者・利害関係参加人の反論権の保障のためです。

> **家事規則9条（移送に関する民事訴訟規則の準用・法9条）**
> 　民事訴訟規則9条の規定は，家事事件の移送の裁判について準用する。

　民訴規則の準用ですので，以下にそれを掲げておきます。

［参考］

民訴法22条（移送の裁判の拘束力等） 確定した移送の裁判は，移送を受けた裁判所を拘束する。

2　移送を受けた裁判所は，更に事件を他の裁判所に移送することができない。

3　移送の裁判が確定したときは，訴訟は，初めから移送を受けた裁判所に係属していたものとみなす。

民訴規則9条（移送による記録の送付・法22条）移送の裁判が確定したときは，移送の裁判をした裁判所の裁判所書記官は，移送を受けた裁判所の裁判所書記官に対し，訴訟記録を送付しなければならない。

第三章　裁判所職員の除斥・忌避

　以下に規定するように，裁判官（家事法10条）・裁判所書記官（家事法13条）・参与員（家事法14条）・家事調停官（家事法15条）・家庭裁判所調査官（家事法16条）・家事調停委員（家事法16条）について除斥の制度があります。除斥とは，事件や関係者との公平と信用を妨げかねないような特殊な関係があるとして各本条に規定されている除斥原因（事由）があるときは，当然に職務執行が禁止されることです。除斥の裁判は確認的意味を有するに過ぎません。

　また以下に規定するように，裁判官（家事法11条）・裁判所書記官（家事法13条）・参与員（家事法14条）・家事調停官（家事法15条）について忌避の制度があります。忌避とは，除斥原因ほどではないが不公正な裁判がされるおそれがあるとして，当事者から職務執行を禁止するように申し立てることができるものです。忌避の申立てに理由があると裁判所が認めて忌避の裁判をしたときに初めて職務執行ができなくなります。忌避の裁判は形成的効力があることになります。

　また，家事規則12条・13条・14条規定されている回避とは，各担当者が除斥・忌避原因があることに気付いて，監督権者の許可を得て，事件の担当からはずれる（回避する）ことです。

　なお，裁判官・参与員・裁判所書記官等に対する除斥・忌避申立ての書式例は，文献⑬中の［書式例271］［書式例272］の通りです。

第一編　総則

（一）　裁判官の除斥・忌避・回避

以下の法・規則の規定の通りです。

家事法10条（裁判官の除斥）

　　裁判官は，次に掲げる場合には，その職務の執行から除斥される。ただし，六号に掲げる場合にあっては，他の裁判所の嘱託により受託裁判官としてその職務を行うことを妨げない。

　　　一　裁判官又はその配偶者若しくは配偶者であった者が，事件の当事者若しくはその他の審判を受ける者となるべき者（審判（申立てを却下する審判を除く。）がされた場合において，その審判を受ける者となる者をいう。以下同じ。）であるとき，又は事件についてこれらの者と共同権利者，共同義務者若しくは償還義務者の関係にあるとき。

　　　二　裁判官が当事者又はその他の審判を受ける者となるべき者の四親等内の血族，三親等内の姻族若しくは同居の親族であるとき，又はあったとき。

　　　三　裁判官が当事者又はその他の審判を受ける者となるべき者の後見人，後見監督人，保佐人，保佐監督人，補助人又は補助監督人であるとき。

　　　四　裁判官が事件について証人若しくは鑑定人となったとき，又は審問を受けることとなったとき。

　　　五　裁判官が事件について当事者若しくはその他の審判を受ける者となるべき者の代理人若しくは補佐人であるとき，又はあったとき。

　　　六　裁判官が事件について仲裁判断に関与し，又は不服を申し立てられた前審の裁判に関与したとき。

　　2　前項に規定する除斥の原因があるときは，裁判所は，申立てによ

第三章　裁判所職員の除斥・忌避

> り又は職権で，除斥の裁判をする。

家事法 11 条（裁判官の忌避）

　裁判官について裁判又は調停の公正を妨げる事情があるときは，当事者は，その裁判官を忌避することができる。

2　当事者は，裁判官の面前において事件について陳述をしたときは，その裁判官を忌避することができない。ただし，忌避の原因があることを知らなかったとき，又は忌避の原因がその後に生じたときは，この限りでない。

家事規則 10 条（除斥又は忌避の申立ての方式等・法 10 条等）

　裁判官に対する除斥又は忌避の申立ては，その原因を明示して，裁判官の所属する裁判所にしなければならない。

2　前項の申立ては，家事事件の手続の期日においてする場合を除き，書面でしなければならない。

3　除斥又は忌避の原因は，申立てをした日から3日以内に疎明しなければならない。法11条2項ただし書に規定する事実についても，同様とする。

家事法 12 条（除斥又は忌避の裁判及び手続の停止）

　合議体の構成員である裁判官及び家庭裁判所の一人の裁判官の除斥又は忌避についてはその裁判官の所属する裁判所が，受託裁判官として職務を行う簡易裁判所の裁判官の除斥又は忌避についてはその裁判所の所在地を管轄する地方裁判所が，裁判をする。

2　家庭裁判所及び地方裁判所における前項の裁判は，合議体でする。

3　裁判官は，その除斥又は忌避についての裁判に関与することができない。

第一編　総則

4　除斥又は忌避の申立てがあったときは，その申立てについての裁判が確定するまで家事事件の手続を停止しなければならない。ただし，急速を要する行為については，この限りでない。

5　次に掲げる事由があるとして忌避の申立てを却下する裁判をするときは，3項の規定は，適用しない。

一　家事事件の手続を遅滞させる目的のみでされたことが明らかなとき。

二　前条2項の規定に違反するとき。

三　最高裁判所規則で定める手続に違反するとき。

6　前項の裁判は，1項及び2項の規定にかかわらず，忌避された受命裁判官等（受命裁判官，受託裁判官，調停委員会を組織する裁判官又は家事事件を取り扱う家庭裁判所の一人の裁判官をいう。次条3項ただし書において同じ。）がすることができる。

7　5項の裁判をした場合には，4項本文の規定にかかわらず，家事事件の手続は停止しない。

8　除斥又は忌避を理由があるとする裁判に対しては，不服を申し立てることができない。

9　除斥又は忌避の申立てを却下する裁判に対しては，即時抗告をすることができる。

家事規則11条（除斥又は忌避についての裁判官の意見陳述・法12条）

裁判官は，その除斥又は忌避の申立てについて意見を述べることができる。

家事規則12条（裁判官の回避）

裁判官は，法10条1項又は11条1項に規定する場合には，監督

第三章　裁判所職員の除斥・忌避

権を有する裁判所の許可を得て，回避することができる。

（二）　裁判所書記官・参与員・家事調停官の除斥・忌避・回避

以下の法及び規則に規定する通りです。

家事法13条（裁判所書記官の除斥及び忌避）

　　裁判所書記官の除斥及び忌避については，10条，11条並びに前条3項，5項，8項及び9項の規定を準用する。

2　裁判所書記官について除斥又は忌避の申立てがあったときは，その裁判所書記官は，その申立てについての裁判が確定するまでその申立てがあった家事事件に関与することができない。ただし，前項において準用する前条5項各号に掲げる事由があるとして忌避の申立てを却下する裁判があったときは，この限りでない。

3　裁判所書記官の除斥又は忌避についての裁判は，裁判所書記官の所属する裁判所がする。ただし，前項ただし書の裁判は，受命裁判官等（受命裁判官又は受託裁判官にあっては，当該裁判官の手続に立ち会う裁判所書記官が忌避の申立てを受けたときに限る。）がすることができる。

家事法14条（参与員の除斥及び忌避）

　　参与員の除斥及び忌避については，10条，11条並びに12条2項，8項及び9項の規定を準用する。

2　参与員について除斥又は忌避の申立てがあったときは，その参与員は，その申立てについての裁判が確定するまでその申立てがあった家事事件に関与することができない。ただし，12条5項各号に掲げる事由があるとして忌避の申立てを却下する裁判があったときは，この限りでない。

第一編　総則

　3　参与員の除斥又は忌避についての裁判は，参与員の所属する家庭
　　裁判所がする。ただし，前項ただし書の裁判は，受命裁判官（受命
　　裁判官の手続に立ち会う参与員が忌避の申立てを受けたときに限
　　る。）又は家事事件を取り扱う家庭裁判所の一人の裁判官がするこ
　　とができる。

家事法 15 条（家事調停官の除斥及び忌避）
　　家事調停官の除斥及び忌避については，10 条，11 条並びに 12 条
　2 項から 4 項まで，8 項及び 9 項の規定を準用する。
　2　12 条 5 項各号に掲げる事由があるとして忌避の申立てを却下す
　　る裁判があったときは，前項において準用する同条 4 項本文の規定
　　にかかわらず，家事事件の手続は停止しない。
　3　家事調停官の除斥又は忌避についての裁判は，家事調停官の所属
　　する家庭裁判所がする。ただし，前項の裁判は，忌避された家事調
　　停官がすることができる。

家事規則 13 条（裁判所書記官等の除斥等・法 13 条等）
　　裁判所書記官，参与員及び家事調停官の除斥，忌避及び回避につ
　いては，前 3 条の規定を準用する。この場合において，簡易裁判所
　の裁判所書記官の回避の許可は，その裁判所書記官の所属する裁判
　所の裁判所法（昭和 22 年法律 59 号）37 条に規定する裁判官がす
　る。

　　簡易裁判所書記官の監督官の特殊性から来る規定です。この裁判官が，
いわゆる司法行政事務管掌者（裁判官）です。参考までに裁判所法規定を
掲げておきます。
［参考］
裁判所法 37 条（司法行政事務）各簡易裁判所の司法行政事務は，簡易裁

判所の裁判官が，1人のときは，その裁判官が，2人以上のときは，最
高裁判所の指名する1人の裁判官がこれを掌理する。

（三）　家庭裁判所調査官・家事調停委員の除斥・回避

　家庭裁判所調査官と家事調停委員には忌避の制度はありません。前者は
職務の専門的性格から，後者は調停は裁判ではなく合意を調達する制度と
いう性格を考慮してのことと拝察します。ただし，立法論としては，この
両者は公正な調停の運営に影響する重要な職務を担当していますので，忌
避を認める制度とすべきであるとする意見も少なくないようです。私も，
両者の責任を自覚させるためにも忌避を認めるべきだとする立法論に賛成
します。

家事法16条（家庭裁判所調査官及び家事調停委員の除斥）

　　家庭裁判所調査官及び家事調停委員の除斥については，10条並
びに12条2項，8項及び9項の規定（忌避に関する部分を除く。）
を準用する。

2　家庭裁判所調査官又は家事調停委員について除斥の申立てがあっ
たときは，その家庭裁判所調査官又は家事調停委員は，その申立て
についての裁判が確定するまでその申立てがあった家事事件に関与
することができない。

3　家庭裁判所調査官又は家事調停委員の除斥についての裁判は，家
庭裁判所調査官又は家事調停委員の所属する裁判所がする。

**家事規則14条（家庭裁判所調査官及び家事調停委員の除斥及び回
避・法16条）**

　　家庭裁判所調査官及び家事調停委員の除斥及び回避については，
10条から12条までの規定（忌避に関する部分を除く。）を準用す
る。

第一編　総則

第四章　当事者能力及び手続行為能力

（序説）　形式的当事者概念と実質的当事者概念（関係人概念）

　民事紛争解決手続の一般的・原則的手続法である民事訴訟法と民事訴訟規則の場合，訴訟事件について裁判所に裁判権の行使，特に判決や執行を求める者を能動的当事者といい，その相手方として求められる者を受動的当事者といいます。第一審では原告・被告，控訴審では控訴人・被控訴人，上告審では上告人・被上告人です。民事執行法・同規則，民事保全法・同規則等の場合は，債権者・債務者と呼ばれます。いずれの場合も，これらの当事者は，自ら有効に訴訟等の手続を追行（因みに，民訴や家事の手続法では手続を進めることを「追行」と書き，「遂行」とは書きませんので注意が必要）する権限（訴訟追行権・手続追行権）が与えられ，判決や決定等の名宛人となり，原則として判決等の効力が及ぶ者の範囲を画します（人事訴訟の第三者効は例外）。

　このように，一般に民事訴訟では，基本的に当事者が裁判の影響を受ける者であり，これをこのまま家事事件の手続に当てはめますと，相手方のある別表第二の審判（旧家審法時代の乙類審判）の場合には，第一審では申立人・相手方，抗告審では抗告人・相手方，特別抗告審や許可抗告審では特別抗告人や許可抗告人・相手方ということになります。審判事件の中には，相手方のない別表第一の審判（旧家審法時代の甲類審判）の場合には，申立人・抗告人・特別抗告人・許可抗告人だけが当事者ということになります。そうすると，基本的には審判手続を起動させた申立人側等とこれを受けて立つ相手方側が当事者ということになりますので，職権開始事件は当事者が存在しないことになります。もっとも，第二事件の職権付調停事件の場合（家事法257条2項による調停前置主義違反による場合，及び家事法274条1項による任意的付調停）は，当初の調停申立事件・審判申立事件の申立人・相手方が調停事件の申立人・相手方となり，訴訟事件

52

第四章　当事者能力及び手続行為能力

の原告・被告が調停後も同様に原告（申立人）・被告（相手方）ということになると思われます。

　このように，家事法の下においても，当事者は形式的に定まることになりますが（形式的当事者概念），家事事件手続では，関係者の手続保障の観点から，このような申立人や相手方といった形式的な当事者だけを考慮するだけでは足りず，それ以外に当事者概念を実質的に拡張する必要があるのではないか（実質的当事者概念）とも考えられます。例えば，後見開始の審判を受ける場合の成年後見人となるべき者，成年後見人選任の審判を受ける場合の成年後見人の場合のように当事者とはなっていないが「審判の名宛人となる者」あるいは「審判を受ける者となるべき者」や，例えば面会交流など子の監護に関する処分の審判の場合の「未成年者（事件本人）」等のように「審判の結果により直接の影響を受ける者」が存在します。そこで，家事事件の審判手続では，上記のような申立人や相手方といったいわば形式的な当事者概念に加えて，このように審判の結果によって影響を受ける者のうち一定の者を実質的な意味での当事者として観念し，これを「関係人」として総称し，この関係人にも形式的な意味での当事者と同等の手続保障を図るべきだとする立法論が有力に主張されました（佐上善和『家事審判法』69頁以下（信山社・2007年），及び文献⑩98頁以下）。この見解には魅力を感じ，この概念を用いた構成の方がかえって分かりやすかったとも考えます。

　しかし，結局平成25年1月施行となった家事法では，上記のような関係人については，当事者参加や利害関係参加などの参加の制度により審判の結果によって影響を受ける者が手続に関与することができるものとし，参加した場合には当事者と同様の権能を与えることとし（家事法41条・42条），審判を受ける者に対し審判の告知をする（家事法74条）などのほか，各則においても，審判により影響を受ける者等から陳述を聴取すべきことを定め（家事法120条等），あるいは必要に応じて当事者以外にも

53

第一編　総則

即時抗告権を認める（家事法123条等）などの個別的な対応で対処すれば
関係者の手続保障が図られるものとし，このような立法的手当で関係人の
手続的保障が可能であると考えて，上記有力説の「関係人」概念を採用す
ることはしませんでした。いわば，家事法では，このような実質的当事者
概念ではなく，上記のような民事訴訟法的な形式的当事者概念を貫いたと
いうことです。

　以下で解説する「当事者能力」とは家事事件手続上，当事者となること
のできる一般的な能力であり，各事件の要件との関係で個別的に問題とな
る当事者適格とは別の概念です。「手続行為能力」とは条文にあるよう
に，家事事件の手続における行為を自ら有効にすることのできる能力です
（文献⑤32頁以下・72頁以下参照）。

（一）　当事者能力と手続行為能力

　この点について家事法17条は，次のように規定しています。

家事法17条（当事者能力及び手続行為能力の原則等）

　　当事者能力，家事事件の手続における手続上の行為（以下「手続
行為」という。）をすることができる能力（以下この項において
「手続行為能力」という。），手続行為能力を欠く者の法定代理及び
手続行為をするのに必要な授権については，民事訴訟法28条，29
条，31条，33条並びに34条1項及び2項の規定を準用する。

2　被保佐人，被補助人（手続行為をすることにつきその補助人の同
意を得ることを要するものに限る。次項において同じ。）又は後見
人その他の法定代理人が他の者がした家事審判又は家事調停の申立
て又は抗告について手続行為をするには，保佐人若しくは保佐監督
人，補助人若しくは補助監督人又は後見監督人の同意その他の授権
を要しない。職権により手続が開始された場合についても，同様と

54

する。

3　被保佐人，被補助人又は後見人その他の法定代理人が次に掲げる手続行為をするには，特別の授権がなければならない。ただし，家事調停の申立てその他家事調停の手続の追行について同意その他の授権を得ている場合において，二号に掲げる手続行為をするときは，この限りでない。

一　家事審判又は家事調停の申立ての取下げ

二　268条1項若しくは277条1項一号の合意，270条1項に規定する調停条項案の受諾又は286条8項の共同の申出

三　審判に対する即時抗告，94条1項（288条において準用する場合を含む。）の抗告若しくは97条2項（288条において準用する場合を含む。）の申立ての取下げ又は279条1項若しくは286条1項の異議の取下げ

1　民事訴訟法の準用（家事法17条1項）

　家事調停や家事審判といった家事事件の手続における当事者能力及び手続行為能力，法定代理及び手続行為をするのに必要な授権は，その性質上手続法の一般原則を掲げる民事訴訟における場合と異なる規律をする必要はないところから，家事事件の手続の通則においては，これらを民事訴訟における当事者能力，訴訟能力，法定代理及び訴訟行為をするのに必要な授権に準じたものとするため，これらに関する民事訴訟法28条，29条，31条，33条並びに34条1項及び2項を準用することとしました。そこで民訴法の各条文を見ていきましょう。

⑴　民訴法28条の準用

民訴法28条（原則）当事者能力，訴訟能力及び訴訟無能力者の法定代理は，この法律に特別の定めがある場合を除き，民法（明治29年法律89

第一編　総則

号）その他の法令に従う。訴訟行為をするのに必要な授権についても，同様とする。

　ここで訴訟能力とは訴訟手続を自ら有効にすることができる能力であり，家事事件手続における手続行為能力に対応します。家事事件手続行為における訴訟能力が手続行為能力です。訴訟（手続）無能力とは，その能力がないことです。当事者能力に関する民法の規定は3条（自然人の権利能力），34条（法人の能力），35条（外国法人），721条（損害賠償請求権に関する胎児の権利能力），886条（相続に関する胎児の権利能力），965条（相続に関する受遺者の権利能力）などです。訴訟能力に関する民法の規定は5条1項・3項（権利を得，義務を免れる行為），6条1項（営業許可の場合），9条（日常生活必要行為），13条1項四号（被保佐人の訴訟行為は同意必要），17条（被補助人の要同意事項），会社法の規定は584条（無限責任社員となることを許された未成年者の行為），人事訴訟法の規定は13条（人事訴訟における訴訟能力の拡張），14条（同前）があり，法定代理に関しては民法818条（父母・養親が親権者），824条（親権者の財産管理権），838条（後見開始），859条（後見人の財産管理権）等です。

(2)　民訴法29条の準用

民訴法29条（法人でない社団等の当事者能力）法人でない社団又は財団で代表者又は管理人の定めがあるものは，その名において訴え，又は訴えられることができる。

　法人でない社団又は財団は，いわゆる権利能力（法人格）なき社団又は財団ですが，「一般社団法人及び一般財団法人に関する法律」（平成18年法律48号）の制定により，従来のそれがかなり法人化することが可能となりましたので，この規定の守備範囲は狭まるものと予想されます。

第四章　当事者能力及び手続行為能力

> **家事規則 15 条（法人でない社団又は財団の当事者能力の判断資料の提出等・法 17 条）**
>
> 　家事事件の手続における法人でない社団又は財団の当事者能力の判断資料の提出については民事訴訟規則 14 条の規定を，家事事件の手続における法定代理権及び手続行為をするのに必要な授権の証明については同規則 15 条前段の規定を準用する。

　本条は，家事事件の手続における法人でない社団等の当事者能力の判断資料について民訴規則 14 条の規定を，家事事件の手続における法定代理権及び手続行為をするのに必要な授権の証明について同規則 15 条前段の規定を，それぞれ準用する旨を定める新設規定です。

　準用される民訴規則は以下のように規定しています。

「民訴規則 14 条（法人でない社団等の当事者能力の判断資料の提出・法 29 条）裁判所は，法人でない社団又は財団で代表者又は管理人の定めがあるものとして訴え，又は訴えられた当事者に対し，定款その他の当該当事者の当事者能力を判断するために必要な資料を提出させることができる。」

「民訴規則 15 条前段（法定代理権等の証明・法 34 条）法定代理権又は訴訟行為をするのに必要な授権は，書面で証明しなければならない。……」

　これらの規定は，手続の明確性を担保するためのものであることはいうまでもありません。

⑶　民訴法 31 条の準用

民訴法 31 条（未成年者及び成年被後見人の訴訟能力）未成年者及び成年被後見人は，法定代理人によらなければ，訴訟行為をすることができない。ただし，未成年者が独立して法律行為をすることができる場合は，この限りでない。

57

第一編　総則

　　未成年者の行為能力に関しては民法 5 条，6 条，753 条に，未成年者が
独立して法律行為ができる場合の規定は民法 5 条，6 条，会社法 584 条，
労働基準法 58 条，59 条に，法定代理に関しては民法 818 条，824 条，838
条，859 条に規定があります。

⑷　民訴法 33 条の準用

民訴法 33 条（外国人の訴訟能力の特則）外国人は，その本国法によれば
　訴訟能力を有しない場合であっても，日本法によれば訴訟能力を有すべ
　きときは，訴訟能力者とみなす。

　　外国人は，法令又は条約の規定により禁止される場合を除き，私権を享
有しますが（民 3 条 2 項），外国人の能力の準拠法に関しては「法の適用
に関する通則法」4 条に規定があります。

⑸　民訴法 34 条の準用

民訴法 34 条 1 項・2 項（訴訟能力等を欠く場合の措置等）訴訟能力，法
　定代理権又は訴訟行為をするのに必要な授権を欠くときは，裁判所は，
　期間を定めて，その補正を命じなければならない。この場合において，
　遅滞のため損害を生ずるおそれがあるときは，裁判所は，一時訴訟行為
　をさせることができる。

2　訴訟能力，法定代理権又は訴訟行為をするのに必要な授権を欠く者が
　した訴訟行為は，これらを有するに至った当事者又は法定代理人の追認
　により，行為の時にさかのぼってその効力を有する。

⑹　民訴法 30 条の不採用

　　家事法は，民訴法 30 条が規定する選定当事者の制度は準用せず採用し
ませんでした。民訴法 30 条は，共同の利益を有する多数の者で民訴法 29
条の規定に該当しないものは，その中から，全員のために原告又は被告と
なるべき 1 人又は数人を選定することができると規定しています。この規
定の準用が検討されたのですが，しかし，家事事件では，定型的に共同の

58

第四章　当事者能力及び手続行為能力

利益を有する多数当事者があるとはいえないこと，共通の手続代理人を選任したり，許可を得て他の当事者を手続代理人に選任することでまかなえること，遺産分割事件等では個々の当事者に対する遺産の帰属の決定等の段階では利益を共同にしないことが想定されることなどから，採用されなかったということです（文献②73頁参照）。

2　当事者能力と手続行為能力の概念

⑴　審判手続要件

　当事者能力の存在は訴訟要件，審判手続要件の１つであり，裁判所の職権調査事項で，これを欠くと訴えや調停・審判の申立ては不適法として却下されます。

　民事訴訟の手続において訴訟能力を有する行為能力者は，家事事件の手続においても手続行為能力を有します。これに対し，民事訴訟において訴訟能力を有しない未成年者や成年被後見人は，家事事件においても手続行為能力を有しないのが原則ですが（民訴法28条・29条），これには例外があります。家事事件の場合には，身分関係の形成や存否が問題とされている類型の事件ですと，縁組や認知など身分行為をする本人の意思が可能な限り尊重される必要がありますから，当該身分行為者に意思能力がある限り，当該身分行為にかかる家事事件の手続行為能力を認めなければなりません。そこで，家事法では，そのような事件においては，事件類型ごとに個別的にその旨を規定しています（家事法118条及び同条が準用する各規定，252条１項）。

⑵　手続行為能力の原則

　家事法17条１項は，そのほか，民事訴訟の手続において代理権を有する親権者や後見人，訴訟行為について代理権を付与された保佐人・補助人等は家事事件の手続においても代理権を有すること，被保佐人や被補助人など民事訴訟の手続において訴訟行為をするのに同意その他の授権が必要

第一編　総則

な者は，家事事件の手続行為においても同様に授権が必要になること，手続行為能力，法定代理権，又は手続行為をするのに必要な授権を欠く場合の規律も民事訴訟の場合と同様であることを規定しています。

(3)　受動的手続行為の場合の例外

　家事法17条2項は，被保佐人，被補助人（補助人の同意を必要とする場合），成年後見人・未成年後見人その他の法定代理人は，他の者がした家事事件の申立てや抗告について手続行為をする場合や審判の告知を受ける場合，及び職権で家事事件手続が開始された場合には，例外的にそれらの者の同意等の授権を要しないとしたものです。家事法17条1項の原則では，手続を進められない不都合があるからです。

(4)　特別の授権

　家事法17条3項各号に列挙する手続行為については，手続を終了させることになる重要な行為ですので，手続一般について授権を得ている者であっても，各項目について特別の授権を要するとしたものです。

　一号の家事審判・家事調停の申立ての取下げは，事件の係属自体を消滅させる重要な行為ですから，特別授権を必要としました。

　家事法268条1項（調停成立の合意），277条1項一号（合意に相当する審判の合意），270条1項（調停条項案の受諾），286条8項（共同の申出）をする場合など二号に規定されている事項も同様であるが，ただこの場合，既に家事調停の申立てその他家事調停の手続の追行について同意その他の授権を得ている場合には，既に当初の授権の範囲に含まれていることから，重ねて同意を得る必要はないこととしました。

　三号に規定する審判に対する即時抗告，家事法94条1項（家事法288条において準用する場合を含む）の特別抗告，家事法97条2項（家事法288条において準用される場合を含む）の許可抗告の申立ての取り下げ，又は家事法279条1項・286条1項の異議の取下げについても，同様に特別の授権を要します。

第四章　当事者能力及び手続行為能力

（二）　未成年者及び成年被後見人の法定代理人

> **家事法 18 条（未成年者及び成年被後見人の法定代理人）**
>
> 　親権を行う者又は後見人は，118 条（この法律の他の規定におい
> て準用する場合を含む。）又は 252 条 1 項の規定により未成年者又
> は成年被後見人が法定代理人によらずに自ら手続行為をすることが
> できる場合であっても，未成年者又は成年被後見人を代理して手続
> 行為をすることができる。ただし，家事審判及び家事調停の申立て
> は，民法（明治 29 年法律 89 号）その他の法令の規定により親権を
> 行う者又は後見人が申立てをすることができる場合（人事訴訟法
> （平成 15 年法律 109 号）2 条に規定する人事に関する訴え（離婚及
> び離縁の訴えを除く。）を提起することができる事項についての家
> 事調停の申立てにあっては，同法その他の法令の規定によりその訴
> えを提起することができる場合を含む。）に限る。

　一般的には手続行為について行為能力の制限を受けている未成年者や成
年被後見人でも，身分行為の意思尊重主義の観点から，一定の家事事件手
続では，意思能力を有する限り，自ら単独で有効に手続行為をすることが
できます。実務的には通常未成年者の場合には，15 歳を一応の区切りと
して，それ以上の年齢に達していれば，意思能力を有する者として，単独
での手続行為を認めています。15 歳以上であれば，通常意思能力がある
と認めることができるという考え方は，民法 797 条（15 歳以上であれば
単独縁組可能）・806 条の 3（監護者の同意のない縁組等の追認可能）・961
条（15 歳以上の者の遺言能力）などの規定に現れています。

　しかし，そのような場合であっても，自ら実際に手続行為をする場合に
は，困難を生ずる場合が少なくないのが通常である以上，制限行為能力者
だけでなく，その法定代理人にも同時に未成年者又は成年被後見人・未成
年被後見人を代理して手続行為をすることができることとしておく必要が

61

第一編　総則

あります。そこで，家事法においては，例外はありますが，未成年者又は
成年被後見人・未成年被後見人が法定代理人によらずに自ら単独で有効に
手続行為をすることができる場合であっても，親権を行う者や成年後見
人・未成年後見人等の法定代理人は，未成年者等を代理して手続行為をす
ることができることとしたのが本条の規定です。未成年者等の制限行為能
力者と法定代理人の意見が対立した場合には，双方で意見調整をする必要
がありますが，どうしても不一致の場合には制限行為能力者の意見が優先
し，法定代理人の代理権の行為は違法となると解する外はないでしょう。

（三）　特別代理人

> **家事法 19 条（特別代理人）**
> 　　裁判長は，未成年者又は成年被後見人について，法定代理人がな
> い場合又は法定代理人が代理権を行うことができない場合におい
> て，家事事件の手続が遅滞することにより損害が生ずるおそれがあ
> るときは，利害関係人の申立てにより又は職権で，特別代理人を選
> 任することができる。
> 2　特別代理人の選任の裁判は，疎明に基づいてする。
> 3　裁判所は，いつでも特別代理人を改任することができる。
> 4　特別代理人が手続行為をするには，後見人と同一の授権がなけれ
> ばならない。
> 5　1項の申立てを却下する裁判に対しては，即時抗告をすることが
> できる。

　特別代理人の制度には，民法上では，親権者と子（826条）・後見人と
被後見人（860条）との利益相反行為をする場合の特別代理人，親権を行
う母がいない場合における嫡出否認の訴えのための特別代理人（775条）
などがありますが，もとより全く別の概念です。これに対し，民事訴訟法

第四章　当事者能力及び手続行為能力

や民事執行法では，法定代理人がいないか，又は代理権を行使できない場合に，個々の訴訟又は手続を進行させるために裁判所が選任する臨時の法定代理人制度があり（民訴法 35 条，民執法 41 条），本条の特別代理人はこの類型に属します。

　未成年者又は成年被後見人について，法定代理人がないか又は法定代理人が代理権を行うことができない場合には，本来ならば，民法 840 条・843 条等の規定に従い，未成年後見人又は成年後見人の選任手続を経て，すべての事件について権限を有する法定代理人を確保するのが本来ですが，その手続には早くても数か月を要するところから，臨時の特別代理人を選任して対処することにしたものです。したがって，この場合の特別代理人は未成年者と成年後見人の法定代理人としての権限を行使することができることになりますが，もちろんそれは選任された当該事件の処理に限られます。

　なお，特別代理人選任申立ての書式例は［書式例 273］の通りです。

（四）　法定代理権の消滅の通知

家事法 20 条（法定代理権の消滅の通知）
　　別表第二に掲げる事項についての審判事件においては，法定代理権の消滅は，本人又は代理人から他方の当事者に通知しなければ，その効力を生じない。家事調停事件においても，同様とする。

家事規則 16 条（法定代理権の消滅の届出・法 20 条）
　　法 20 条の規定による通知をした者は，その旨を裁判所に書面で届け出なければならない。
2　法別表第二に掲げる事項についての審判事件及び家事調停事件以外の家事事件において法定代理権が消滅したときは，本人又は代理人は，その旨を裁判所に書面で届け出なければならない。

第一編　総則

　家事法20条及び家事規則16条の規定は，本人保護の観点，ひいては手続の安定性及び明確性の確保の視点から規定されたものであることはいうまでもありません。

（五）　法人の代表者等への準用

> **家事法21条（法人の代表者等への準用）**
> 　法人の代表者及び法人でない社団又は財団で当事者能力を有するものの代表者又は管理人については，この法律中法定代理及び法定代理人に関する規定を準用する。

> **家事規則17条（法人の代表者等への準用・法21条）**
> 　法人の代表者及び法人でない社団又は財団で当事者能力を有するものの代表者又は管理人については，この規則中法定代理及び法定代理人に関する規定を準用する。

　家事規則17条によって準用される家事事件手続規則の規定としては，15条（法定代理権等の証明），16条（法定代理権の消滅の届出）のほか，1条（代理人が裁判所に提出すべき書面の記載事項），2条（代理人の権限を証明する書面のファクシミリによる提出），31条1項三号（出頭代理人の口頭弁論調書への記載）等が考えられるとされています（文献③41頁）。

第五章　手続代理人及び補佐人

（一）　手続代理人の資格

> **家事法22条（手続代理人の資格）**
> 　法令により裁判上の行為をすることができる代理人のほか，弁護

第五章　手続代理人及び補佐人

> 士でなければ手続代理人となることができない。ただし，家庭裁判
> 所においては，その許可を得て，弁護士でない者を手続代理人とす
> ることができる。
>
> 2　前項ただし書の許可は，いつでも取り消すことができる。

1　任意代理人と弁護士代理の原則（家事法22条1項本文）

　家事事件手続における手続代理人は，行為能力を制限された者に対する
法定代理人とは異なり，一般に手続行為能力を有する当事者や参加人等が
任意代理人として選任する制度です。民事訴訟において訴訟能力を有しな
い未成年者及び成年被後見人は，家事事件においても原則として手続行為
能力を有しませんが，民事訴訟において訴訟能力を有する行為能力者は，
家事事件においても手続行為能力を有し，任意代理人としての手続代理人
を選任できるわけです。

　任意代理人に関する民法の規定と，民事訴訟法や家事事件手続法の定め
る規制とは異なることに注意する必要があります。民法では，行為能力が
ある限り，代理人となる資格に制限はありませんが，民事訴訟や家事事件
手続では，手続法としての性格から，一定の制限を設けました。

　家事法22条1項本文は，まずいわゆる暴力団や事件屋等の介入を防止
する必要があることと，家事事件は広範囲な日常的な事件を扱い，法律関
係に精通しない当事者が関与するため，家事事件の当事者を保護する必要
性が高いことから，民事訴訟法54条1項に準じて，法令により裁判上の
行為をすることのできる代理人のほか，弁護士でなければ手続代理人とな
ることができないこととしました。

2　「手続代理委任状」の書式（家事法22条1項本文）

　本人が弁護士を手続代理人に委任した場合，理論的には，本人が手続代

第一編　総則

理人に対して家事事件について代理権を与えた意思及び代理権の範囲が明確であれば，委任状としては過不足はないとはいえますが，家事事件手続法が訴訟における「訴訟代理」とは異なり，「手続代理」又は「手続代理人」という概念に改めたのですから弁護士に対する委任状の書式も，従来のような訴訟代理委任状ではなく「手続代理委任状」として作成し，提出するのが望ましいとされます。各地の弁護士会では「手続代理委任状」の書式を作成し，公開しているのでそれを利用すると便利です（文献⑫27頁参照）。

3　弁護士以外の許可代理（家事法 22 条 1 項ただし書）

　上記が原則ですが，これはドイツ法等のような弁護士強制主義とは異なり，当事者や参加人が自ら手続行為をすることは禁止されていません。民事訴訟でも本人訴訟は許されており，家事事件手続でも同様です。ただ，手続代理人を選任する以上は弁護士でなければならないという趣旨であり，民事訴訟法 54 条 1 項ただし書にある簡易裁判所と同じ規制ということになります。

　しかし，常に弁護士でなければ手続代理人として選任できないとすると，弁護士過疎地域等では不都合を生じますし，弁護士報酬の問題も生じますので，家事事件手続法は，これまでの旧家事審判法時代と同様に，家庭裁判所の許可を得れば，手続代理人を選任することとしました（家事法 22 条 1 項ただし書）。ただし，これはあくまで例外的な措置ですので，家庭裁判所は，その許可をいつでも取り消すことができることとしました（家事法 22 条 2 項）。

4　非弁護士選任許可基準（家事法 22 条 1 項ただし書）

　ここで問題は，弁護士でない者を手続代理人として選任するための判断基準です。法文上は別段制限はありませんので，裁判所の裁量に任されて

第五章　手続代理人及び補佐人

いるということになります。これまでの家裁実務で多く利用されたのは，例えば遺産分割の事件で当事者の一人が出頭できず，その共同相続人ではない配偶者等が手続代理人として出頭するという場合です。この場合，共同相続人である兄弟姉妹等が手続代理人として出頭することは利益相反となりかねませんので，裁判所は慎重に判断するでしょう。

　ただ，遺産分割の場合，多くはいくつかのグループに分かれて争い（先妻の子と後妻の子との争いなど），このような場合それぞれのグループごとに数人を代理して弁護士代理人が付くということはよくあることですから，実質的に利益相反関係にないのであれば，そんなに神経質になる必要はないとも思われます。関係当事者が特に異議を差し挟まないときには，認めてもよいのではないかとも考えられます。

　問題は，司法書士や行政書士などいわゆる士業の一部を手続代理人として選任できるかです。いわゆる弁護士の資格を有しない者の弁護士活動を禁止した弁護士法72条の規定との関係です。同条は，「弁護士又は弁護士法人でない者は，報酬を得る目的で訴訟事件，非訟事件及び審査請求，異議申立て，再審査請求等行政庁に対する不服申立事件その他一般の法律事件に関して鑑定，代理，仲裁若しくは和解その他の法律事務を取り扱い，又はこれらの周旋をすることを業とすることができない。ただし，この法律又は他の法律に別段の定めがあるときは，この限りでない。」と定めています。これが非弁活動の禁止です。

　そこで，司法書士や行政書士等が候補者である場合は，裁判所は相当に慎重になるようですが，弁護士過疎地域だったり，近くに気軽に頼める弁護士がいなかったりする地域等の場合には，事件処理に困難を来すこともあり得ます。例外的に，司法書士の一部に簡裁訴訟代理等関係業務が認められたり（司法書士法22条・29条等），その他裁判外紛争解決手続促進法による認証を受けた者（同法5条以下）などの場合には，それぞれの権限が一部付与された分野の家事事件については肯定できます。

67

第一編　総則

　問題は，その他の場合に，許可対象者に含めることができるかどうかです。具体的事情いかんによっては認められる場合もあるでしょう。弁護士と司法書士・行政書士との職域問題にからみますが，利用者市民の立場から考えれば司法書士や行政書士の場合であっても，特別の必要がある場合にはこれを積極的に認めてもよい場合があると考えます。

5　手続代理人許可の取消し（家事法22条2項）

　家事法22条1項ただし書で弁護士以外の者について手続代理人に選任することを許可したとしても，裁判所はいつでもこれを取り消すことができます。理由は問いません。

（二）　子どもの手続代理人の選任

> **家事法23条（裁判長による手続代理人の選任等）**
> 　手続行為につき行為能力の制限を受けた者が118条（この法律の他の規定において準用する場合を含む。）又は252条1項の規定により手続行為をしようとする場合において，必要があると認めるときは，裁判長は，申立てにより，弁護士を手続代理人に選任することができる。
> 2　手続行為につき行為能力の制限を受けた者が前項の申立てをしない場合においても，裁判長は，弁護士を手続代理人に選任すべき旨を命じ，又は職権で弁護士を手続代理人に選任することができる。
> 3　前2項の規定により裁判長が手続代理人に選任した弁護士に対し手続行為につき行為能力の制限を受けた者が支払うべき報酬の額は，裁判所が相当と認める額とする。

第五章　手続代理人及び補佐人

1　手続代理人の選任（家事法 23 条 1 項）

　未成年者等手続行為につき能力の制限を受けた者が，家事事件手続法 118 条や 252 条 1 項の規定により手続行為をする場合には，意思能力がある限り完全な手続行為能力を有しますが，実際に手続行為をする場合には多くの困難を伴いますので，弁護士代理人の選任が必要となるのが通常です。しかし，法定代理人の同意が得られないなど障害がある場合もあるので，本条は人事訴訟法 13 条の規定にならい，手続行為の制限能力者の利益を守るため，裁判長による手続代理人選任の制度を設けました。

　なお，この場合の手続代理人選任申立ての書式例は，文献⑬中の［書式例 274］です。

2　子ども代理人制度との関係（家事法 23 条 2 項）

　本条の規定は，いわゆる子どもの手続代理人制度との関係で議論があります。家事事件中には，親権者指定・変更や子の監護に関する処分（面会交流や養育費）等の事件類型では，子は「審判を受けるべき者以外の者であって，審判の結果により直接の影響を受けるもの」として，家事審判の手続に利害関係人として参加しえますので（家事法 42 条 2 項），上記規定による手続代理人弁護士を選任することができますが，諸外国の子ども代理人制度と異なり，15 歳以上あるいは少なくとも意思能力のある子しかこの制度の適用がないため，実際に機能する場面はそれほど多くはないと考えられます。というのは，上記事件類型では乳幼児や 15 歳未満の子こそが紛争の対象になるからです。実務上もこの制度の活用によって子の利益が獲られたという事例はほとんどないようです。家庭裁判所が後見的な役割を果たし，家庭裁判所調査官がその本来の機能を十分に発揮することによって，子の利益を図るべきものと思われます。子ども代理人制度に過剰な期待は禁物です（梶村太市＝長谷川房子＝吉田容子編著『離婚後の子

第一編　総則

の監護と面会交流』（日本評論社・2018 年）の各論を参照）。

3　弁護士報酬（家事法 23 条 3 項）

　本条 3 項は選任された弁護士報酬の負担について規定していますが，この点について立法関係者は以下のように解説しています。すなわち，未成年者など手続行為能力の制限を受けた者が弁護士に支払うべき額について裁判所が相当と認める額を定め，第 1 次的には手続行為能力の制限を受けた者が支払うことになるが，そのうち裁判所が相当と認める額が手続費用となり（民事訴訟費用等に関する法律 2 条十号），手続費用の負担の裁判（後記家事法 29 条）によって負担者が決められることになるといいます。

　ただ，手続行為能力の制限を受けた者に支払能力がないときは，手続上の救助（後記家事法 32 条 1 項・同条 2 項において準用する民事訴訟法 83 条 1 項二号）により支払の猶予を受ける余地があるといいます（文献②74 頁以下）。この点は後述します。

（三）　手続代理人の代理権の範囲

> **家事法 24 条（手続代理人の代理権の範囲）**
> 　手続代理人は，委任を受けた事件について，参加，強制執行及び保全処分に関する行為をし，かつ，弁済を受領することができる。
> 2　手続代理人は，次に掲げる事項については，特別の委任を受けなければならない。ただし，家事調停の申立てその他家事調停の手続の追行について委任を受けている場合において，二号に掲げる手続行為をするときは，この限りでない。
> 　　一　家事審判又は家事調停の申立ての取下げ
> 　　二　268 条 1 項若しくは 277 条 1 項一号の合意，270 条 1 項に規定する調停条項案の受諾又は 286 条 8 項の共同の申出

三　審判に対する即時抗告，94条1項（288条において準用する場合を含む。）の抗告，97条2項（288条において準用する場合を含む。）の申立て又は279条1項若しくは286条1項の異議

　　四　前号の抗告（即時抗告を含む。），申立て又は異議の取下げ

　　五　代理人の選任

　3　手続代理人の代理権は，制限することができない。ただし，弁護士でない手続代理人については，この限りでない。

　4　前3項の規定は，法令により裁判上の行為をすることができる代理人の権限を妨げない。

1　手続代理人の代理権の範囲（家事法24条1項）

　代理権は委任を受けた事項について，参加，強制執行及び保全処分並びに弁済を受領する行為です。もともと，手続代理人は家事法24条2項の特別委任事項を除き，委任の目的を達するために必要な一切の行為をすることができ，これら参加等についても代理権の範囲に属することを規定したものです。

　別表第二（旧乙類）事件について調停申立ての委任を受けた者が不成立後の審判事件についても代理権があるか否かに関しては積極・消極両説ありますので，実務的には念のため調停が審判事件の全体について委任事項に含めておいた方が無難でしょう。

2　特別委任事項（家事法24条2項）

　2項の一号から五号までに列挙している事項は，委任状で特別に委任する者を明示しなければ代理権の範囲に含まれませんので，注意が必要です。二号の場合，調停を成立させる合意は調停事件の委任の場合にこれが

第一編　総則

含まれることは当然ですから，訴訟や家事審判等調停以外の事件の委任を推定した規定ということになります。

3　手続代理人の代理権の制限（家事法24条3項）

　この手続代理人の代理権を制限しても無効としているのは，弁護士が代理人についている以上当然すべてについて代理権があると信ずるのが通常であり，また家事事件の手続を安定させ，迅速かつ円満に進めるためには必要不可欠であるからです。

4　法令による代理権の制限（家事法24条4項）

　法令による手続代理人の代理権の範囲及びその制限は，その法令の規定によって定まります。

（四）　手続代理人の代理権消滅の通知

家事法25条（手続代理人の代理権の消滅の通知）
　　手続代理人の代理権の消滅は，家事審判事件（別表第二に掲げる事項についてのものに限る。）及び家事調停事件においては本人又は代理人から他方の当事者に，その他の家事事件においては本人又は代理人から裁判所に通知しなければ，その効力を生じない。

家事規則18条（手続代理人の代理権の証明等・法22条等）
　　手続代理人の権限は，書面で証明しなければならない。
2　前項の書面が私文書であるときは，裁判所は，公証人その他の認証の権限を有する公務員の認証を受けるべきことを手続代理人に命ずることができる。
3　法25条の規定により他方の当事者に通知をした者は，その旨を裁判所に書面で届け出なければならない。

第五章　手続代理人及び補佐人

> 4　法25条の規定による裁判所に対する通知は，書面でしなければ
> ならない。

1　家事調停・審判事件における代理権消滅の通知（家事法25条前段）

　別表第二（旧乙類）事件の代理権の消滅について他方の当事者へ通知することを要するとした理由は，代理権の消滅の効力をめぐる争いを未然に防止し，それによって手続の安定と明確化を図ることにあります。

　手続代理人の代理権消滅の通知は，本人又は新旧いずれの代理人が行ってもよく，通知の相手方は他の当事者です。直接的には調停や審判の係属している裁判所に対してではないことに注意すべきです。

　もっとも，この場合の前項の通知は書面で裁判所にも通知しなければなりません（家事規則18条3項）。

2　調停・審判事件以外の家事事件における代理権消滅の通知（家事法25条後段，規則25条）

　家事法25条後段の「その他の家事事件」としては，主として相手方のない別表第一（旧甲類）事件について問題となりますが，この場合は本人又は代理人が代理人の代理権の消滅を裁判所に対して書面で通知しなければなりません（家事規則18条4項）。

　なお，手続代理人の権限は書面でしなければなりませんが（規則18条1項），ここでいう手続代理人の権限を証明する書面としては，通常は委任状ですが，その他の書面でも代理権の存在が明らかであれば足ります。規則18条2項が規定する認証権限を有する公証人等の公務員による認証命令は，他方当事者が代理権の存在を争っている場合や提出された委任状の真正に疑義があるような特別な場合に限られます（文献④43頁）。

73

第一編　総則

（五）　手続代理人に関する民事訴訟規定の準用

> **家事法26条（手続代理人及びその代理権に関する民事訴訟法の準用）**
>
> 　民事訴訟法34条（3項を除く。）及び56条から58条まで（同条3項を除く。）の規定は，手続代理人及びその代理権について準用する。

1　民訴法34条1項及び2項の準用

　民事訴訟法34条は，民事訴訟手続における訴訟能力等を欠く場合の措置等に関する一般的な規定です。その1項は「訴訟能力，法定代理権又は訴訟行為をするのに必要な授権を欠くときは，裁判所は，期間を定めて，その補正を命じなければならない。この場合において，遅滞のため損害を生ずるおそれがあるときは，裁判所は，一時訴訟行為をさせることができる。」と定め，その2項は「訴訟能力，法定代理権又は訴訟行為をするのに必要な授権を欠く者がした訴訟行為は，これらを有するに至った当事者又は法定代理人の追認により，行為の時にさかのぼってその効力を生ずる。」と規定しています。

　民事訴訟法28条は，民事訴訟手続における一般原則として，当事者能力，訴訟能力及び訴訟無能力の法定代理は，同法に特別の定めがある場合を除き，民法その他の法令に従う旨，かつ訴訟行為をするのに必要な授権についても，同様とする旨を定めています。そして，民事訴訟法31条は，未成年者及び成年被後見人は原則として法定代理人によらなければ訴訟行為をすることができないこと，同法32条は，被保佐人，被補助人及び法定代理人の特則を規定しています。これらの規定により訴訟能力等を欠く場合の措置等を定めたのが民事訴訟法34条の規定ということになります。

74

第五章　手続代理人及び補佐人

2　民訴法56条から58条までの準用

　そして，民訴法56条は，個別代理を認める規定で，その1項は「訴訟代理人が数人あるときは，各自当事者を代理する。」と定め，その2項は「当事者が前項の規定と異なる定めをしても，その効力を生じない。」と規定しています。民訴法57条は，当事者による更正を認める規定で，「訴訟代理人の事実に関する陳述は，当事者が直ちに取り消し，又は更正したときは，その効力を生じない。」と定めています。

　さらに民訴法58条は，訴訟代理権の不消滅の規定です。その1項は，訴訟代理人は，次に掲げる事由によっては，消滅しないとし，①当事者の死亡又は訴訟能力の喪失，②当事者である法人の合併による消滅，③当事者である受託者の信託に関する任務の終了，④法定代理人の死亡，訴訟能力の喪失又は代理権の消滅・変更をその事由として挙げています。そしてその2項では，一定の資格を有する者で自己の名で他人のために訴訟の当事者となるものの訴訟代理人の代理権は，当事者の死亡その他の事由による資格の喪失によっては，消滅しないと定めています。

（六）　補佐人

> **家事法27条（補佐人）**
> 　家事事件の手続における補佐人については，民事訴訟法60条の規定を準用する。

　民事訴訟法60条は，補佐人に関し，(1)当事者又は訴訟代理人は，裁判所の許可を得て，補佐人とともに出頭することができる，(2)前項の許可は，いつでも取り消すことができる，(3)補佐人の陳述は，当事者又は訴訟代理人が直ちに取り消し，又は更正しないときは，当事者又は訴訟代理人が自らしたものとみなす旨を規定しています。

75

第一編　総則

　要するに補佐人とは，当事者又は代理人が出頭する場合に，当事者又は
手続代理人の専門的知識を補完し，又はこれらの者の言語能力等が不十分
な場合に，その手続上の行為を補充するために設けられたもので，代理人
ではありません。日本語が不自由な外国人あるいは視聴覚が不自由な者に
対する支援者などにその例があります。

第六章　手続費用

第一節　手続費用の負担

（一）各自負担の原則

> 家事法28条（手続費用の負担）
> 　手続費用（家事審判に関する手続の費用（以下「審判費用」とい
> う。）及び家事調停に関する手続の費用（以下「調停費用」という。）
> をいう。以下同じ。）は，各自の負担とする。
> 2　裁判所は，事情により，前項の規定によれば当事者及び利害関係
> 　参加人（42条7項に規定する利害関係参加人をいう。一号におい
> 　て同じ。）がそれぞれ負担すべき手続費用の全部又は一部を，その
> 　負担すべき者以外の者であって次に掲げるものに負担させることが
> 　できる。
> 　　一　当事者又は利害関係参加人
> 　　二　前号に掲げる者以外の審判を受ける者となるべき者
> 　　三　前号に掲げる者に準ずる者であって，その裁判により直接に
> 　　　利益を受けるもの
> 3　前2項の規定によれば検察官が負担すべき手続費用は，国庫の負
> 　担とする。

第六章　手続費用

> **家事規則19条（後見登記法に定める登記の手数料の予納等）**
>
> 　裁判所は，後見登記等に関する法律（平成11年法律152号）に
> 定める登記（77条において「後見登記法に定める登記」という。）
> の手数料に充てるための費用に限り，金銭に代えて収入印紙で予納
> させることができる。
>
> 2　前項の規定により予納させた収入印紙の管理については，民事訴
> 訟費用等に関する法律13条の規定により予納させた郵便切手の管
> 理の例による。

　旧家審法の時代には，手続費用の負担は申立人負担の原則が採られてい
ましたが（非訟事件手続法26条の準用），家事法28条1項では，簡易・
迅速な事件処理要請から，手続費用の償還問題が生じないようにするた
め，また申立人は必ずしも私益のためにのみ申立てをしているとは限らな
いこと等の観点から，公平を考慮し，各自負担の原則に切り替えました。

　また，家事法28条2項では，本来その費用を負担すべきものとされて
いない者であって，裁判所の裁量によりその手続費用の全部又は一部を負
担させることができる者の範囲について，当事者・利害関係参加人のほ
か，これらの者以外の審判を受ける者となるべき者，又はこれに準ずる者
であって審判により直接利益を受ける者に限定しました。

（二）　費用負担の必要的裁判

> **家事法29条（手続費用の負担の裁判等）**
>
> 　裁判所は，事件を完結する裁判において，職権で，その審級にお
> ける審判費用（調停手続を経ている場合にあっては，調停費用を含
> む。）の全部について，その負担の裁判をしなければならない。た
> だし，事情により，事件の一部又は中間の争いに関する裁判におい

77

第一編　総則

て，その費用についての負担の裁判をすることができる。

2　上級の裁判所が本案の裁判を変更する場合には，手続の総費用
（調停手続を経ている場合にあっては，調停費用を含む。）につい
て，その負担の裁判をしなければならない。事件の差戻し又は移送
を受けた裁判所がその事件を完結する裁判をする場合も，同様とす
る。

3　調停が成立した場合において，調停費用（審判手続を経ている場
合にあっては，審判費用を含む。）の負担について特別の定めをし
なかったときは，その費用は，各自が負担する。

4　244条の規定により調停を行うことができる事件についての訴訟
が係属する裁判所が257条2項又は274条1項の規定により事件を
調停に付した場合において，調停が成立し，その訴訟についての訴
訟費用の負担について特別の定めをしなかったときは，その費用
は，各自が負担する。

　家事法29条は，旧家事審判法時代には費用負担の裁判は任意的でした
が（旧非訟事件手続法27条の準用），これを改め，利用者にとっての明確
性を重視し，原則どおり各自負担とする場合であっても，必ず費用負担の
裁判をすることとしたものです。

（三）　費用額の予納と立替え

> **家事法 30 条（手続費用の立替え）**
> 　事実の調査，証拠調べ，呼出し，告知その他の家事事件の手続に
> 必要な行為に要する費用は，国庫において立て替えることができ
> る。

　30条は，民事訴訟費用等に関する法律12条に従い，同法11条1項が

第六章　手続費用

定める費用を要する行為について，原則として当事者に予納させることとしつつ，裁判所の迅速事件処理の要請から，国庫立替えを認めたものです。

（四）　民事訴訟規定の準用

> **家事法 31 条（手続費用に関する民事訴訟法の準用等）**
>
> 　民事訴訟法 69 条から 74 条までの規定（裁判所書記官の処分に対する異議の申立てについての決定に対する即時抗告に関する部分を除く。）は，手続費用の負担について準用する。この場合において，同法 72 条中「当事者が裁判所において和解をした場合」とあるのは「調停が成立した場合」と，「和解の費用又は訴訟費用」とあるのは「家事事件手続法（平成 23 年法律 52 号）29 条 3 項の調停費用又は同条 4 項の訴訟費用」と，同法 73 条 1 項中「裁判及び和解」とあるのは「裁判及び調停の成立」と，「補助参加の申出の取下げ又は補助参加についての異議の取下げ」とあるのは「家事事件手続法 41 条 1 項若しくは 42 条 1 項の規定による参加の申出の取下げ又は同条 2 項の規定による参加の許可の申立ての取下げ」と，同条 2 項中「61 条から 66 条まで及び」とあるのは「家事事件手続法 31 条 1 項において準用する」と読み替えるものとする。
> 2　前項において準用する民事訴訟法 69 条 3 項の規定による即時抗告並びに同法 71 条 4 項（前項において準用する同法 72 条後段において準用する場合を含む。），73 条 2 項及び 74 条 2 項の異議の申立てについての裁判に対する即時抗告は，執行停止の効力を有する。

　民事訴訟法 69 条（法定代理人等の費用償還），70 条（無権代理人の費用負担），71 条（訴訟費用額の確定手続），72 条（和解の場合の費用額の確定手続），73 条（訴訟が裁判・和解によらないで完結した場合等の取扱

79

第一編　総則

い），74条（費用額の確定処分の更正）等の規定が上記のルールで準用されます。

> **家事規則20条（手続費用に関する民事訴訟規則の準用・法31条）**
>
> 　民事訴訟規則1編4章1節の規定は，手続費用（家事審判及び家事調停に関する手続の費用をいう。51条において同じ。）の負担について準用する。この場合において，同規則24条2項中「訴訟費用又は和解の費用」とあるのは「手続費用（家事審判及び家事調停に関する手続の費用をいう。）又は家事事件手続法（平成23年法律52号）29条4項の訴訟費用」と，同項並びに同規則25条，26条及び28条中「訴訟費用等」とあるのは「手続費用等」と，同規則24条2項中「47条（書類の送付）1項」とあるのは「家事事件手続規則（平成24年最高裁判所規則8号）26条1項」と読み替えるものとする。

　民事訴訟規則1編4章1節の規定としては，24条（訴訟費用額の確定等を求める申立ての方式等），25条（相手方への催告等），26条（費用額の確定処分の方式），27条（法71条2項の最高裁判所規則で定める場合），28条（費用額の確定処分の更正の申立ての方式）等があります。

　　第二節　　訴訟上の救助

> **家事法32条（手続上の救助）**
>
> 　家事事件の手続の準備及び追行に必要な費用を支払う資力がない者又はその支払により生活に著しい支障を生ずる者に対しては，裁判所は，申立てにより，手続上の救助の裁判をすることができる。ただし，救助を求める者が不当な目的で家事審判又は家事調停の申

第六章　手続費用

　　立てその他の手続行為をしていることが明らかなときは，この限り
　　でない。
　2　民事訴訟法 82 条 2 項及び 83 条から 86 条まで（同法 83 条 1 項三
　　号を除く。）の規定は，手続上の救助について準用する。この場合
　　において，同法 84 条中「82 条 1 項本文」とあるのは，「家事事件
　　手続法 32 条 1 項本文」と読み替えるものとする。

　民事訴訟法 82 条 2 項は，訴訟上の救助決定は審級ごとに行う旨を規定
しています。83 条は救助の効力等を，84 条は救助の決定の取消しを，85
条は猶予された費用等の取立方法を，86 条は即時抗告を規定しています。

家事規則 21 条（手続上の救助の申立ての方式等・法 32 条）
　手続上の救助の申立ては，書面でしなければならない。
2　手続上の救助の事由は，疎明しなければならない。

　家事事件の手続を進めていくために家事法は様々な権能を当事者等に与
えていますが，その権能を行使するためには費用がかかります。それにも
かかわらず，経済的な理由で権能が行使できないということになると，こ
れらの権能を当事者等に与えた意義が失われます。

　そこで，この家事法 32 条は，手続上の救助の制度を導入し，民事訴訟
法 82 条 1 項の規定にならい，家事事件の手続の準備・追行に必要な費用
を支払う資力がない者，又はその支払により生活に著しい支障を生ずる者
に対して，申立てにより手続上の救助の裁判をすることができることとし
ました。

　救助の裁判の確定によって，①裁判費用・執行官の手数料等の支払猶
予，②裁判所で選任した手続代理人の報酬・費用等の支払猶予，等の効力
があります（家事法 32 条 2 項，民訴法 83 条 1 項）。

　もっとも，嫌がらせ目的の手続行為であることなど不当な目的で申し立
てられていることが明らかなときは，救助の必要はありませんから除かれ

81

第一編　総則

ます（家事法 32 条 1 項ただし書）。

　なお，訴訟上の救助に関しては，日本司法支援センター（法テラス）の活用が期待されます。

第七章　家事事件の審理等

（一）　手続の非公開

> **家事法 33 条（手続の非公開）**
> 　家事事件の手続は，公開しない。ただし，裁判所は，相当と認める者の傍聴を許すことができる。

　この家事法 33 条の家事事件の手続の非公開の原則は，旧家事審判規則 6 条の「家庭裁判所の審判及び調停の手続は，これを公開しない。ただし，家庭裁判所は，相当と認める者の傍聴を許すことができる。」とする定めを踏襲したものです。これは手続の第三者公開をしないことを定めたもので，当事者公開は別の問題です。

1　裁判の第三者公開（一般公開）の原則（家事法 33 条本文）

　裁判の第三者公開（一般公開）については，憲法 82 条で規定しています。その 1 項は，「裁判の対審及び判決は，公開法廷でこれを行ふ。」と定め，その 2 項で「裁判所が，裁判官の全員一致で，公の秩序又は善良の風俗を害する虞があると決した場合には，対審は，公開しないでこれを行ふことができる。但し，政治犯罪，出版に関する犯罪又はこの憲法第 3 章で保障する国民の権利が問題となつてゐる事件の対審は，常にこれを公開しなければならない。」と規定しています。

　そうすると，調停や審判などの家事事件の手続を非公開とすることは，憲法 82 条に違反するのではないかという疑問が生じます。もっとも，調

第七章　家事事件の審理等

停は裁判とはいえませんので，当事者以外の第三者に公開しない原則とすることはそれほど異論はありませんが，問題は裁判の一種といわざるを得ない審判手続を非公開とすることの違憲性が問題となります。

　この点は，民法752条が「夫婦は同居し，互いに協力し扶助しなければならない。」と定め，旧家事審判法9条1項乙類一号［現・家事事件手続法39条別表第二1項］がこれを審判事項としており，また民法760条が「夫婦は，その資産，収入その他一切の事情を考慮して，婚姻から生ずる費用を分担する。」と定め，旧家事審判法9条1項乙類三号［現・家事事件手続法39条別表第二2項］がこれを非公開の審判事項としているため，これら夫婦同居や婚姻費用分担の審判手続非公開の違憲性が争われることになりました。

　しかし最大決昭40・6・30民集19巻4号1089頁は，憲法82条1項にいう「裁判」とは，当事者間の実体的権利義務自体の確定を目的とする本質的民事訴訟事項についての裁判のことをいい，夫婦の同居審判や婚姻費用分担審判等のように，単に同居義務や婚姻費用分担義務の内容を新たに形成するに過ぎない本質的非訟事項についての審判の場合は，この「裁判」に該当せず，当事者は同居義務や婚姻費用分担義務の存否を最終的に確定したい場合は別途公開法廷に基づく民事訴訟判決を求めることができるから，憲法82条に違反しないとしました（文献⑥133頁以下参照）。

　すなわち，家事調停や家事審判の手続は，当事者以外の第三者に一般公開しなくても，公開原則を定める憲法82条に違反しないというものです。民事紛争の解決手続である裁判において公開の原則が必要であるのは，裁判の過程及び裁判内容を当事者以外の第三者にもあまねく周知徹底させることによって，偏頗な内容の裁判を事前に抑制するところにその意味があります。これが公開原則の第1の根拠です。

　これを実質的に考えれば，次の第2，第3の根拠も重要です。公開原則の第2の根拠としては，家事事件の場合は，身分関係の存否や形成自体に

関わり，単なる財産問題に帰着する民事訴訟事項とは異なり，その性質上，個人や家庭のプライバシーにわたる秘密性の高い事項や証拠資料を扱わざるを得ないため，手続を公開することにより，個人等の秘密が公になり回復しがたい不利益を被ることになりかねないという当事者の利益保護の視点です。そして，第3の根拠としては，当事者の秘密にわたる事項まで公開のもとに審理・判断されるとなると，当事者としては勢い秘密事項の公開を忌避してしまい，こうなっては審理に当事者の協力が得られず，実体的真実の発見にも支障を来しかねないという公益的観点からも重要であるとされています（文献②83頁以下参照）。

2　例外的公開（家事法33条ただし書）

家事法33条本文の「公開しない」という原則は，公開してはならないという意味ですが，ただし書は，裁判所が「相当と認める者」には，例外的に当事者以外にも公開することができることを定めています。

「相当と認める者」としては，実務上は実務修習中の司法修習生，研修中の調停委員・参与員・裁判所職員などが考えられています。一時は法科大学院の学生もこれに含めてはどうかという見解もありましたが，卒業生の半分以上も法曹になれないという現状のもとでは，説得力を欠くといわれても仕方ありません。

3　当事者公開

家事法33条の非公開原則は，あくまで第三者公開のことについての規律であって，当該事件の当事者に関しては適用されません。旧家審法から家事法への手続規定の見直しは，具体的には，①当事者や子（事件本人）の利益に配慮する，②国民が手続を利用しやすくする，③管轄・代理・不服申立手続等の基本的事項に関する手続を整備することなど手続の透明性を確保することにあります。

第七章　家事事件の審理等

　その視点からいえば，まず家事調停でも相手方のいない席で事実を聴取し意見を調整するというような別席調停は，当事者の関与しないブラックボックスを認めることになりかねません。自分の居ないところで調停が進められますと，当事者はどうしても疑心暗鬼となりますので，合意の調達にも支障を来します。したがって，感情の対立が激しく暴力沙汰になったり同席では怖がって発現できないなど特別な事情がある場合を除いて，当事者双方が同席の上で事実や意見の聴取あるいは調整を行うべきであって，別席調停は家事法の下では原則として許されないと考えるべきです。別席調停は当事者双方が希望する場合のみ許されると解されます。

4　同席調停と同席審判（情報の共有）

　同席調停は，このように手続の透明性を図りブラックボックスを排除するという司法的側面での要請からも，また真の当事者の意見調整と合意の調達は同席で進めてこそ可能であるという調停の技法の要請からも，別席では合意内容に齟齬が生じたり，当事者双方の誤解や錯誤が生じやすく，同席でこそ真実を発見できるという事実認定の要請からも，本来の調停のあり方であるといわなければなりません（文献⑩ 572 頁以下参照）。

　まして，家事調停が不成立となって移行した家事審判においては，当事者の陳述は審問の期日にしなければならず（家事法 68 条），審問期日には当事者の立会権があるのですから（家事法 69 条），当事者公開は不可欠となり，同席審判が原則的審理方式となります。しかも，審理終結日（家事法 71 条），審判日（同法 72 条），手続の記録化（同法 46 条），事実の調査の通知（同法 69 条）などに定める不意打防止の視点からも，同席審判の実質的な保障による情報の共有は最重要課題です。この保障のない別席調停や別席審判は憲法 82 条の公開原則に違反すると考えます。

85

第一編　総則

（二）　期日及び期間

> **家事法 34 条（期日及び期間）**
> 　　家事事件の手続の期日は，職権で，裁判長が指定する。
> 2　家事事件の手続の期日は，やむを得ない場合に限り，日曜日その他の一般の休日に指定することができる。
> 3　家事事件の手続の期日の変更は，顕著な事由がある場合に限り，することができる。
> 4　民事訴訟法 94 条から 97 条までの規定は，家事事件の手続の期日及び期間について準用する。

> **家事規則 22 条（受命裁判官又は受託裁判官の期日指定・法 34 条）**
> 　　受命裁判官又は受託裁判官が行う家事事件の手続の期日は，その裁判官が指定する。

> **家事規則 23 条（期日変更の制限・法 34 条）**
> 　　家事事件の手続の期日の変更は，次に掲げる事由に基づいては，してはならない。ただし，やむを得ない事由があるときは，この限りでない。
> 　　一　当事者又は利害関係参加人の 1 人につき手続代理人が数人ある場合において，その一部の代理人について変更の事由が生じたこと。
> 　　二　期日指定後にその期日と同じ日時が他の事件の期日に指定されたこと。

> **家事規則 24 条（裁判長等が定めた期間の伸縮・法 34 条）**
> 　　裁判長，受命裁判官又は受託裁判官が定めた期間の伸縮については，民事訴訟規則 38 条の規定を準用する。

第七章　家事事件の審理等

1　期日・期間の意義（家事法 34 条 1 項）

　広い意味での審判期日（家事事件の手続の期日）には，大別して家事調停の期日（調停期日）と家事審判の期日（審判期日）とがあります。期日とは，裁判所（裁判官等）と当事者その他の者が一堂に会して家事事件（家事調停・家事審判）の手続に関する行為をするために設けられた一定の時間をいい，通常，一日のうち数十分ないし数時間が予定されます。期間とは，日にちを置いて設けられる家事事件の手続をするために設けられた日にちの間隔で，各種の申立期間が代表的なものです。

　家事事件の手続の期日には，調停期日における当事者からの事情聴取・解決案等の意見聴取や調停委員や調査官による働き掛け等の調整行為（以上はいずれも無方式の事実調査の方法による）が行われ，あるいは裁判官からの審問（審問期日につき家事法 69 条）や証拠調べ（証拠調べ期日につき家事法 46 条）等が行われます。後者の審問も証拠調べも全て審判期日に行われるのであり，審判期日以外に審問期日や証拠調べ期日が別に指定されるわけではありません（文献② 16 頁）。

2　期日の指定（家事法 34 条 2 項）

　一般の民事訴訟の場合には，公開の法廷における弁論を開くことが必要的とされていますので（必要的口頭弁論主義），民事訴訟法 93 条 1 項の規定により，職権指定のほか，当事者に期日指定の申立権が認められています（当事者主義）。これに対し，家事事件では，訴訟手続ではない非訟事件の手続ですので，当事者に期日指定申立権が認められているわけではなく，期日を開くかどうかも事案ごとに裁判所の裁量で判断すべきものとされ，家事法 34 条 1 項の規定により，期日は裁判長（裁判官）が職権で指定すべきものとされています（職権主義）。

　期日の指定は，手続指揮に関する裁判であり，本来の審判以外の裁判

87

第一編　総則

（家事法81条）であり，その性質上裁判を受ける者に対する告知は想定されず，指定によって直ちに効力を生じます。この指定は，いつでも取り消すことができるとされています（家事法81条2項・258条1項）。

　期日の指定は，やむを得ない場合に限り，日曜日その他の一般の休日に指定することができます（家事法34条2項）。「やむを得ない場合」とは次項の「顕著な事由がある場合」よりは広く，主として当事者が業務上の事情あるいは肉体的精神的コンディション等によりウイークデイには出頭できない場合を想定しているものと思われます。それらの者のために，休日や夜間の調停や審判を実施すべきであると考えます。

3　期日の変更（家事法34条3項）

　家事事件手続の期日の変更は，顕著な事由がある場合に限り，することができます（家事法34条3項）。

　弁論主義が支配する民事訴訟手続では，顕著な事由があって変更が許される期日を口頭弁論期日及び弁論準備手続期日に限定していますが，簡易迅速な処理の要請が強く，また期日を開くかどうかさえ裁判所の裁量に委ねられている家事事件手続においては，裁判所が職権で期日を開くと判断し期日を指定した以上は，最初の期日かどうか，いかなる手続行為を想定している期日かに関わらず，安易に期日を変更することは相当でないから，期日の一般について顕著な事由がある場合にのみ変更を認めることとしました。

　なお，民事訴訟手続において採用されている当事者の合意による期日変更の制度（民訴法93条）は，家事事件には適用も準用もされませんが，その合意に至った事情いかんによっては，上記の「顕著な事由」があるものとして，期日が変更される場合もあるでしょう。

第七章　家事事件の審理等

4　期日の呼出し（家事法34条4項，民訴法94条の準用）

　家事事件の期日の呼出しは，呼出状の送達，当該事件について出頭した者に対する期日の告知その他相当と認める方法によって行います（家事法34条4項，民訴法94条1項）。

　呼出状の送達及び当該事件について出頭した者に対する期日の告知をしたとき以外の方法による期日の呼出し（いわゆる簡易呼出し）をした場合は，期日に出頭しない当事者・証人又は鑑定人に対し，法律上の制裁その他期日の不遵守による不利益を帰することはできませんが，ただし，これらの者が期日の呼出しを受けた旨を記載した書面を提出したときは，この限りでなく，このような不利益を課することができます（家事法34条4項，民訴法94条2項）。

　これを具体的にいえば，例えば，①簡易呼出しで出頭を命じられた申立人が出頭しなかったことを理由に家事事件の申立ての取下げを擬制（家事法83条）することはできず，また②簡易呼出しで出頭を命じられた当事者（家事法64条6項，民訴法192条～194条），証人（家事法64条1項，民訴法216条・192条～194条），鑑定人（家事法64条1項，民訴法216条・192条及び193条）に対し，期日の不出頭を理由として，過料等の制裁を科することもできません。更に③簡易呼出しをした当事者が期日に出頭していなければ，当該期日において直ちに審理の終結を宣言する方法によって審理を終結すること（家事法71条ただし書）はできないものと解されています（文献①109頁）。

5　期間の計算・伸縮等（家事法34条4項，民訴法95条・96条の準用）

　期間の計算，期間の伸縮及び付加期間については，民訴法95条・96条の規定に従います（家事法34条4項）。

89

第一編　総則

すなわち，期間の計算については民訴法95条の規定に則り，民法の期間に関する規定に従い（民訴法95条1項），期間を定める裁判において始期を定めなかったときは，期間はその裁判が効力を生じたときから進行を始め（同95条2項），期間の末日が日曜日，土曜日，国民の祝日に関する法律に規定する休日，1月2日，1月3日又は12月29日から12月31日までの日に当たるときは，期間はその翌日に満了します（同条3項）。

期間の伸縮については民訴法96条の規定に則り，①裁判所は通常期間の場合は，法定の期間又はその定めた期間を伸長し，又は短縮することができますが，ただし，不変期間についてはこの限りでありません（民訴法96条1項）。②不変期間については，裁判所は遠隔の地に住所・居所を有する者のために付加期間を定めることができます（民訴法96条2項）。

ここで不変期間とは，裁判に対する不服申立期間のように，法定期間のうちで裁判所が職権で伸縮できないものをいい，だからこそ裁判所は例外的な場合に付加期間を定めることが必要になる場合があるわけです。

6　手続行為の追完（家事法34条4項，民訴法97条の準用）

当事者がその責めに帰することができない事由により不変期間を遵守することができなかった場合には，その事由の消滅した後1週間（外国に在る当事者については2月）に限り，不変期間内にすべき手続行為の追完をすることができます（家事法34条4項，民訴法97条1項）。

もっとも，この期間については，期間の伸長又は短縮をすることができません（家事法34条4項，民訴法97条2項）。

7　家事規則の規定

家事規則22条から524条まで手続規定です。

第七章　家事事件の審理等

（三）　手続の併合等

> **家事法35条（手続の併合等）**
>
> 　裁判所は，家事事件の手続を併合し，又は分離することができる。
>
> 2　裁判所は，前項の規定による裁判を取り消すことができる。
>
> 3　裁判所は，当事者を異にする家事事件について手続の併合を命じた場合において，その前に尋問をした証人について，尋問の機会がなかった当事者が尋問の申出をしたときは，その尋問をしなければならない。

1　家事事件の個数（審判物・調停物）

　家事事件の併合とは，別々に進められている数個の審判事件又は調停事件について，事件の内容が互いに関連し，同一の手続で審理判断をし，又は調停行為をすることが手続経済又は紛争の一回的解決の見地から望ましい場合に，これを1つの手続にまとめることをいいます。逆に，数個の手続が併合して手続が進行している場合に，その後の事情の変更等によって別々の手続で進行させた方が手続経済や紛争の一回的解決の見地から望ましい状態になったときに，これを引き離して別々の事件として進行させることを家事事件の分離といいます。

　そうすると，併合にせよ，分離にせよ，家事事件の個数が問題となります。この家事事件の個数は，審判事件であれば審判物，調停事件であれば調停物といわれることがあります。丁度，訴訟事件の個数がいわゆる訴訟物で区切られていることと同じような概念です。

　そこで，審判物・調停物のとらえ方が問題となります（文献⑤68頁・259頁，文献⑦32頁・33頁）。

　家事審判は，実体的権利の実現手続ではなく，実体法としての民法の規

91

第一編　総則

定，及び非訟事件手続としての家事事件手続法の規定する家庭裁判所の審判権限に基づき，当事者や関係人（事件本人）の法的地位や権利義務の内容を新たに形成創設する手続ですから，ここには実体的権利としての訴訟上の請求の概念はありません。

　しかし，あえて訴訟物に準じていえば，審判物とは，上記実体規定と手続規定によって根拠付けられた審判申立てあるいは審判申立権をいうということになりましょう。審判事件は，家事事件手続法別表第一（旧甲類）事件，別表第二（旧乙類）事件とに分類されます。また，調停物に関していえば，調停物とは，調停の目的となり，調停申立ての対象となる事件の内包・外縁の範囲を画するものです。

　審判物と調停物の個数は，別表第一（旧甲類）の各項ごとに，また別表第二（旧乙類）の各項ごとに1個ずつと数えるのが原則ですが，ただし第二2項の子の監護に関する処分事件だけは，子の監護者指定，子の引渡し，面会交流，子の監護費用分担ごとに独立して審判物・調停物を構成すると解されています。

　審判物も調停物も，審判・調停の申立時の立件（事件番号）の個数や手続過程における事件の併合分離や申立ての変更の要否等を検討する際に問題となります。

2　手続の併合・分離（家事法35条1項）

　裁判所は，数個の家事事件の手続を併合し，又は分離することができます（家事法35条1項）。裁判所は職権でできるという趣旨であり，当事者の申立ては裁判所の職権発動を促す性質を有するに過ぎないことになります。当初から併合して同時に申し立て，途中から分離する場合と，当初は別々に分離して申し立て，途中から併合する場合とがあります。

　家事法35条1項の趣旨は，当事者の申立てによって開始された事件でも，あるいは裁判所の職権により開始された事件であっても，同様に裁判

所の職権で手続の併合・分離ができるという趣旨です。併合・分離は裁判所の裁量によって行われます。

例外的に，併合が強制される場合があります。遺産分割の審判（調停）事件と，寄与分を定める処分の審判（調停）事件とは併合して審理判断しなければなりません（家事法192条・245条3項）。

3　裁判の取消し（家事法35条2項）

裁判所は，自らした併合又は分離の裁判を取り消すことができます（家事法35条2項）。

手続の併合・分離の裁判は，家事事件の手続の指揮に関する裁判ですから，一般的に家事法81条2項・258条1項の規定により何時でも取り消せますが，明確性を帰するため確認的な規定を置いたとされています。

4　併合後の手続（家事法35条3項）

審判手続にしろ，調停手続にしろ，数個の事件を併合した後は，審理判断も調停行為も同一の手続で行われることになります。しかし，それによって事件が1個に融合されたというのではなく，あくまで数個の事件が同時的に進行していると捉えるべきことになります。何時でも分離可能な状態に置かれながら，手続上の効果としては1個の事件と同様になると考えればよいと思います。

併合後は，併合前に各個別の事件で集められた主張関係や証拠関係（事実の調査や証拠調べの結果）は，援用など何等の手続を要することなく，当然に併合後の裁判（調停）の資料となります。

もっとも，当事者の尋問の機会を保障するため，民事訴訟法152条2項の規定と同様に，当事者を異にする家事事件について手続の併合を命じた場合において，その前に尋問をした証人について，併合前に立ち会う機会がなかった当事者が尋問の申出をしたときは，その尋問をしなければなら

第一編　総則

ないものとされました（家事法35条3項）。

　この点に関しては，簡易迅速処理の要請が強い家事事件の手続に，このような再尋問権を規定することは望ましくなく，個別の事案における裁判所の裁量に委ねるということも考えられましたが，併合前に証拠調べの方式により証人尋問をしていた場合には，そのような厳格な方式を採ったことの重要性からすれば，併合後の再尋問に関しても民事訴訟手続と異なる規律とする理由はないものとして新設されたとのことです（文献①111頁）。もっとも，家事事件で証人尋問が行われるのは希有の事例です。

　なお，併合前に当事者尋問がされた場合，又は当事者や第三者の審問（裁判官による事実の調査としての非公式な尋問）が行われた場合において，再審問又は再尋問をするかどうかは，裁判所の適正な裁量に委ねられたということです。

　手続が併合されて一通の審判書により審判がされた場合において，併合前の1つの手続において求められた審判に対してのみ即時抗告がされた場合に，他の審判についても確定の効果が遮断されるのか，また抗告審における審判の対象になるのかが問題となります。

　この点に関しては，前述の遺産分割と寄与分の事件のように，合一審理及び合一確定の趣旨から併合が強制されている事件類型に関しては，確定が遮断されるとともに，双方とも抗告審の審理の対象となるが，その他の事件類型の場合には，移審せずに確定すると考えるべき場合が多いと指摘する向きもあります（文献①112頁）。

（四）　送達及び手続の中止

家事法36条（送達及び手続の中止）
　　送達及び家事事件の手続の中止については，民事訴訟法一編五章四節及び130条から132条まで（同条1項を除く。）の規定を準用

する。この場合において，同法 113 条中「その訴訟の目的である請
求又は防御の方法」とあるのは，「裁判又は調停を求める事項」と
読み替えるものとする。

> **家事規則 25 条（送達・法 36 条）**
> 　送達については，民事訴訟規則一編五章四節の規定（同規則 41
> 条 2 項及び 47 条の規定を除く。）を準用する。この場合において，
> 同規則 39 条中「地方裁判所」とあるのは「家庭裁判所」と読み替
> えるものとする。

1　送達と手続の中止（家事法 36 条）

　家事法 36 条は，家事事件の手続における送達及び手続の停止につい
て，民事訴訟法の規定を準用することにより規律することとしたもので
す。民訴法一編五章四節は 98 条から 113 条までであり，送達に関する規定
であり，130 条から 132 条の規定は手続の中止に関する規定です。

2　書類の送達（家事規則 25 条）

　書類の送達の実施機関や方式等は，民事訴訟法と同様の規律に従いま
す。家事事件においてどのような場合に送達の方法によるかは，原則とし
て裁判所の裁量に委ねられています（例外は家事規則 62 条）。実務上は，
審判の告知を審判書の謄本の送達によることとしたり，期日の呼出しを呼
出状の送達によるなどが考えられますが，送達の方法によることとした場
合には，民事訴訟法 98 条以下に規定する送達の方式等に従わなければな
りません。

　家事事件では，意識的に所在を隠したり移転先が不明などの事情によ
り，一方当事者が相手方である他方の当事者の所在を知ることができず公
示送達によらざるを得ないことがありますが，そのような場合に公示送達

第一編　総則

がされた書類にその相手方に対し裁判を求める事項に関する意思表示をする旨の記載があるときは，その意思表示は民訴法111条の規定による掲示を始めた日から2週間を経過した時に，その相手方に到達したものとみなされるというのが，家事法36条の趣旨です。例えば，遺産分割審判事件の係属中に，申立人が所在の知れない相手方に対して遺留分減殺請求の意思表示をするような場合に，適用されます。

3　手続の中止（民訴法130条以下の準用）

まず職務執行不能による停止があります。天災その他の事由によって裁判所が職務を行うことができないときは，家事事件の手続はその事由が消滅するまで中止されます（民訴法130条以下）。この場合の中止の効力は，職務執行不能の事実の発生によって法律上当然に発生し，それが回復すれば当然に解消し，いずれも何等の手続行為を必要としません。

次が当事者の故障による中止です。当事者が不定期間の故障により訴訟手続を続行することができないときは，裁判所は家事事件の手続を停止することができます。不定期間の故障とは，天災その他の事故によって当事者のいる地域と裁判所との交通が途絶えて当分回復の見込みがないなど，家事事件手続の続行が社会通念上不可能又は著しく困難な事情があり，その事情が継続的で終期が予測できない場合などをいうと解されています。職権で中止の裁判をすることになるのが通常ですが，当事者に停止を求める申立権があるかどうかは解釈が分かれているようです（文献①114頁・115頁参照）。中止をやめ，手続を続行するときは，中止命令を取り消す裁判を新たにすることになります。中止を命ずる裁判・中止の取消しの裁判は，いずれも審判以外の裁判です（家事法81条）。

前提問題の訴訟係属と家事事件の手続中止との関係が問題となります。この点は，法制審議会の議論の段階では，遺産分割における当事者の身分関係や被相続人の遺産性の存否等，家事事件の前提問題が争われ訴訟係属

中であるときは，家事事件の手続を中止してその解決を待つという案も検討されましたが，結局採用されなかったということです（文献①114頁）。

手続の中止の効果は，その中止中は，裁判所及び当事者は当該家事事件の手続について手続行為をすることができないということです。ただし，中止を命ずる裁判を取り消す裁判など，中止を解消させるための行為ができるのは，その性質上当然のことです。

要するに，手続中止の裁判があったときは，期間は進行を停止し，家事事件の手続続行の時から新たに全期間の進行が始まります。

（五）　書類の送付

家事規則26条（書類の送付）

　直送（当事者又は利害関係参加人（以下この条及び46条3項において「当事者等」という。）の他の当事者等に対する直接の送付をいう。以下この条及び46条3項において同じ。）その他の送付は，送付すべき書類の写しの交付又はその書類のファクシミリを利用しての送信によってする。

2　裁判所が当事者等その他の関係人に対し送付すべき書類の送付に関する事務は，裁判所書記官が取り扱う。

3　裁判所が当事者等の提出に係る書類の他の当事者等への送付をしなければならない場合（送達をしなければならない場合を除く。）において，当事者等がその書類について直送をしたときは，その送付は，することを要しない。

4　当事者等が直送をしなければならない書類について，直送を困難とする事由その他相当とする事由があるときは，当該当事者等は，裁判所に対し，当該書類の他の当事者等への送付を裁判所書記官に行わせるよう申し出ることができる。

第一編　総則

　本条は，書類の送付についての通則的な事項を定める規定であり，直送を含む送付の方法（家事規則26条1項），裁判所の送付事務の取扱者（同2項），裁判所の送付書類の直送（同3項）及び直送書類の裁判所による送付（同4項）について定めた新設規定です。

　詳しくは，文献③を参照してください。

（六）　裁判所書記官の処分に対する異議

> **家事法37条（裁判所書記官の処分に対する異議）**
> 　裁判所書記官の処分に対する異議の申立てについては，その裁判所書記官の所属する裁判所が裁判をする。
> 2　前項の裁判に対しては，即時抗告をすることができる。

1　異議の対象となる裁判所書記官の処分

　ここでいう「裁判所書記官の処分」とは，裁判所書記官が家事事件手続法規などの規定により与えられた独自の権限に基づいて行うものであり，以下のようなものがあります。
① 　手続費用額の確定手続（家事法31条1項，民訴法71条1項）
② 　公示送達の申立てを却下する処分（家事法36条，民訴法110条1項）
③ 　裁判書の正本等の交付請求を拒否する処分（家事法47条6項・254条4項）
④ 　調書の作成（家事法46条・114条1項・211条・253条）
⑤ 　戸籍の記載や登記の嘱託（家事法116条・125条5項・146条5項）
などがあります。

　これに対し，裁判所書記官がする事実の調査（家事法261条4項）は，書記官独自の権限ではなく裁判官の補助事務としての性質を有し，これに対する異議は本案に対する不服申立てによるべきであり，ここでの異議申

立ての対象にはならないと解されています。

2 異議の申立てに対する裁判（家事法 37 条 1 項）

裁判所書記官の処分に対する異議の申立てに対する裁判は，その裁判所書記官が所属する裁判所が行います。異議の申立てに理由があると認めるときは，その裁判所書記官の処分を取り消し，必要があればその裁判所書記官に一定の処分を命ずることができると解されています。

なお，手続費用額の確定処分に対する異議の申立てに対する裁判に関する特別規定として民訴法 71 条 4 項から 6 項までの規定を準用しています（家事法 31 条 1 項）。

3 即時抗告（家事法 37 条 2 項）

裁判所書記官の処分に対する異議の申立てについての裁判に対しては，即時抗告をすることができます（本条 2 項）。

第八章　電子情報処理組織による申立て等

> **家事法 38 条**
> 　家事事件の手続における申立てその他の申述（次項において「申立て等」という。）については，民事訴訟法 132 条の 10 第 1 項から 5 項までの規定（支払督促に関する部分を除く。）を準用する。
> 2　前項において準用する民事訴訟法 132 条の 10 第 1 項本文の規定によりされた申立て等に係るこの法律の他の規定による家事事件の記録の閲覧若しくは謄写又はその正本，謄本若しくは抄本の交付は，同条 5 項の書面をもってするものとする。当該申立て等に係る書類の送達又は送付も，同様とする。

第一編　総則

　本条は，将来，最高裁判所規則等により規定が整備されることを前提
に，家事事件の手続における申立てその他の申述であって，書面等をもっ
てすることとされているものについて，電子情報処理組織（インターネッ
ト等）を利用した申立て等が可能となるように規定を設けたものであると
されています（文献①117頁）。

第一章　総則

第二編　家事審判に関する手続

第一章　総則

第一節　家事審判の手続

第一款　通則

(一)　審判事項

> 家事法 39 条（審判事項）
> 　家庭裁判所は，この編に定めるところにより，別表第一及び別表
> 第二に掲げる事項並びに同編に定める事項について，審判をする。

1　制限列挙主義

　本条は，家庭裁判所の審判事項を，第 2 編に定めるところにより，(1)家
事法 39 条別表第一に掲げる事項，(2)同条別表第二に掲げる事項，並びに
(3)その他同編に定める事項に限定することを明らかにするものです。限定
列挙といっても，条文に全ての審判事項が明示されているとは限らず，例
えば民法 766 条 1 項は，離婚の際の子の監護に関する処分事項として「子
を監護すべき者，父又は母と子との面会及びその他の交流，子の監護に要
する費用の分担その他の子の監護について必要な事項」を列挙しています
が，解釈上・実務上，「その他」として「子の引渡し」も独立の審判事項
として認められています。また，合理的な類推解釈を否定するものではな
く，離婚前の破綻的別居の段階でも，面会交流に関し，離婚後の規定であ
る民法 766 条を準用又は類推適用できますし（最決平 12・5・15 民集

101

第二編　家事審判に関する手続

45・1・607），離婚後の財産分与の規定（民法768条）を内縁配偶者間の紛争に準用又は類推適用できると解すべきことは判例・通説となっています。

　(1)の別表第一の審判事項は，旧家事審判法9条1項甲類に相当する審判事項であり，紛争性が希薄で対立当事者がなく，公益性が高く当事者の処分を許さない事項であり，そのため家事調停の対象とはされない類型のものです。本稿では，分かりやすい呼称とするため，この別表第一の審判事項を「第一事件」と略称することとします。第一事件は，基本的に対立当事者を想定するいわゆる裁判（司法判断）（本質的訴訟事件）とは異なり，家庭裁判所が一種の行政機関として行政処分をするに等しく，いわばそれは行政判断たる性質を有するものです。本来の非訟事件であるといっても良いです（このことからいえば第一事件の処分を行政機関たる例えば法務局等に管轄を移しても憲法違反とはいえないでしょう（文献⑧404頁以下参照））。第一事件は後記2に列挙します。

　(2)の別表第二の審判事項は，旧家事審判法9条1項乙類に相当する審判事項であり，紛争性が顕著で対立当事者があり，公益性よりも私益性が高く当事者の処分になじみ，そのため家事調停の対象とされるものです。本稿では，分かりやすい呼称とするため，この別表第二の審判事項を「第二事件」と略称することとします。第二事件は，当然申立人と相手方（あるいは利害関係人）という対立当事者を想定するものですから，本来の司法処分たる性質を有し，いわば司法処分の典型たる民事訴訟（人事訴訟等を含む）と行政処分的な第一事件との中間に位置するものといえます。第二事件は，「当事者の協議に代わる処分」たる性質を有し，実体的請求権の存在を前提としないところに特色があります（文献⑤13頁，同⑦14頁参照）。第二事件は後記3に列挙します。

　(3)の第2編に定める事項として審判事項となるのは，以下のものがあるとされています（文献①123頁）。

第一章　総則

① 審判に対する即時抗告が不適法でその不備を補正することができない
ことが明らかであるときに原裁判所である家庭裁判所がする即時抗告の
却下（家事法 87 条 3 項）。

② 審判前の保全処分（審判前の保全処分として選任した職務代行者又は
管理者の改任及び事情変更による審判前の保全処分の取消しを含む。家
事法 105 条 1 項・112 条 1 項等）。

③ 法令違反を理由とする職権による変更の審判（家事法 79 条における
民訴法 256 条 1 項の準用）。

④ 即時抗告がされた場合における再度の考案としての原裁判所による更
正（家事法 90 条）。

⑤ 各種管理者又は管理人の改任（家事法 125 条 1 項（173 条・180 条・
189 条 2 項・194 条 8 項・201 条 10 項・202 条 3 項及び 208 条において
準用する場合を含む）・146 条 1 項）。

⑥ 財産の管理に関する処分の取消し（家事法 125 条 7 項（173 条・180
条・194 条 8 項・201 条 10 項・202 条 3 項及び 208 条において準用する
場合を含む）・147 条・189 条 3 項）。

⑦ 遺産分割禁止の審判の取消し又は変更（家事法 197 条）。

2　第一事件審判事項（別表第一）（審判可・調停不可）

［成年後見］（法定後見の一種で旧法の禁治産宣告に該当，平成 11 年抜本
的改正）

(1) 後見開始（民 7 条）

(2) 後見開始審判取消し（民 10 条及び 19 条 2 項・1 項）

(3) 成年後見人選任（民 843 条 1～3 項）

(4) 成年後見人辞任許可（民 844 条）

(5) 成年後見人解任（民 846 条）

(6) 成年後見監督人選任（民 849 条）

103

第二編　家事審判に関する手続

⑺　成年後見監督人辞任許可（民 852 条・844 条）

⑻　成年後見監督人解任（民 852 条・846 条）

⑼　成年後見関係財産目録作成期間伸長（民 853 条 1 項・856 条）

⑽　成年後見人・成年後見監督人権限行使定め・取消し（民 859 条の 2 第
　　1 項・2 項・852 条）

⑾　成年被後見人居住用不動産処分（民 859 条の 3・852 条）

⑿　成年被後見人特別代理人選任（民 860 条・826 条）

⒀　成年後見人・成年後見監督人報酬付与（民 862 条・852 条）

⒁　成年後見事務監督（民 863 条）

⒂　第三者供与成年被後見人財産管理処分（民 869 条・830 条 2～4 項）

⒃　成年後見関係管理計算期間伸長（民 870 条）

［保佐］（法定後見の一種で旧法の準禁治産宣告に該当，平成 11 年抜本的
改正）

⒄　保佐開始（民 11 条）

⒅　保佐人要同意行為の定め（民 13 条 2 項）

⒆　保佐人同意に代わる許可（民 13 条 3 項）

⒇　保佐開始審判取消し（民 14 条 1 項・19 条 1 項・2 項）

㉑　保佐人要同意行為の定め審判の取消し（民 14 条 2 項）

㉒　保佐人選任（民 876 条の 2 第 1 項・2 項・843 条 2 項・3 項）

㉓　保佐人辞任許可（民 876 条の 2 第 2 項・844 条）

㉔　保佐人解任（民 876 条の 2 第 2 項・846 条）

㉕　臨時保佐人選任（民 876 条の 2 第 3 項）

㉖　保佐監督人選任（民 876 条の 3 第 1 項）

㉗　保佐監督人辞任許可（民 876 条の 3 第 2 項・844 条）

㉘　保佐監督人解任（民 876 条の 3 第 2 項・846 条）

㉙　保佐人・保佐監督人権限行使定め・取消し（民 876 の 3 第 2 項・876
　　条の 5 第 2 項・859 条の 2 第 1 項・2 項）

(30) 被保佐人居住用不動産処分許可（民 876 条の 3 第 2 項・876 条の 5 第 2 項・859 条の 3）

(31) 保佐人・保佐監督人報酬付与（民 876 条の 3 第 2 項・876 条の 5 第 2 項・862 条）

(32) 保佐人代理権付与（民 876 条の 4 第 1 項）

(33) 保佐人代理権付与審判取消し（民 876 条の 4 第 3 項）

(34) 保佐事務監督（民 876 条の 5 第 2 項・863 条）

(35) 保佐関係管理計算期間伸長（民 876 条の 5 第 3 項・870 条）

［補助］（法定後見の一種で，平成 11 年成年後見制度創設にあわせて新設）

(36) 補助開始（民 15 条 1 項）

(37) 補助人要同意行為定め（民 17 条 1 項）

(38) 補助人同意に代わる許可（民 17 条 3 項）

(39) 補助開始審判取消し（民 18 条 1 項・3 項・19 条 1 項・2 項）

(40) 補助人要同意行為定め審判の取消し（民 18 条 2 項）

(41) 補助人選任（民 876 条の 7 第 1 項・2 項・843 条 2 項・3 項）

(42) 補助人辞任許可（民 876 条の 7 第 2 項・844 条）

(43) 補助人解任（民 876 条の 7 第 2 項・846 条）

(44) 臨時補助人選任（民 876 条の 7 第 3 項）

(45) 補助監督人選任（民 876 条の 8 第 1 項）

(46) 補助監督人辞任許可（民 876 条の 8 第 2 項・844 条）

(47) 補助監督人解任（民 876 条の 8 第 2 項・846 条）

(48) 補助人・補助監督人権限行使定め・取消し（民 876 条の 8 第 2 項・876 条の 10 第 1 項・859 条の 2 第 1 項・2 項）

(49) 被補助人の居住用不動産の処分許可（民 876 条の 8 第 2 項・876 条の 10 第 1 項・859 条の 3）

(50) 補助人・補助監督人報酬付与（民 876 条の 8 第 2 項・876 条の 10 第 1 項・862 条）

第二編　家事審判に関する手続

⑸1　補助人代理権付与（民 876 条の 9 第 1 項）

⑸2　補助人代理権付与審判取消し（民 876 条の 9 第 2 項・876 条の 4 第 3 項）

⑸3　補助事務監督（民 876 条の 10 第 1 項・863 条）

⑸4　補助関係管理計算期間伸長（民 876 条の 10 第 2 項・870 条）

［不在者財産管理］

⑸5　不在者財産管理処分（民 25 条～29 条）

［失踪宣告］

⑸6　失踪宣告（民 30 条）

⑸7　失踪宣告取消し（民 32 条 1 項）

［婚姻等］

⑸8　夫婦財産契約財産管理者変更等（民 758 条 2 項・3 項）

　　　なお，この審判事項は旧法時代には家事審判法 9 条 1 項乙類二号の審判事項で調停可能とされていましたが，民法の解釈として当事者の任意処分を認めない事項として，調停不能の一類審判事項に改めたものです（後記⑴31についても同じ）。（文献②52 頁参照）

［親子］

⑸9　嫡出否認の訴え特別代理人選任（民 775 条）

⑹0　子の氏変更許可（民 791 条 1 項・3 項）

⑹1　養子縁組許可（民 794 条・798 条）

⑹2　死後離縁許可（民 811 条 6 項）

⑹3　特別養子縁組成立（民 817 条の 2）

⑹4　特別養子縁組離縁（民 817 条の 10 第 1 項）

［親権］

⑹5　利益相反行為未成年者特別代理人選任（民 826 条）

⑹6　第三者供与子財産管理処分（民 830 条 2 項～4 項）

⑹7　親権喪失・親権停止・管理権喪失（民 834～835 条）

第一章　総則

⒆　親権喪失・親権停止・管理権喪失審判の取消し（民836条）

⒆　親権・管理権辞任・回復許可（民837条）

［未成年後見］

⒇　養子離縁後未成年後見人選任（民811条5項）

⑺　未成年後見人選任（民840条1項・2項）

⑺　未成年後見人辞任許可（民844条）

⑺　未成年後見人解任（民846条）

⑺　未成年後見監督人選任（民849条）

⑺　未成年後見監督人辞任許可（民852条・844条）

⑺　未成年後見監督人解任（民852条・846条）

⑺　未成年後見関係財産目録作成期間伸長（民853条1項・856条・867条2項）

⑺　未成年後見人・未成年後見監督人権限行使定め・取消し（民857条の2第2項〜4項・852条）

⑺　利益相反行為未成年被後見人特別代理人選任（民860条・826条）

⑻　未成年後見人・未成年後見監督人報酬付与（民862条・852条・867条2項）

⑻　未成年後見事務監督（民863条・867条2項）

⑻　第三者供与未成年被後見人財産管理処分（民869条・830条2項ないし4項）

⑻　未成年後見関係管理計算期間伸長（民870条）

［扶養］

⑻　扶養義務設定（民877条2項）

⑻　扶養義務設定取消し（民877条3項）

［推定相続人の廃除］

⑻　推定相続人廃除（民892条・893条）

　　なお，この審判事項は旧法時代は調停可能な家事審判法9条1項乙

107

第二編　家事審判に関する手続

類九号の審判事項とされていましたが，民法の解釈として廃除事由について当事者の任意処分を認めない事項として，調停不能の一類審判事項に改めたものです（文献②53頁参照）。

次項の(87)も同じ。

(87)　推定相続人廃除審判の取消し（民894条）

(88)　推定相続人廃除審判・取消審判確定前の遺産管理処分（民895条）

［相続の承認・放棄］

(89)　相続承認・放棄の期間伸長（民915条1項ただし書）

(90)　相続財産の保存・管理処分（民918条2項・3項・926条2項・936条3項・940条2項）

(91)　限定承認・相続放棄取消の申述受理（民919条4項）

(92)　限定承認の申述受理（民924条）

(93)　限定承認の場合の鑑定人選任（民930条2項・932条ただし書）

(94)　限定承認受理の場合の相続財産管理人選任（民936条1項）

(95)　相続放棄の申述受理（民938条）

［財産分離］

(96)　財産分離（民941条1項・950条1項）

(97)　財産分離請求後の相続財産管理処分（民943条・950条2項）

(98)　財産分離の場合の鑑定人選任（民947条3項・950条2項・930条2項・932条ただし書）

［相続人の不存在］

(99)　相続人不存在の場合の相続財産管理処分（民952条・953条・958条）

(100)　相続人不存在の場合の鑑定人選任（民957条2項・930条2項）

(101)　特別縁故者への相続財産分与（民958条の3第1項）

［遺言］

(102)　遺言の確認（民976条4項・979条3項）

(103)　遺言書の検認（民1004条1項）

第一章　総則

(104)　遺言執行者の選任（民 1010 条）

(105)　遺言執行者報酬付与（民 1018 条 1 項）

(106)　遺言執行者解任（民 1019 条 1 項）

(107)　遺言執行者辞任許可（民 1019 条 2 項）

(108)　負担付遺贈に係る遺言の取消し（民 1027 条）

［遺留分］

(109)　遺留分算定の場合の鑑定人選任（民 1029 条 2 項）

(110)　遺留分放棄許可（民 1043 条 1 項）

［任意後見契約法］（平成 11 年成年後見制度の発足にあわせて新設）

(111)　任意後見契約効力発生のための任意後見監督人選任（任意後見 4 条 1 項）

(112)　任意後見監督人が欠けた場合の任意後見監督人選任（任意後見 4 条 4 項）

(113)　更なる任意後見監督人の選任（任意後見 4 条 5 項）

(114)　後見開始等審判取消し（任意後見 4 条 2 項）

(115)　任意後見監督人職務関連処分（任意後見 7 条 3 項）

(116)　任意後見監督人辞任許可（任意後見 7 条 4 項・民 844 条）

(117)　任意後見監督人解任（任意後見 7 条 4 項・民 846 条）

(118)　任意後見監督人権限行使定め・取消し（任意後見 7 条 4 項・民 859 条の 2 第 1 項 2 項）

(119)　任意後見監督人報酬付与（任意後見 7 条 4 項・民 862 条）

(120)　任意後見人解任（任意後見 8 条）

(121)　任意後見契約解除許可（任意後見 9 条 2 項）

［戸籍法］

(122)　氏・名の変更許可（戸籍 107 条 1 項・4 項・107 条の 2）

(123)　就籍許可（戸籍 110 条 1 項）

(124)　戸籍訂正許可（戸籍 113 条・114 条）

109

(125)　戸籍事件市町村長処分に対する不服（戸籍121条・4条）

［性同一性障害者性別取扱特例法］

(126)　性別取扱変更（特例法3条1項）

［児童福祉法］

(127)　都道府県措置承認（児福28条1項一号・二号ただし書）

(128)　都道府県措置期間更新承認（児福28条2項ただし書）

［生活保護法等］

(129)　施設入所等許可（生保30条3項）

［精神保健精神障害者福祉法］

(130)　保護者順位変更・保護者選任（同法20条2項ただし書・四号）

　ただし，平成25年6月19日公布の精神保健法及び精神障害者福祉に関する法律の一部を改正する法律により，保護者の制度は廃止されたので，注意を要する。詳しくは第二巻で解説する。

［破産法］

(131)　破産開始の場合の夫婦財産契約財産管理者変更等（破産61条1項・民758条2項・3項）（前記（58）の解説参照）

(132)　親権者の破産開始後の管理権喪失（破産61条1項・民835条）

(133)　破産手続での相続放棄承認申述受理（破産238条2項・243条）

［中小企業経営承継円滑化法］

(134)　遺留分算定合意許可（破産8条1項）

3　第二事件審判事項（別表第二）（審判可・調停可）

［婚姻等］

(1)　夫婦間の協力扶助（民752条）

(2)　婚姻費用分担（民760条）

(3)　子の監護に関する処分（民766条2項・3項・749条・771条・788条）

(4)　財産分与（民768条2項・749条・771条）

(5) 離婚等の場合の祭祀承継（民 769 条 2 項・749 条・751 条 2 項・771 条）

［親子］

(6) 離縁等の場合の祭祀承継（民 808 条 2 項・817 条・769 条 2 項）

［親権］

(7) 養子離縁後の親権者指定（民 811 条 4 項）

(8) 親権者の指定・変更（民 819 条 5 項・6 項・749 条）

［扶養］

(9) 扶養順位決定・変更・取消し（民 878 条・880 条）

(10) 扶養程度方法決定・変更・取消し（民 879 条・880 条）

［相続］

(11) 相続の場合の祭祀承継（民 897 条 2 項）

［遺産分割］

(12) 遺産分割（民 907 条 2 項）

(13) 遺産分割禁止（民 907 条 3 項）

(14) 寄与分を定める処分（民 904 条の 2 第 2 項）

［厚生年金保険法等］

(15) 年金分割の場合の請求すべき按分割合に関する処分（同法 78 条の 2 第 2 項，国家公務員共済組合法 93 条の 5 第 2 項・私立学校教職員共済法 25 条・地方公務員等共済組合法 105 条 2 項）

［生活保護法等］

(16) 扶養義務者負担費用額確定（生保 77 条 2 項・ハンセン病問題解決促進法 21 条 2 項）

第二編　家事審判に関する手続

（二）　参与員

家事法 40 条（参与員）

　　家庭裁判所は，参与員の意見を聴いて，審判をする。ただし，家庭裁判所が相当と認めるときは，その意見を聴かないで，審判をすることができる。

2　家庭裁判所は，参与員を家事審判の手続の期日に立ち会わせることができる。

3　参与員は，家庭裁判所の許可を得て，1項の意見を述べるために，申立人が提出した資料の内容について，申立人から説明を聴くことができる。ただし，別表第二に掲げる事項についての審判事件においては，この限りでない。

4　参与員の員数は，各事件について1人以上とする。

5　参与員は，毎年あらかじめ家庭裁判所の選任した者の中から，事件ごとに家庭裁判所が指定する。

6　前項の規定により選任される者の資格，員数その他同項の規定による選任に関し必要な事項は，最高裁判所規則で定める。

7　参与員には，最高裁判所規則で定める額の旅費，日当及び宿泊料を支給する。

1　参与員の意見聴取（家事法 40 条 1 項）

　家事法 40 条は，家事法 39 条の定める「審判」事件について，1項で参与員の意見聴取を原則的なものとした上で，2項で参与員の期日立ち会い，3項で参与員の一定の場合の説明聴取権限を規定し，4項では参与員の員数，5項では参与員の指定，6項以下では参与員の選任資格等や旅費日当等について規定しています。6項以下の事項については，昭和 22 年最高裁規則 13 号「参与員規則」に定められています。

112

第一章　総則

　家事法 40 条 1 項の「参与員からの意見の聴取」はこれを原則的なもの
としていますが，実務ではただし書の例外的な場合（非聴取）の要件であ
る「家庭裁判所が相当と認めるとき」を広く解し，当該事件が法律的な判
断が主で，広く家庭生活や社会生活の実情を聴取しなければ判断できない
ような類型のものでないかぎりこれに該当するものとして，実際は原則と
例外が逆になっています。

2　参与員の期日の立会い（家事法 40 条 2 項）

　家事法 40 条 2 項の「参与員の期日の立会い」もこれまで審判期日の立
会いの活用例は多くありません。参与員も期日に立ち会っ場合，裁判長の
手続指揮に従い当事者審問等で発問することは可能です。

3　参与員の説明聴取等（家事法 40 条 3 項以下）

　家事法 40 条 3 項の「参与員の説明聴取」の法的性質は，家庭裁判所に
よる事実の調査とは位置付けられず，申立人が提出した資料の内容と意味
を補足し明確化するという趣旨のものであるとされています。家事法別表
第一事件の成年後見関係事件や氏や名の変更申立事件などにおいてよく活
用されています。実質的にはその結果によって申立ての許否を決しますの
で，裁判官の仕事の肩代りといわれることがありますが，その性質は事実
の調査ではないことは前述の通りです。前記別表第二事件は，紛争性があ
り調停可能ですので，これらの行為は審判機関又は調停機関が直接行うべ
き性質のものですから，参与員単独の権限からは除かれます。

　せっかく本条 1 項が参与員の意見を聴いて審判するのを原則としている
のですから，第一，第二を問わず，もっと参与員を積極的に活用すべきで
あると思います。特に第二（旧乙類）事件は複雑な紛争が多いですから，
国民の司法参加を広げ，審判の内容にその時々の国民の意識を反映させる
ためにも，前向きの姿勢が望まれます。

第二編　家事審判に関する手続

（三）　当事者参加

> **家事法 41 条（当事者参加）**
>
> 　　当事者となる資格を有する者は，当事者として家事審判の手続に参加することができる。
>
> 2　家庭裁判所は，相当と認めるときは，当事者の申立てにより又は職権で，他の当事者となる資格を有する者（審判を受ける者となるべき者に限る。）を，当事者として家事審判の手続に参加させることができる。
>
> 3　第1項の規定による参加の申出及び前項の申立ては，参加の趣旨及び理由を記載した書面でしなければならない。
>
> 4　第1項の規定による参加の申出を却下する裁判に対しては，即時抗告をすることができる。

> **家事規則 27 条（参加の申出の方式等・法 41 条等）**
>
> 　　法41条3項の書面には，家事審判の手続に参加する者が同条1項又は2項に規定する者であることを明らかにする資料を添付しなければならない。
>
> 2　法41条1項の規定による参加の申出があった場合には，当該申出を却下する裁判があったときを除き，裁判所書記官は，その旨を当事者及び利害関係参加人に通知しなければならない。
>
> 3　法41条2項の規定による参加の裁判があったときは，裁判所書記官は，その旨を当事者及び利害関係参加人に通知しなければならない。
>
> 4　1項の規定は法42条4項において準用する法41条3項の書面について，2項の規定は法42条1項の規定による参加の申出があった場合について，前項の規定は同条2項の規定による参加の許可の裁判又は同条3項の規定による参加の裁判があった場合について準

第一章　総則

用する。この場合において，1項中「同条1項又は2項」とあるの
は，「法42条1項又は2項」と読み替えるものとする。

1　用語の解説

(1)　「当事者」

　当事者とは，家事審判の「申立人」となり「相手方」となっている者で
す。実質的にはともかく，形式的に申立人や相手方になっていればよく，
したがって，これは前述したように形式的な意味における当事者概念で
す。この当事者には，家事法41条により当事者として参加した「当事者
参加人」も含まれます。さらに，当事者が自ら手続追行する主体として表
現されている場合には，「利害関係参加人」（家事法42条）も含まれま
す。利害関係人も基本的には，後述するように当事者としてすることがで
きる手続追行為をすることができます（家事法42条7項）（詳しくは文献
②14頁参照）。

(2)　「当事者となる資格を有する者」

　これは，当該具体的な事件において当事者（申立人又は相手方）となる
資格を有する者であり，いわば当事者適格を有する者です。通常は実体法
たる民法に定められており，例えば民法766条の子の監護に関する処分事
件では，通常は離婚の前後を問わず別居中の父又は母です。祖父祖母や叔
父叔母など第三者が当事者適格を備えているかどうかは解釈上争いがあり
ますが，最近では積極説も有力です（文献⑤262頁以下等）。

(3)　「審判を受ける者となるべき者」

　これは，家事法41条2項のほか，家事法10条一～三号・五号，28条2
項二号に規定があり，積極的内容の審判（認容審判）がされた場合に審判
を受ける者で，結局自己の法律関係が創設・変更・消滅となる者です。各
事件において，このような積極的内容の審判で新たに法律関係が形成され

115

第二編　家事審判に関する手続

る者は，手続進行中に定型的に利害関係を有するので，手続保障の観点から予め手続追行の機会を与えられる必要がありますので，このような者を「審判を受ける者となるべき者」として手続上一定の保護をしているわけです。

(4)　「審判の結果により直接の影響を受ける者」

　これは，審判を受ける者以外に審判の結果により自己の法的地位や権利関係に直接の影響を受ける者です．例えば，親権者指定・変更事件や子の監護に関する処分事件の当該子，親権・管理権喪失事件の場合の当該親権者，成年後見人解任事件における当該成年被後見人などです。これまで，しばしば「事件本人」とされてきた者です。これらの者には，手続追行上主体的な地位と権能を与えるのが相当であるため，「審判の結果により直接の影響を受ける者」として一定の法的保護を与えているわけです。

(5)　参加の制度

　旧家事審判法の時代には，裁判所による職権引き込み参加（旧家審法12条）（いわゆる強制参加）と利害関係者の裁判所の許可を受けての参加（旧家審規14条）（いわゆる任意参加）に関する規定だけであったため，種々の解釈・運用上の問題が生じました。

　そこで，家事法では以下のとおり，参加の形態について，当事者参加（家事法41条）と利害関係参加（家事法42条）の類型を定め，かつそれぞれについて任意参加と強制参加（引き込み）の制度を設けています。

(6)　参加と新申立てとの関係

　「参加」と「別申立て＝新申立て」とは異なります。参加は，既に同一の1個の審判事件について手続が進行しているときに，それを利用して当事者等として参加しようとする場合であり，別申立ては，既に係属している事件とは別に同じ内容の審判を求めて，新たに自ら家事審判の申立てをする場合です。事件の個数（審判物）が異なれば，当然に新申立てとならざるを得ませんが，審判物が同じでも，参加の外に新申立ての方法による

116

第一章　総則

ことも認められます。審判物の個数は，通常家事法別表第一と第二の各項目毎に1件として数えられます。財産分与（第二4項）であれば，夫婦関係毎に，遺産分割（第二12項）であれば被相続人毎に同じ1件となります。親権者変更や指定（第二8項）も子ども毎に1件となりますが，子の監護に関する事件だけは，同じ第二3項でも子の監護者指定や子の引渡しと面会交流あるいは養育費分担申立てがあれば，それぞれ子毎に別事件として立件されることが一般的のようです。そうすると例えば2人の子どもについて子の引渡しと養育費とが申し立てられている場合，4件の別事件が係属しているということになります。監護者指定と面会交流を求めている場合も同様です。これら子の監護事件の件数が増加しているのも，このような数え方も影響しています。3人の子の場合には6件ということになります。この場合には，別事件の申立てですから，新申立てとならざるを得ません。

　参加と新申立ての実質的な違いは，前者の参加の申立てがあった場合当然にこれまでの係属事件に併合されて新たな併合手続は必要ありませんが，新申立てである場合にはあくまで別事件ですから，併合手続をしないと一緒には審判できません。極端なことをいえば，併合するかどうかは裁判官の自由裁量ですから（家事法35条1項），別々の裁判官があるいは同じ裁判官でも併合しないまま，別々に審理判断するということもあり得ますから，注意が必要です（文献①130頁）。同一裁判官が同一の機会に審理判断する参加制度を利用する方が無難だということになります。例えば，同じ被相続人の遺産分割の事件で，必要な相手方が欠けていたような場合には，その相手を追加して参加させればよいわけです。

第二編　家事審判に関する手続

2　「当事者となる資格を有する者」による当事者参加（家事法 41 条 1 項）

(1)　当事者参加の制度的意義

当事者参加を定める家事法 41 条は，既に係属し進行している家事審判の手続に当事者として参加の申出をする当事者参加について，参加の手続・方式，参加の申出を却下する裁判に対する即時抗告等の規律を定めています。当事者として家事審判の手続に参加した者は，以後「当事者」として扱われることはいうまでもありません。家事規則 27 条は，参加申出の方式等について定めています。これは自ら任意に積極的に参加しようとする場合であるため，旧家審法時代には任意参加と呼ばれることもありました。

ここで「申立て」と「申出」の違いについて触れておきます。「申立て」とは，申立権という一種の手続上の権利があるため，それに対し裁判所が認容か却下かいずれかの応答義務がある場合です。家事法 42 条の利害関係参加の場合がそうで，この「申立て」に対しては裁判所は参加を許可するか却下するかを裁判すべきことになります。

これに対し，家事法 41 条の「当事者となる資格を有する者」が当事者参加をする場合や，同法 42 条のうち「審判を受ける者となるべき者」が利害関係参加をする場合において行われる「申出」は，裁判所がそれを認める場合には特段応答義務がない場合です。「申出」があって却下する場合には却下の裁判をしますが，これを認める場合には何ら裁判をする必要がありません。

(2)　当事者参加が認められる場合

「当事者となる資格を有する者」による当事者参加が認められる場合としては，以下のような事例が考えられます（文献① 129 頁以下）。

①　後見開始の審判や親権喪失審判などのように，申立権者が多数あるよ

うなとき（民7条・834条以下）において，そのうちの一人が家事審判の申立てをした場合，又は職権で手続が開始されたときに，他の申立権者がその事件の手続に参加する場合。

② 共同相続人のうちの一部が相続分（民905条）を共同相続人以外の第三者に譲渡した場合のように，申立人又は相手方の地位を基礎付ける法的地位が他の第三者に移転したときに，その第三者がその遺産分割審判事件の手続に当事者として参加する場合。

③ 遺産分割審判事件において，相続人の一部を相手方から脱漏している場合のように，複数の関係者全部を相手方にすべきであるのに，申立人がそのうちの一部のみを相手方として家事審判の申立てをしただけであったために，脱漏した相続人がその事件の手続に参加する場合。

④ 扶養の程度・方法についての審判事件で，相手方とされた扶養義務者の外にも扶養義務者があるときに，その者がその扶養審判手続に参加する場合のように，既に手続に関与している当事者のみによって有効な家事審判をすることができるが，より根本的な紛争解決のためには他の者も当事者として参加した方がよい場合。

3 他の当事者による申立て等（引き込み等）（家事法41条2項）

⑴ 引き込み当事者参加の制度趣旨

他の当事者による申立て又は職権で，当事者となる資格を有する者（審判を受ける者となるべき者に限る）を，当該家事審判手続に引き込む形で参加させることができる制度です。当事者でない者が強制的に引き込むものであるため，強制参加といわれることもありました。

これは，家事審判手続においては，当事者となる資格を有する者であるにもかかわらず，当事者とされていない者がある場合において，その者が自ら当該家事審判手続に参加しようとしないために，適切な紛争解決がで

第二編　家事審判に関する手続

きない事情があるときのために制度設計されたものです。

　申立人が，引き込もうとする者に対し別申立て（新申立て）をすること
も可能であることは，第1項の場合と同様です。

(2)　引き込みによる当事者参加が認められる場合の制限

　他の当事者による，又は職権での引き込みが認められるのは，当事者と
なる資格を有する者のうち審判を受ける者となるべき者に限られ，当事者
となる資格を有する者であっても，審判を受ける者でない者は，この引き
込みによる当事者参加は認められません。なぜなら，ここでいう「当事者
となる資格を有する者のうち審判を受ける者となるべき者」でない者と
は，具体的には，申立権者が複数ある家事審判事件における他の申立権者
ですが，このような者については他の当事者による申立て等により当事者
参加をすることを認めなくても，家事審判の進行上問題がないばかりか，
そのような参加を認めようとすると申立てを強制することに等しく相当で
ないと考えられたからであるとされます（文献① 132 頁）。

(3)　引き込みによる当事者参加が認められる場合

　他の当事者による申立て又は職権での引き込みによる当事者参加が認め
られる事例としては，以下のような場合があります。

① 遺産分割審判事件において，相続人の一部が当事者とされていないと
　きに，当事者とされていない相続人を当事者として参加させる場合のよ
　うに，その参加がない限り有効な審判をすることができない場合。

② 扶養の程度・方法を定める審判事件において，当事者とされていない
　扶養義務者を引き込むことによって，より根本的な解決を目指すときの
　ように，その参加は必ずしも必要的ではないが，より妥当な解決を目指
　せる事情がある場合。

第一章　総則

4　当事者参加の手続（家事法41条3項）

(1)　自ら参加しようとする場合

当事者として自ら参加しようとする者は，「参加の趣旨」（別表第一，第二の審判事項のうち，どの審判物であるかを明らかにするもの）及び「参加の理由」（どのような資格と理由に基づき当事者参加をするのかを明らかにするもの）を記載した書面を裁判所に提出して参加の申出をしなければなりません。「申立て」ではなく「申出」です。手続の適法性の審査のためと手続の明確性の要請からです。

裁判所は，その申出に理由がないときは当該申出を却下しなければなりませんが，理由があるときは特段裁判をする必要はなく，その参加申出者を当事者として扱い手続を進めれば足ります。この場合の当事者参加の可否を裁判所の可否に係らせていないのは，当事者となる資格があるかないかは実体法たる民法の規定により定まっており明確であって裁量の余地なく，また当事者としての資格を有する以上参加を認めるのは当然であり，審査の余地がないからであるとされています。

当事者となる資格を有する者は，本条で当事者参加をすることも次条で利害関係参加をすることも（家事法42条）できますが，両者の趣旨は全く異なりますので，その趣旨はどちらであるかを明確にしなければなりません。

(2)　他の当事者による引き込みの場合

他の当事者は，「参加の趣旨」及び「参加の理由」を記載した書面を裁判所に提出して，参加の申立てをしなければなりません。この場合も手続の適法性の審査のためと手続の明確性の要請からです。

裁判所は，他の当事者の当事者参加の申立てがあった場合において，相当と認めるときは，参加を命ずる裁判をし，相当と認めないときは当該申立てを却下しなければなりません。

第二編　家事審判に関する手続

⑶　職権による場合

　裁判所は，相当と認めるときは，職権で，当事者となる資格を有する者に当事者参加をすることを命ずることができます。この参加命令によって，その者が当事者としての地位を取得します。

⑷　**当事者参加の書式例**

　文献⑬［書式239］［書式240］［書式241］［書式242］参照。

5　即時抗告（家事法41条4項）

　当事者参加の申出を却下する裁判（家事法81条に規定する審判以外の裁判に当たる）に対しては，即時抗告をすることができます（本条4項）。これは，当事者となる資格を有する者が家事審判の手続に参加して手続行為をすることができる利益を保護するためです。

　これに対して，他の当事者となる資格を有する者を参加させるための当事者の申立てを却下する裁判に対しては，即時抗告をすることはできないものとされています。これは，みずから積極的に参加しようとする者に比して，参加を求められている者に対する手続保障の要請は相対的に低く，また申立てを却下する判断は，参加を求められている者が当事者となる資格を有しないとの判断がされた場合が多いと考えられるが，当事者となる資格を有するか否かは実体法上の要請であり，訴訟によって確定されるべき事柄であると考えられるからであるとされます（文献① 134頁）。

　また，当事者参加の申出を命ずる裁判に対しても即時抗告をすることができないとされています。

6　参加の申出の方式等（家事規則27条）

　家事規則27条は，当事者参加と利害関係参加について，それらの申出・申立ての場合の添付資料や通知関係について定めています。

122

第一章　総則

（四）　利害関係人参加

家事法 42 条（利害関係参加）

　　審判を受ける者となるべき者は，家事審判の手続に参加すること
ができる。

2　審判を受ける者となるべき者以外の者であって，審判の結果によ
り直接の影響を受けるもの又は当事者となる資格を有するものは，
家庭裁判所の許可を得て，家事審判の手続に参加することができ
る。

3　家庭裁判所は，相当と認めるときは，職権で，審判を受ける者と
なるべき者及び前項に規定する者を，家事審判の手続に参加させる
ことができる。

4　前条3項の規定は，1項の規定による参加の申出及び2項の規定
による参加の許可の申立てについて準用する。

5　家庭裁判所は，1項又は2項の規定により家事審判の手続に参加
しようとする者が未成年者である場合において，その者の年齢及び
発達の程度その他一切の事情を考慮してその者が当該家事審判の手
続に参加することがその者の利益を害すると認めるときは，1項の
規定による参加の申出又は2項の規定による参加の許可の申立てを
却下しなければならない。

6　1項の規定による参加の申出を却下する裁判（前項の規定により
1項の規定による参加の申出を却下する裁判を含む。）に対しては，
即時抗告をすることができる。

7　1項から3項までの規定により家事審判の手続に参加した者（以
下「利害関係参加人」という。）は，当事者がすることができる手
続行為（家事審判の申立ての取下げ及び変更並びに裁判に対する不
服申立て及び裁判所書記官の処分に対する異議の取下げを除く。）

第二編　家事審判に関する手続

> をすることができる。ただし，裁判に対する不服申立て及び裁判所
> 書記官の処分に対する異議の申立てについては，利害関係参加人が
> 不服申立て又は異議の申立てに関するこの法律の他の規定によりす
> ることができる場合に限る。

1　「審判を受ける者となるべき者」による利害関係参加（家事法 42 条 1 項）

(1)　利害関係参加の制度的意義

　家事法 42 条は，審判の結果に一定の利害関係を有する者等が，家事審
判の手続に関与して自ら主張し，裁判資料を提出するために参加する利害
関係参加について，その方式・手続・参加の申出又は却下する裁判に対す
る即時抗告及び利害関係参加人の権能を定めたものです。

　これは，利害関係参加の制度を手続保障の一環として捉え，利害関係参
加人には当事者同様の手続保障を及ぼし，自ら主体的に手続を追行できる
ようにする一方で，利害関係参加が認められるのは，そのような手続保障
を及ぼすにふさわしい者に限定するという制度設計を採用したものである
と説明されています（文献① 136 頁）。

　ここでいう利害関係参加人は，当事者の一方に加担するために参加する
というよりは，あくまで独自の立場で自分の利益のために参加する者であ
り，当事者の手続追行と矛盾抵触する手続追行も原則として制約されま
せん。

(2)　「審判を受ける者となるべき者」の参加

　この制度設計は，「審判を受ける者となるべき者」は，審判の結果に最
も強い利害関係を有するので，家事審判の手続に関与して自ら主張し，裁
判資料を提出する機会を保障する必要があることを考慮したものですか
ら，この参加には裁判所の許可は必要ありません。

家事法別表第二（旧乙類）審判事件では，「審判を受ける者となるべき者」は当事者となる資格を有する者であって，この者が家事審判の手続に参加する場合には前条の当事者参加をすることになり，本条の利害関係参加を利用することは余り想定されず，例えば民法766条，家事法別表第二3項の「子の監護に関する処分」事件において父母以外の第三者を子の監護者に指定できるという立場に立ちつつ，当該第三者が参加する場合等例外的な場合に限られると指摘されています（文献①137頁）。

2 「審判の結果により直接の影響を受ける者」及び「当事者となる資格を有する者」による利害関係参加（家事法42条2項）

(1) 「審判の結果により直接の影響を受ける者」の参加

この場合の利害関係参加には裁判所の許可が必要ですが，このように許可に係らせているのは，審判の結果により直接の影響を受ける者に当たるかどうかの審査に加え，審判の結果により直接の影響を受ける者であっても，なお利害関係参加を認めるのに適当でない事案もあることを想定されたものであるとされています（文献①138頁）。

(2) 「当事者となる資格を有する者」の参加

この者は，もちろん当事者参加をすることもできますが，そのほか利害関係参加をすることもできるとされているのは，この者は一般に当事者となるべき家事審判手続における裁判所の判断に強い利害関係を有する者であるため，その利害関係が申立てを認容されない方向で参加する場合には，申立人と利害が相反し，当事者参加として申立人と同じ地位に就くことは相当でないことから，このようなときは「申立ての却下」を求める利害関係人として参加する途を用意しておく必要があるからです。

この場合も，参加の必要性を審査するため，裁判所の許可に係らせています。

第二編　家事審判に関する手続

3　職権による利害関係参加（引き込み）（家事法42条3項）

　裁判所が職権で利害関係参加をさせること（手続に引き込むこと）ができるのは，「審判を受ける者となるべき者」，「審判の結果により直接の影響を受ける者」及び「当事者となる資格を有する者」ですが，これらの者の中には，例えば未成年者のように，自らの主張を実現し又はその利益を守るについて十分な判断能力に欠けるなどのため，自ら積極的に手続に参加しようとしないことが考えられます。

　そこで，審判を受ける者等から利害関係参加の申出等がない場合であっても，これらの審判を受ける者等に必要な手続保障を与えるために，裁判所が「相当と認めるときに」職権で利害関係参加を命じることとしたものです。ここで「相当と認めるとき」とは，当該審判を受ける者等を当該家事審判の手続に参加させ，その手続保障を図るのが相当であるとき，を意味します（文献①140頁）。

4　利害関係参加の手続（家事法42条4項）

(1)　「審判を受ける者となるべき者」の利害関係参加

　「参加の趣旨」（前記同様審判物の特定）と「参加の理由」（どのような資格と理由で利害関係参加をするのかを明らかにするもの）を記載した書面を裁判所に提出して，参加の申出をします。

　裁判所は，その申出をした者が「審判を受ける者となるべき者」でなく，申出に理由がないときは，当該申出を却下しなければなりませんが，その申出をした者が「審判を受ける者となるべき者」であって，申出に理由があるときは特段裁判をする必要はなく，その申出者を利害関係参加人として手続を進めれば足りるとされます。

126

第一章　総則

⑵　「審判の結果により直接の影響を受ける者」及び「当事者となる資格を有する者」の利害関係参加

この場合も前記同様に，それらの者は，「参加の趣旨」及び「参加の理由」を記載した書面を裁判所に提出して，利害関係参加の許可の申立てをします。「当事者となる資格を有する者」は，前述したように利害関係参加も当事者参加も可能ですから，そのいずれかであるかを「参加の理由」で明らかにする必要があります。

裁判所は，それらの者から利害関係参加の許可の申立てがあった場合において，その申立てが相当であるときは，当該申立てを許可し，その申立てが相当でないときは，当該申立てを却下します。申出ではなく，申立てである所以です。

5　未成年者による利害関係参加（家事法42条5項）

5項の未成年者による利害関係参加の制度の趣旨は，「裁判を受ける者となるべき者」等が未成年者である場合であっても，家事法118条等の規定により手続行為能力を有しているときには，自らの判断で，当該家事審判の手続に利害関係参加をすることができます。例えば，親権者指定の審判手続において父母の対立が非常に激しいため，手続に参加することでその対立に巻き込まれ，親への忠誠葛藤が増幅するおそれがあるような場合や，親の一方との関係を修復不可能な程度にまで損ないかねないような場合です。そのような場合において，未成年者の年齢や発達の程度その他一切の事情を考慮して未成年者の利益を害すると認めるときには，裁判所は，利害関係参加の申出等を却下しなければならないとしたものだとされます（文献①141頁以下）。

裁判所は，本条3項により職権で未成年者を利害関係参加させることができますが，この場合本条5項の事情があるときにも許されるかは問題です。未成年者の利益を害すると認められるときは，3項の「相当と認める

127

第二編　家事審判に関する手続

とき」に該当せず，未成年者を利害関係参加させることは許されないと解
されます（文献① 142 頁以下）。

6　即時抗告（家事法 42 条 6 項）

　「審判を受ける者となるべき者」による利害関係参加の申出を却下する
裁判（家事法 81 条による裁判）に対しては，即時抗告をすることができ
ます。その者の手続追行の利益を保障するためです。

　「審判を受ける者となるべき者」以外の「審判の結果により直接の影響
を受ける者」又は「当事者となる資格を有する者」の利害関係参加許可申
立てを却下する裁判に対しては，即時抗告を認めていませんが，これは手
続保障の要請はそれほど強くなく，参加拒否に関する裁判所の判断を尊重
するのが相当だからです。

　本条 5 項により未成年者の参加を認めない裁判のうち，「審判を受ける
者となるべき者」による利害関係参加の申出を却下する審判に対しては，
即時抗告ができますが，「審判の結果により直接の影響を受ける者」又は
「当事者となる資格を有する者」による利害関係申立てを却下する審判に
対しては，即時抗告を認めていません。これは，通常の利害関係参加の申
出又は申立てを却下する審判に対する即時抗告の可否と平仄を合わせたも
のであるとされています（文献① 143 頁）。

　裁判所の職権による引き込みの利害関係参加に対しても即時抗告は認め
られませんが，それは手続保障の見地から参加させることが相当と考えた
裁判所の判断の尊重にあるとされます（前掲書・同頁）。

7　利害関係参加人の地位（家事法 42 条 7 項）

　利害関係参加人は，当事者たる地位を有するわけではありませんが，原
則として「当事者がすることができる手続行為」例えば①記録閲覧等（家
事法 47 条 1 項），②証拠調べの申立て（家事法 56 条 1 項），③家事法別表

128

第一章　総則

第二事件の審問期日における立会い（家事法 69 条）などをすることができます。

このように，利害関係参加ができる者の範囲を絞りつつ，当事者と同様の地位を保障したのは，身分関係の当事者の私生活上の秘密を守る要請と，利害関係参加人は家事審判の結果に利害関係がある者の手続保障の必要性の要請とのバランスを考慮したものであるとされます（文献① 121 頁）。

もっとも，これには例外があり，家事審判の申立ての取下げ及び変更並びに裁判に対する不服申立ての取下げ及び裁判所書記官の処分に対する異議の取下げをすることはできません（7 項本文括弧書き）。

（五）　手続からの排除

> **家事法 43 条（手続からの排除）**
> 　家庭裁判所は，当事者となる資格を有しない者及び当事者である資格を喪失した者を家事審判の手続から排除することができる。
> 2　前項の規定による排除の裁判に対しては，即時抗告をすることができる。

> **家事規則 28 条（手続からの排除の通知・法 43 条）**
> 　家事法 43 条 1 項の規定による排除の裁判があったときは，裁判所書記官は，その旨を当事者及び利害関係参加人に通知しなければならない。

1　手続からの排除制度の趣旨（家事法 43 条 1 項，家事規則 28 条）

家事法 43 条は，家事審判の手続からの排除について，その要件と即時抗告について定めています。その趣旨は，家事審判の公益性及び実体的真

129

第二編　家事審判に関する手続

実の要請上，審判対象の資料には私生活上の秘密等に関する資料が多く含まれ，私生活上の秘密等に配慮すれば，手続保障の要請が低い者が当事者として関与し続けることを認めることの弊害も考えられます。また，裁判所としても，法的に意味がないことに手間暇を掛けることもできないので，①当事者となる資格を有しない者，及び②当事者である資格を喪失した者を審判手続から排除することができることとしました。例えば，遺産分割審判において，相手方が親子関係がなく最初から相続人ではなかったような場合が①であり，相手方である相続人が相続分を譲渡（民905条）又は相続放棄（民939条）をしたような場合が②です。

　手続からの排除をするには，裁判所がその旨の決定（家事法81条の裁判）をすることが必要であり，排除の裁判の確定によって，当事者の地位を喪失し，何等の権限を行使することもできなくなります。排除の裁判があったときは，裁判所書記官は，他の当事者及び利害関係人に通知します（家事規則28条）。

2　排除の裁判と却下の裁判との関係（家事法43条1項）

　排除の裁判は，排除後も当該本案審判の手続が進行していることを前提としており，そうではなくそれによって手続が終了してしまう場合，例えば後見開始申立人が申立権を有しないときは，申立て却下をすべきなのであって，排除の裁判をするのではありません。

3　即時抗告（家事法43条2項）

　排除の裁判により手続に関与する機会を失うことになる当事者は，排除の裁判に対して即時抗告をすることができます。当事者となる資格を有しているにもかかわらず，誤って排除された裁判について争う機会を保障するためです。即時抗告期間は告知後2週間です（家事法86条1項）。即時抗告には執行停止の効力は認められていません。

130

第一章　総則

（六）　手続の受継

> **家事法 44 条（法令により手続を続行すべき者による受継）**
>
> 　当事者が死亡，資格の喪失その他の事由によって家事審判の手続を続行することができない場合には，法令により手続を続行する資格のある者は，その手続を受け継がなければならない。
>
> 2　法令により手続を続行する資格のある者が前項の規定による受継の申立てをした場合において，その申立てを却下する裁判がされたときは，当該裁判に対し，即時抗告をすることができる。
>
> 3　1 項の場合には，家庭裁判所は，他の当事者の申立てにより又は職権で，法令により手続を続行する資格のある者に家事審判の手続を受け継がせることができる。

1　手続の中断と受継（民事訴訟との違い）

⑴　中断と受継の関係

　当事者が死亡，資格の喪失その他の事由によって家事審判の手続を続行することができないときは，相続人など法令により手続を続行する資格を有する者が手続を受継しなければなりません。この点，民事訴訟の場合には当事者関与が手続保障上必要的なので，受継者が現れるまで，手続は中断します（民訴法 124 条 1 項）。しかし家事審判手続では，事実の調査で裁判官や家庭裁判所調査官が第三者から事情を聴くなどの場合には当事者関与は必ずしも必要としていないため，手続全般について中断するとはしていません。しかしまた，家事審判手続でも，当事者に対する審判の告知（家事法 74 条 1 項）や証人尋問（当事者に立会権がある）などいくつかの重要な手続では当事者の関与なしには手続を進められない場合もあります。これらの場合には，法令により手続を続行する資格のある者が手続を受継しない限り行うことができませんから，事実上中断と同じ効力を発揮

131

第二編　家事審判に関する手続

し，当事者の手続保障に欠けることはないとされています。

　そうすると，受継とは，一般に法令により手続を続行する資格のある者が当該手続を引き継ぐことを意味していますが，民事訴訟ではこのほかに，訴訟手続の中断状態を解消させる機能をも併せ持つことになります。

(2)　**手続代理人がある場合**

　民事訴訟でも家事審判でも，当事者に手続代理人がある場合には，当事者が死亡しても手続代理人の代理権は消滅せず（家事法26条，民訴法58条1項），当該手続代理人は法令により手続を続行する資格のある者の手続代理人として活動することとなりますが，民事訴訟手続（民訴法124条2項）とは異なり，家事審判手続ではこのような場合においても，誰が受継するのかを明らかにし，手続の円滑な進行を図るために，手続代理人がいない場合と同様に，裁判所は受継決定をすることとされています。

2　法令により手続を続行する資格のある者による受継（家事法44条1項）

(1)　**1項の趣旨**

　当事者が死亡，資格の喪失その他の事由によって家事審判の手続を続行することができない場合において，受継を認めず，当該手続を終了させる法政策をとった場合には，再申立てからやり直さなければなりませんが，それでは手続上不経済ですので，手続経済と紛争の効率的解決のために，法令により手続を続行する資格のある者による受継制度を設けたものだとされています。

(2)　**「当事者が手続を続行することができない場合」**

　これには，①当事者が当事者能力を失った場合，②当事者としての資格を失った場合があります。①には，当事者である自然人の死亡，法人の合併による消滅等があります。②は，当事者が破産手続開始を受けた場合が典型的です。

第一章　総則

(3)　「法令により手続を続行する資格のある者」

　これには，自然人の死亡の場合の相続人や包括受遺者や相続財産管理人等，法人の合併の場合の存続法人・新法人，当事者が破産手続開始決定を受けた場合の破産管財人等が含まれます。

(4)　有資格者の受継の申立てと受継決定

　有資格者による受継の申立てがあり，それに理由があれば裁判所は受継決定をし，理由がなければ申立てを却下します。受継決定は，受継すべき者を確認し，手続の円滑な進行を図るために行われます。

3　有資格者の受継申立て却下と即時抗告（家事法44条2項）

　これは，有資格者による受継申立てを却下した場合には，受継の申立てをした者は手続上の権能を行使することができなくなることから，有資格者が当事者として手続に関与する利益を保障するためです。

4　他の当事者による申立て又は職権による受継（家事法44条3項）

　これは，有資格者は実質的には当事者の地位に就いているので，本来ならば受継の申立てをしなければならないのに，それをしない場合には，他の当事者による申立て又は職権によってでも受継させて，当事者が関与する手続ができない状態を解消するためです。

家事規則29条（受継の申立ての方式等・法44条等）

　　法44条1項又は3項の規定による受継の申立ては，書面でしなければならない。

2　前項の書面には，家事審判の手続を受け継ぐ者が法令により手続を続行する資格のある者であることを明らかにする資料を添付しなければならない。

133

第二編　家事審判に関する手続

> 3　法44条1項又は3項の規定による受継があったときは，裁判所
> 書記官は，その旨を当事者及び利害関係参加人に通知しなければな
> らない。
> 4　1項及び2項の規定は法45条1項の規定による受継の申立てに
> ついて，前項の規定は法45条1項又は2項の規定による受継が
> あった場合について準用する。この場合において，2項中「法令に
> より手続を続行する資格のある」とあるのは，「当該家事審判の申
> 立てをすることができる」と読み替えるものとする。

　家事規則29条は，家事法44条の規定を受けて，受継の申立ての方式等
に関し，申立ての書面性（1項），受継資格を明らかにする資料の添付（2
項），受継に係る通知（3項），他の申立権者による受継（4項）について
規定しています（詳しくは文献③68頁以下参照）。

> **家事法45条（他の申立権者による受継）**
> 　家事審判の申立人が死亡，資格の喪失その他の事由によってその
> 手続を続行することができない場合において，法令により手続を続
> 行する資格のある者がないときは，当該家事審判の申立てをするこ
> とができる者は，その手続を受け継ぐことができる。
> 2　家庭裁判所は，前項の場合において，必要があると認めるとき
> は，職権で，当該家事審判の申立てをすることができる者に，その
> 手続を受け継がせることができる。
> 3　1項の規定による受継の申立て及び前項の規定による受継の裁判
> は，1項の事由が生じた日から1月以内にしなければならない。

(1)　他の申立権者による受継の申立て（家事法45条1項）

　当該家事審判の申立てがいわゆる一身専属的な地位に基づく場合には，
法令により手続を続行する資格のある者が存在しませんから，通常は申立

てによって開始した当該家事審判の手続は終了せざるを得ませんが，このような場合においても，別に申立権者がいてその者が当該手続を受け継ぐことを望むときは，それまでの審理等を無駄にしないために，当該審判の申立てをすることができる者に，従前の手続の受継の申立てをすることができることとしたものです。この申立権者としては，後見開始の審判事件（民法7条）や親権喪失の審判事件（同834条）など，家事事件手続法別表第一の審判事件（旧乙類事件）に多く見られます。

他の申立権者が受継の申立てをした場合には，裁判所は理由があれば受継決定をし，理由がなければ申立てを却下します。

(2) 職権による受継（家事法45条2項）

これは，申立人が死亡等により家事審判の手続を続行することができない場合において，法令による有資格者のない類型の事件であって，かつ他の申立権者による受継の申立てがない場合であっても，裁判所が事件の公益的性格を考慮し，後見的立場からあるべき法律関係を形成する必要がある場合のために，他の申立権者に受継させる制度です。

典型的な事例として，例えば，後見開始の申立てがあり，その審判の直前に申立人が死亡し，他の申立権者が手続の受継の申立てをしない場合において，そのまま事件を終了させてしまうことは成年被後見人の保護に欠けるというような場合が想定されています（文献①157頁）。

なお，死亡等をした申立人に弁護士代理人など手続代理人がある場合であっても，その者が新たに受継した申立人の代理人として当然就任するわけではなく，そのためには新たな受任手続が必要となります。

(3) 受継申立て等の期間制限（家事法45条3項）

受継の申立て及び職権受継を1か月以内と期間制限したのは，手続の終了の有無等が未決着の状態を長期間継続させることは相当でないからです。

なお，申立人は，受継の申立てを却下した裁判に対して即時抗告をする

第二編　家事審判に関する手続

ことはできません（家事法 99 条参照）。

> **家事規則 30 条（家事審判の申立人の死亡等の届出・法 45 条）**
> 　家事審判の申立人に死亡，資格の喪失その他の家事審判の手続を
> 続行することができない事由が生じた場合において，法令により手
> 続を続行する資格のある者がないときは，当該申立人又はその手続
> 代理人は，その事由が生じた旨を家庭裁判所に書面で届け出なけれ
> ばならない。

　家事規則 30 条は，家事審判の申立人に死亡等により手続を続行するこ
とができない事由が生じた場合において，法令により手続を続行する資格
のある者がないときの裁判所への届出について定めたものです。

（七）　調書の作成等

> **家事法 46 条（調書の作成等）**
> 　裁判所書記官は，家事審判の手続の期日について，調書を作成し
> なければならない。ただし，証拠調べの期日以外の期日について
> は，裁判長においてその必要がないと認めるときは，その経過の要
> 領を記録上明らかにすることをもって，これに代えることができる。

1　本条の趣旨（家事法 46 条）

　旧家事審判規則 10 条は，家事審判調書の原則的作成と，例外的に裁判
長がその必要がないと認めたときに調書記載を省略できると規定していま
したが，家事法もこの原則を踏襲しつつ，審判手続の記録化はその閲覧等
の基礎となり，当事者の攻撃防御権の行使という当事者権の保障の前提と
なるものであるため，所要の規定を整備したものです。

第一章　総則

2　調書作成の原則（家事法46条本文）

　家事審判の手続を期日で行った場合には，当事者権の保障などその重要性に鑑み，できる限り記録化しておくことが必要ですから，調書の作成を原則化しました。

　ここで家事審判の手続の期日とは，裁判所や当事者その他の者が一同に会して家事審判の手続に関する行為をするために設けられた一定の時間をいいます。証拠調べの期日も，家事審判の手続の期日であることに変わりありませんが，証拠調べは民事訴訟法の規定に従って行われますので，調書作成は必要的です。

3　経過要領の例外（家事法46条ただし書）

　証拠調べの期日を除くその余の審判期日では，裁判長がその必要がないと認めるときは，その経過要領を記録上明らかにすることをもって，調書の作成に代えることができるとされます。証拠調べ以外の通常の審判期日の手続は，訴訟手続とは異なり簡易迅速性を旨とする非訟手続としての性格上，その具体的な内容は様々でその重要性にも差異がありますので，そのすべてを調書化しなければならないとする必要性が乏しいことから，調書作成の要否を裁判長の適正な裁量権の行使に委ねることとしたものです。

　ただ，調書の記載の必要性は乏しいとしても，まったく記載しないことは後に手続の適正について検証可能とするために，「経過の要領」だけは記載すべきものとしました。

> **家事規則31条（期日調書の形式的記載事項・法46条等）**
> 　法46条及び114条1項の調書（以下「期日調書」という。）には，次に掲げる事項を記載しなければならない。

第二編　家事審判に関する手続

　　一　事件の表示

　　二　裁判官及び裁判所書記官の氏名

　　三　出頭した当事者，利害関係参加人，代理人，補佐人，通訳人
　　　及びその他の関係人の氏名

　　四　期日の日時及び場所

2　期日調書には，裁判所書記官が記名押印し，裁判長が認印しなけ
　ればならない。

3　前項の場合において，裁判長に支障があるときは，陪席裁判官が
　その事由を付記して認印しなければならない。裁判官に支障がある
　ときは，裁判所書記官がその旨を記載すれば足りる。

家事規則 32 条（期日調書の実質的記載事項・法 46 条等）

　　期日調書には，手続の要領を記載し，特に，次に掲げる事項を明
　確にしなければならない。

　　一　申立ての趣旨又は理由の変更及び申立ての取下げ

　　二　証人，当事者本人及び鑑定人の陳述

　　三　証人，当事者本人及び鑑定人の宣誓の有無並びに証人及び鑑
　　　定人に宣誓をさせなかった理由

　　四　検証の結果

　　五　裁判長が記載を命じた事項及び当事者の請求により記載を許
　　　した事項

　　六　書面を作成しないでした裁判

2　前項の規定にかかわらず，家事審判の手続が裁判によらないで完
　結した場合には，裁判長の許可を得て，証人，当事者本人及び鑑定
　人の陳述並びに検証の結果の記載を省略することができる。ただ
　し，当事者が家事審判の手続の完結を知った日から 1 週間以内にそ
　の記載をすべき旨の申出をしたときは，この限りでない。

> 3 期日調書には，手続の要領のほか，当事者及び利害関係参加人による書面の提出の予定その他手続の進行に関する事項を記載することができる。

家事規則31条は，期日調書の形式的記載事項（1項），書記官の記名押印と裁判長の認印（2項），裁判長の支障等の場合（3項）について定めたものです。

家事規則32条は，期日調書の実質的記載事項（1項），審判手続が裁判によらないで完結した場合の証人等の陳述等の記載の省略（2項），手続の進行に関する事項を調書に記載できる旨（3項）を定めたものです（詳しくは，文献③74頁以下を参照）。

家事規則33条（期日及び期日調書に関する民事訴訟規則の準用・法46条等）

民事訴訟規則68条から77条までの規定は，家事審判の手続の期日及び期日調書について準用する。この場合において，同規則68条1項中「前条（口頭弁論調書の実質的記載事項）1項」とあるのは「家事事件手続規則32条1項」と，同規則74条1項三号中「上訴の提起又は上告受理」とあるのは「審判に対する即時抗告若しくは特別抗告の提起又は家事事件手続法97条2項」と，同規則77条中「法廷」とあるのは「家事審判の手続の期日」と読み替えるものとする。

家事規則33条は，審判手続の期日及び期日調書について，民事訴訟の口頭弁論に関する民事訴訟規則の規定（68条から77条まで）を準用する旨を定めたものです。68条は録音テープの扱い，69条は書面等の引用添付，70条から75条は速記関係，76条は録音関係，77条は法廷（審判手続期日）における写真撮影等の制限等についての規定です。

第二編　家事審判に関する手続

（八）　記録の閲覧等

家事法47条（記録の閲覧等）

　　当事者又は利害関係を疎明した第三者は，家庭裁判所の許可を得て，裁判所書記官に対し，家事審判事件の記録の閲覧若しくは謄写，その正本，謄本若しくは抄本の交付又は家事審判事件に関する事項の証明書の交付（289条6項において「記録の閲覧等」という。）を請求することができる。

2　前項の規定は，家事審判事件の記録中の録音テープ又はビデオテープ（これらに準ずる方法により一定の事項を記録した物を含む。）に関しては，適用しない。この場合において，当事者又は利害関係を疎明した第三者は，家庭裁判所の許可を得て，裁判所書記官に対し，これらの物の複製を請求することができる。

3　家庭裁判所は，当事者から前2項の規定による許可の申立てがあったときは，これを許可しなければならない。

4　家庭裁判所は，事件の関係人である未成年者の利益を害するおそれ，当事者若しくは第三者の私生活若しくは業務の平穏を害するおそれ又は当事者若しくは第三者の私生活についての重大な秘密が明らかにされることにより，その者が社会生活を営むのに著しい支障を生じ，若しくはその者の名誉を著しく害するおそれがあると認められるときは，前項の規定にかかわらず，同項の申立てを許可しないことができる。事件の性質，審理の状況，記録の内容等に照らして当該当事者に同項の申立てを許可することを不適当とする特別の事情があると認められるときも，同様とする。

5　家庭裁判所は，利害関係を疎明した第三者から1項又は2項の規定による許可の申立てがあった場合において，相当と認めるときは，これを許可することができる。

第一章　総則

> 6　審判書その他の裁判書の正本，謄本若しくは抄本又は家事審判事件に関する事項の証明書については，当事者は，1項の規定にかかわらず，家庭裁判所の許可を得ないで，裁判所書記官に対し，その交付を請求することができる。審判を受ける者が当該審判があった後に請求する場合も，同様とする。
>
> 7　家事審判事件の記録の閲覧，謄写及び複製の請求は，家事審判事件の記録の保存又は裁判所の執務に支障があるときは，することができない。
>
> 8　3項の申立てを却下した裁判に対しては，即時抗告をすることができる。
>
> 9　前項の規定による即時抗告が家事審判の手続を不当に遅滞させることを目的としてされたものであると認められるときは，原裁判所は，その即時抗告を却下しなければならない。
>
> 10　前項の規定による裁判に対しては，即時抗告をすることができる。

1　家事法 47 条の趣旨

　家事法 47 条は，家事審判手続における記録の閲覧等について定めたものであり，当事者の攻撃防御権の行使等当事者権の保障のために重要な規定です。民事訴訟では，何人も原則として訴訟記録の閲覧等の申請ができますが（民訴法 91 条），審理が非公開とされる家事審判の手続では（家事法 33 条），そうはいきません。

　旧家事審判法規の下では，家事審判と家事調停の区別なく，また当事者からの請求と利害関係人からの請求とで区別することなく，すべて一律に，「家庭裁判所は，事件の関係人の申立により，これを相当であると認めるときは」，記録の閲覧等を許可するものと定めていて（旧家審規 12 条

141

第二編　家事審判に関する手続

1項)，家事審判の記録の閲覧等は裁判所の広範な裁量に委ねられていました。

しかし，自己の主張の展開や相手方の主張や裁判所の職権収集の資料に対する反論など自己の権能を適正に行使するためには，裁判所の判断の基礎となる資料について閲覧等をすることが不可欠です。当事者による主張・立証活動の基礎となる記録の閲覧謄写は，当事者や利害関係参加人の手続保障の根幹であるといわれる所以です。

だからといって，非訟手続である家事審判手続では，公益的見地と実体的真実主義の視点から，子の利益や当事者のプライバシーに係る事項を審理の対象とせざるを得ず，これらの秘密事項が広く公にされますと関係者の利益保護に欠け，ひいては当事者の公開嫌悪の感情から主張・立証活動に消極的対応となり，実体的真実の発見にも支障を及ぼしかねません。

そこで，本条は，記録の閲覧等は裁判所の許可に係らしめるという原則を維持しつつ，他方で当事者に関しては，主体的な権能行使による手続追行の機会を保障するため，原則として記録の閲覧等を許可するものとするなど，所要の規律を明確化したものです。

2　裁判所の許可（家事法47条1項）

非訟事件である家事審判の手続であり，原則非公開であること（家事法33条）などから，当事者又は利害関係を疎明した第三者は，裁判所の許可を得て，裁判所書記官に対して記録の閲覧等を請求できるものとしています。

3　録音テープ・ビデオテープの複製（家事法47条2項）

録音テープ・ビデオテープやこれらに準ずる方法により一定の事項を記録した物については，謄写や正本交付といった方法になじまないことから，民訴法91条4項にならって複製の請求を認めました。

142

第一章　総則

4　当事者の閲覧謄写等（家事法47条3項）

　当事者から前項までの許可申立てがあった場合には，裁判所は原則とし
て閲覧謄写や複製の請求を許可しなければなりません。この当事者の中に
は，利害関係参加人も含まれます（家事法42条7項）。

5　閲覧等不許可の場合（家事法47条4項）

　ここでは，前項の原則的許可の例外として，閲覧等を許可しない例外的
な場合を個別に列挙して規定しています。

(1)　事件の関係人である未成年者の利益を害するおそれ

　典型的な場合として，未成年者の親権者指定・変更や面会交流等子の監
護に関する処分等の事件において，調査官調査報告書等に子による親の選
好等が記載されているような事例が挙げられています。これによって嫌わ
れた親は一生のトラウマとなって悩み続けるといった事態も予想され，ひ
いてはこのことが子の利益に影響を与えることが考えられます。親の方が
数人の子（兄弟姉妹）のうち一部の者に好悪の感情を明らかにするような
場合も同様です。

(2)　当事者・第三者の私生活・業務の平穏を害するおそれ

　典型的な場合として，母子が父の暴力・DVにより別居し身を隠して生
活していたのに，その住居所の記載がありそれが公にされると，暴力の再
燃が危惧されるときや，幼稚園等から聴取した結果に一方に不利な記載が
あり，それに激高した親が幼稚園等に押しかけてその業務を妨害する事態
が予想されるような事例です。

(3)　当事者・第三者の私生活についての重大な秘密が明らかにされること
により，その者が社会生活を営むのに著しい支障を生じたり，その者
の名誉を著しく害するおそれ

　典型的な事例として，当事者又は第三者の出生の秘密や特別な病歴等に

143

第二編　家事審判に関する手続

関する重大な秘密が暴露される危険があるような場合が挙げられています。被差別部落出身やエイズ等の病歴等が考えられます。

(4)　**事件の性質・審理の状況・記録の内容等に照らして当該当事者に記録の閲覧等又は記録の複製を許可することを不適当とする特別の事情があると認められるとき**

その他(1)～(3)に直接には該当しないものの，それに準ずるような事情がある場合です。具体的には，犯罪歴や病歴等プライバシー保護の要請が高い個人情報や，後見開始の審判事件における被後見人となるべき者の詳細な財産情報，特別養子縁組の審判事件における実父母及び養親の個人情報等などが考えられています（文献① 166 頁）。

6　利害関係人の閲覧謄写（家事法 47 条 5 項）

利害関係を疎明した第三者は，裁判所が相当と認めるときに限り記録の閲覧等が許可されますが，これは当事者とは異なり，第三者は手続上の権能を行使する機会の保障という要請はなく，むしろ前項の弊害への考慮の必要があることから，裁判所の適正な裁量に委ねたものとされています。そのため，この判断に対しては即時抗告も認められていません（家事法 47 条 8 項参照）。

7　裁判書の正本等の交付（家事法 47 条 6 項）

審判書その他の裁判書の正本・謄本・抄本又は家事審判事件に関する事項の証明書の交付については，旧家事審判法規の時代からの規律（旧家審規 12 条 2 項）と同様に，当事者の請求により，裁判所の許可を必要とせず，裁判所書記官の権限として交付することができます。審判を受ける者が，当該審判があった後に請求する場合も同様とされます。

「審判書その他の裁判書」には，審判書のほか，更正決定・中間決定や移送申立て等に対する決定書も含まれます。「正本」とは，謄本の一形式

第一章　総則

ですが，特に権限ある者が原本に基づいて作成し，外部においては原本と同一の効力をもって通用するものをいい，必要な部数だけ作れます。原本とは，一定事項を表示するため確定的なものとして作成されたもので，正本・謄本・抄本のもととなり，通常は1通ですが，数通作ることも可能です。「謄本」とは，原本の内容を同一文字符号により全部写したもので，原本の内容を証明するために作られる書面です。機械謄写だけでなく筆写も含みます。戸籍謄本が典型的です。「抄本」は原本の一部を写したもので，原本のうち必要な部分について作成されます。戸籍抄本が典型的です。

「家事審判事件に関する事項の証明書」とは，申立ての取下げに関する証明書や審判確定証明書などです。

8　裁判所執務支障等の場合の例外（家事法47条7項）

民訴法91条5項と同じ規定です。

9　不服申立て（家事法47条8項～10項）

8項は，記録の閲覧等が当事者の権能行使のための手続追行上重要な意義を有することから，当事者からの許可申立てを却下する裁判に対して不服申立てを認めたものです。利害関係を疎明した第三者には，認められていません。

9項は，当事者からの不服申立てでも，濫用的な申立てを認めないものとしたものです。

10項は，9項の規定による却下に対して，即時抗告を認めたものです。

家事規則34条（家事審判事件の記録の正本等の様式・法47条）

　家事審判事件の記録の正本，謄本又は抄本には，正本，謄本又は抄本であることを記載し，裁判所書記官が記名押印しなければなら

145

第二編　家事審判に関する手続

> ない。

　家事規則34条は，家事審判事件の記録の正本等の様式を定めるものです。旧家事審判法規の時代には庁印の押捺を必要としていましたが，家事法では書記官の記名押印だけでよいこととされました。

> **家事規則35条（家事審判事件の記録の閲覧等の許可・法47条）**
> 　家事審判事件の記録の閲覧等（法47条1項に規定する記録の閲覧等をいう。以下この条において同じ。）を許可する裁判においては，当該事件の記録中記録の閲覧等を許可する部分を特定しなければならない。

　家事規則35条は，家事審判事件の記録の閲覧等を許可する裁判においては当該部分を特定しなければならないとするもので，人訴規則25条，民訴規則34条2項と同規定です。

（九）　検察官への通知（家事法48条）等

> **家事法48条（検察官に対する通知）**
> 　裁判所その他の官庁，検察官又は吏員は，その職務上検察官の申立てにより審判をすべき場合が生じたことを知ったときは，管轄権を有する家庭裁判所に対応する検察庁の検察官にその旨を通知しなければならない。

　検察官は公益の代表者であり，家事審判事件に当事者として申立権を認めているものが多数存在しますが，それらの事件の発生や存在について，必ずしも検察官が知り得るシステムにはなっていないため，家事法48条は，関係者に対し，管轄裁判所に対応する検察庁の検察官に対し，検察官の申立てにより審判すべき事件の存在についてその旨を通知する義務を課

するものとした規定です。

　通知すべき義務を負うのは，裁判所その他の官庁，検察官又は吏員ですが，ここでいう吏員とは，地方公務員のことを指します。

　検察官が申立てをすることができる家事審判事件としては，後見開始等成年後見関係事件，不在者財産管理事件，特別養子縁組離縁事件，親権喪失・停止又は管理権喪失事件，未成年後見人解任事件等，任意後見監督人解任事件等があります。

家事規則 36 条（受命裁判官の指定）

　受命裁判官にその職務を行わせる場合には，裁判長がその裁判官を指定する。

　家事規則 36 条は，受命裁判官の指定に関する手続について定める規定です。旧家事審判規則 7 条 4 項は，事実の調査を行わせる場合の受命裁判官の指定についてのみ規律していましたが，家事法では，事実の調査（家事法 61 条 3 項）ばかりでなく，審判手続の期日における手続にも，家庭裁判所が受命裁判官に担当させることができる旨明示されたことから（家事法 53 条 1 項），民事訴訟規則 31 条 1 項にならって，受命裁判官指定一般について明文化したものです。

第二編　家事審判に関する手続

第二款　家事審判の申立て

（一）　申立ての方式等

家事法 49 条（申立ての方式等）

　　家事審判の申立ては，申立書（以下「家事審判の申立書」という。）を家庭裁判所に提出してしなければならない。

2　家事審判の申立書には，次に掲げる事項を記載しなければならない。

　一　当事者及び法定代理人

　二　申立ての趣旨及び理由

3　申立人は，二以上の事項について審判を求める場合において，これらの事項についての家事審判の手続が同種であり，これらの事項が同一の事実上及び法律上の原因に基づくときは，一の申立てにより求めることができる。

4　家事審判の申立書が2項の規定に違反する場合には，裁判長は，相当の期間を定め，その期間内に不備を補正すべきことを命じなければならない。民事訴訟費用等に関する法律（昭和46年法律第40号）の規定に従い家事審判の申立ての手数料を納付しない場合も，同様とする。

5　前項の場合において，申立人が不備を補正しないときは，裁判長は，命令で，家事審判の申立書を却下しなければならない。

6　前項の命令に対しては，即時抗告をすることができる。

家事規則 37 条（家事審判の申立書の記載事項等・法 49 条）

　　家事審判の申立書には，申立ての趣旨及び申立ての理由（申立てを特定するのに必要な事実をいう。次項において同じ。）を記載するほか，事件の実情を記載しなければならない。

148

第一章　総則

> 2　申立ての理由及び事件の実情についての証拠書類があるときは，その写しを家事審判の申立書に添付しなければならない。
> 3　家庭裁判所は，家事審判の申立てをした者又はしようとする者に対し，家事審判の申立書及び前項の証拠書類の写しのほか，当該申立てに係る身分関係についての資料その他家事審判の手続の円滑な進行を図るために必要な資料の提出を求めることができる。

> **家事規則 38 条（家事審判の申立書の補正の促し・法 49 条）**
> 裁判長は，家事審判の申立書の記載について必要な補正を促す場合には，裁判所書記官に命じて行わせることができる。

> **家事規則 39 条（家事審判の申立書の却下の命令に対する即時抗告・法 49 条等）**
> 家事審判の申立書の却下の命令に対し即時抗告をするときは，抗告状には，却下された家事審判の申立書を添付しなければならない。

> **家事規則 40 条（参考事項の聴取・法 49 条）**
> 裁判長は，家事審判の申立てがあったときは，当事者から，家事審判の手続の進行に関する意見その他手続の進行について参考とすべき事項の聴取をすることができる。
> 2　裁判長は，前項の聴取をする場合には，裁判所書記官に命じて行わせることができる。

1　書面による申立て（家事法 49 条 1 項）

　家事審判の申立ては，旧法の家事審判法時代には口頭による申立てを認めていましたが，実際には口頭だけの申立ての例はほとんどなかったことから，家事法では，手続の明確性を高める趣旨から，原則的に書面による申立て（書面主義）を採用することになりました。

第二編　家事審判に関する手続

　ただそうはいっても，旧家審法下でも，身体上の障害等により筆記が困難な当事者等には，いわゆる準口頭申立てが認められていたことから，家事法でも書面主義を採用しながら，例外的に以下のような方法による申立てを認めています。すなわち，申立人から聴取した事情をもとに，裁判所書記官等が申立ての必要的記載事項を記載し，申立人本人がその内容の正確なことを確認した上，申立人本人が署名・押印をすることによって，それを書面による申立てとすることができるとされています（文献① 171 頁）。

2　申立書の必要的記載事項（家事法 49 条 2 項・家事規則 37 条）

　申立書の必要的記載事項は，当事者及び法定代理人と，申立ての趣旨及び理由です。

⑴　当事者及び法定代理人

　当事者とは，申立人と相手方です。家事事件手続法 39 条別表第一（旧甲類）事件は，申立人本人の後見開始審判や相続放棄許可審判など，申立人の身分に関わる身分的・財産的権限と地位の付与・変更・剥奪等をその審判事項とするものであって，相手方は存在しませんから，この類型の場合には，当事者とは申立人だけです。

　しかし，別表第二（旧乙類）事件の場合は，相手方の存在する紛争性のある事件類型で，家事調停の対象にもなりますので，必ず相手方が存在します。この場合は，当事者として必ず申立人のほかに，相手方を記載しなければなりません。

　法定代理人とは，親権者・（成年・未成年）後見人・保佐人・補助人・不在者財産管理人・相続財産管理人等など，本人の意思ではなく法律の規定に基づいて代理権が発生する場合です。

　いずれも，その氏名・生年月日・本籍（国籍）・住所（電話番号）・職業等によって特定します。もっともそれらの事項は，それぞれの事件類型に

第一章　総則

よってその必要性の程度が異なることがありますので，申立書の書式や裁判所備え付けの申立書用紙等によって確認することが必要です。なお，詳細は，梶村太市・石田賢一・石井久美子編『家事事件手続書式体系Ⅰ・Ⅱ〔第2版〕』（青林書院・2018年）を参照してください。

(2)　申立ての趣旨及び理由と事件の実情

　ここでいう「申立ての趣旨」とは申立人が求める審判の内容・審判事項であり，「申立ての理由」とはその審判事項（審判物）を求める理由ですが，この両者は必ずしも歴然と区別できるものではなく，要は，そこで裁判所にどのような審判を求めているのかについて，他の審判事項と区別できる程度に特定されていれば足りるものと解されています。

　この点，家審法の家事審判規則2条には「申立ての趣旨」及び「申立の実情」の記載を要するとされていましたし，家事法の家事事件手続規則37条1項が，家事法49条2項が必要的記載事項とする「申立ての趣旨」及び「申立ての理由」のほかに，さらに「事件の実情」を記載しなければならないものとされたこととの関係が問題となります。

　そこで，家事法の趣旨は，必要的記載事項が欠けている場合には，後述するように家事法49条4項の「補正命令」それに従わない場合の5項の「申立書却下命令」と続きますので，結局申立事項（審判物）を特定するに足りる事情が「申立ての趣旨」と「申立ての理由」に記載される必要がありますが，更にそれを理由づけるような「申立ての実情」までの記載は必ずしも要請されていないということになります。

　この点は，家事規則37条1項で規定する「申立ての実情」とは何かについて，手続規則の解説書が，「申立ての実情」とは申立ての基礎となる事実をいい，申立ての動機や紛争の経過を含み得るが，「申立ての実情」の記載がなくても補正命令等の適用はないので，その意味では訓示規定だとしつつ，早期に紛争の要点を把握し審理の充実を図る趣旨からは，当該申立てに関して必要と考えられる事実については，簡潔に申立書に記載す

151

第二編　家事審判に関する手続

るのが望ましい（文献③94頁）としていることが注目されます。

　要するに，審判物（審判事項）の特定に最小限必要な事実・事情は申立書に書かなければ申立て事項不特定として申立書却下の対象となりかねませんが，却下の対象とはならないとしても，理想的には審理の充実化と迅速化のために，申立ての動機や従来の紛争の経過など申立ての実情まで含めた幅広い事実の記載をすることが望ましいということです。

(3)　審判物（申立事項）の特定

　そこで，申立書が却下されないためには，最小限の申立事項（審判物）の特定が必要でありますが，そうすると審判事項ごとにどの程度の記載をしなければ特定したといえないことになるのかが問題となります。この点，立法関係者が，少なくとも，当事者の手続保障を図り，不意打ちの審判とならないためには，審判事項について裁判所及び当事者，利害関係参加人に共通認識が可能であること，裁判所はそこで特定された審判の対象以外の裁判をすることができないものとすることが必要であるとして，以下のような基準に基づいて判断することが必要であるとしていることが注目されましょう（文献①173頁以下参照）。

　すなわち，第1に，別表第一及び別表第二の各項ごとに審判物は異なるという基準が考えられるとします。例えば，親権喪失（第一67項）と未成年後見人選任（第一71項）は関連しますが別であり，同じ財産給付を求める場合でも，それが監護費用分担（第二3項）か財産分与（第二4項）かは別ですから，それを特定しなければなりません。

　第2に，審判を受ける者又は審判により直接影響を受ける者を異にする場合には，審判物を異にすることになります。例えば，夫婦両名など複数人を成年後見人となるべき者とする後見開始審判（別表第一1項）の申立ては審判物2件となり，推定相続人の廃除（別表第一86項）の申立てで廃除を求められる推定相続人が複数人いれば，事件数も複数となります。

　親権者変更や子の監護に関する処分も，子ごとに別件となります。た

第一章　総則

だ，同一の未成年者について複数の未成年後見人を選任する場合には，審判事項が「未成年後見人を選任すること」同一ですから，併せて審判物は1件となります。

　第3に，別表の中には同じ項の中にあっても，その根拠となる民法その他の実体法の規定を異にし，審判の対象となる事項が複数予定されていることが別表の記載自体で明らかなもの，例えば別表第一13項には成年後見人の報酬付与の審判と成年後見監督人の報酬の付与の審判が，また同67項の親権喪失・親権停止・管理権喪失の各審判が含まれていますが，これらはそれぞれ民法の根拠規定が異なりますから，別個の審判事件（審判物）です。

　第4に，同じ項の審判事件であり，しかもその根拠となる民法その他の実体法は同一であるが，複数の審判物が含まれると解されることがあります。例えば，別表第二3項の子の監護に関する処分の類型としては，これまでの実務で積み重ねられてきた実績によりますと，子の監護者指定・子の引渡し・監護費用（養育費）分担・面会交流などがありますが，これらはいずれも独立の審判事件として立件されるのが通常です。実務的には，「子の監護に関する処分（面会交流）」などと表示され，「子の監護に関する処分（養育費）」とは別の事件として処理されます（この点の詳細は，文献⑤68頁・258頁以下参照）。したがって，単に「子の監護に関する処分」を求めてくるだけでは，審判物の特定としては不十分であり，補正命令の対象となります。ただこの場合でも，常に申立てと異なる審判をすることができないとまではいえず，申立ての対象となっている子の引渡しまでは認められないが，親子の関係改善を図るために面会交流は認められる場合があるとする見解が有力です（文献⑦216頁）。支持できると思われますが，ただこの場合でも申立人に釈明して面会交流を求める意思があるかどうかを確認するのが望ましいでしょう。

　第5に，子の監護費用の分担や財産分与等の審判の申立てをする場合，

153

第二編　家事審判に関する手続

具体的な求める金額まで特定する必要があるかといえば，訴訟上の請求（訴訟物）と異なり，その必要はなく，単に「相当額の監護費用の分担，相当額の財産分与を求める」で特定されるし，また「相当な遺産分割を求める」とかの抽象的な申立てでも，特定の観点からは差支えないとされます。もっとも，この点はその後の審理の促進と争点の明確化の視点からは，できるだけ希望の金額や希望の分割案を示した方が，実務的にはベターな場合が多いということはいえると思われます。

　第6に，同様のことは，後見人の解任（別表第一5項・73項）や推定相続人の廃除（別表第一86項）を求める場合も，解任事由（民法846条）や廃除原因（民法892条）まで特定する必要があるかの問題についても，特定の観点からは申立人の解任請求の意思や廃除の意思が明確であれば，それで十分であり，その個別の解任事由や廃除原因はそれを理由づけるものに過ぎないと解するのが妥当だとされています（文献①175頁）。

　第7に，財産分与の場合には，広義では，清算的要素・扶養（補償）的要素・慰謝料的要素が含まれるとされますが，このうち慰謝料的要素は本来民事訴訟事項ですから，財産分与審判申立ての特定の程度としては，大別して前二者のみの狭義の財産分与と解し，慰謝料的財産分与とでは審判物を異にするものとして，それぞれ特定を要するとする考え方で最近の実務は動いているともいわれます（もっとも，実務的には清算的要素・扶養（補償）的要素・慰謝料的要素を全て包含した包括的財産分与を求めることも許容されており，その場合の審判物は全体を通じて1個であり，1個の財産分与請求権が成立するにすぎないと解されています）。ただ，一般的には，財産分与とは，相手方との離婚についての財産分与を求めるというだけで特定としては十分であるとされ，具体的な分与方法や額について主張することを要求するものではないことも，また否定できません。

154

第一章　総則

3　申立ての併合（家事法 49 条 3 項）

　二以上の審判事項（審判物）について，審判を求める場合に，審判手続が同種であり，複数の事項が同一の事実上及び法律上の原因に基づくときは，一の申立てにより行うことができます。これを申立ての併合，あるいは併合申立てといいます。審理の重複を避け，手続経済からも望ましいからです。

　なお，ここでの議論は 1 つの申立てに複数の審判事項が含まれていることを前提にしており，複数の申立人が同一の申立てをする場合は想定外です。例えば，妻と子が夫・父について後見開始の審判を求める場合は，申立人は違っても審判事項は 1 つと考えて，申立ての併合としては扱いません。この点は，当事者が違えば訴訟物が異なるとする民事訴訟の一般的な考え方とは異なることになります（文献① 176 頁）。

　申立て併合の要件の 1 つは，両審判事項が同種の手続であることです。同種の手続とは，ともに別表の第一の手続に属するか，ともに第二の手続に属するのであれば，同一の手続といえます。例えば，第一の手続類型である親権喪失の審判申立てと未成年後見人選任の審判を求める場合，第二の手続類型である財産分与と年金分割を同時に申し立てる場合，あるいは親権者変更と子の引渡しを同時に申し立てる場合は，いずれも同種の手続で処理できますから，併合して申し立てることができます。しかし，例えば失踪宣告と遺産分割を同時に申し立てることは，別表第一の事件と第二事件の申立てとなって，同種の手続とはいえませんから，併合申立てはできず，別個に申し立てるべきことになります。

　併合申立ての要件の第二は，審判を求める事項が，同一の事実上及び法律上の原因に基づくものであることが必要です。これは，審判を求める事項を基礎づける原因事実が主要の部分において同一である場合です。例えば，後見開始と成年後見監督人の選任は，同一人に対する後見開始をめぐ

155

第二編　家事審判に関する手続

る事実の有無という点で共通していますので，これに属します。しかし，親族関係にもない被相続人が複数いる場合，複数の遺産分割は，いずれも遺産分割という同種の手続ではありますが，被相続人ごとに審判物が異なり，審判事項を理由づける事実関係が事実上及び法律上の原因が同一とはいえませんので，併合申立てはできず，別々の手続で進行させるほかはありません。併合して審理の重複を避ける必要もなければ，手続経済に資することもないからです。

　申立ての併合要件を欠く併合の申立ては，その点で違法ではありますが，だからといって全体を却下してしまうのではなく，当該申立てに係る両事件を分離し（家事法35条1項），それぞれを別事件として処理します。分離された部分は，別事件として立件し直すことになります。事件番号も複数となります。

　数件が適法に併合された場合の申立手数料は，数件の事件のそれを合算した額になります。なお，家事審判事件においては，民事訴訟法のような併合管轄の規定（民訴法7条）を欠きますので，数件の事件の全てについて同じ裁判所に管轄のあることが必要となり，その中に管轄のない事件があれば，自庁処理（家事法9条1項ただし書）の決定をするしかないことになります。

4　申立書審査と補正命令・却下・即時抗告（家事法49条4〜6項，家事規則38条・39条）

　裁判長は，家事審判の申立書について，必要的記載事項があるか，民訴費用法3条所定の手数料（1件につき1200円）相当の印紙が貼られているか，を審査します。そして，申立書の記載に不備がある場合，あるいは申立ての手数料が未納の場合には，裁判長はその補正すべきことを命じます（家事法49条4項）。その場合，申立人がその不備を補正しないときは，裁判長は申立書却下命令をしなければなりません（同条5項）。申立

156

第一章　総則

書の却下とは，通常の申立ての却下とは異なり，民事訴訟法の訴状却下命令と同様に，裁判長の形式的判断で，申立書そのものの効力を否定する制度であり，申立書の提出そのものがないこととすることです。

　申立書却下命令に対しては，申立人は1週間以内に即時抗告をすることができます（家事法49条6項・101条1項）。

　家事審判の申立書式，文献⑬中の〔書式1〕から〔書式153〕までを参照して下さい。

（二）　申立ての変更

家事法50条（申立ての変更）

　　申立人は，申立ての基礎に変更がない限り，申立ての趣旨又は理由を変更することができる。ただし，71条（188条4項において準用する場合を含む。）の規定により審理を終結した後は，この限りでない。

2　申立ての趣旨又は理由の変更は，家事審判の手続の期日においてする場合を除き，書面でしなければならない。

3　家庭裁判所は，申立ての趣旨又は理由の変更が不適法であるときは，その変更を許さない旨の裁判をしなければならない。

4　申立ての趣旨又は理由の変更により家事審判の手続が著しく遅滞することとなるときは，家庭裁判所は，その変更を許さない旨の裁判をすることができる。

家事規則41条（申立ての変更の通知・法50条）

　　申立人が法50条1項の規定により申立ての趣旨又は理由を変更した場合には，同条3項又は4項の規定による裁判があったときを除き，裁判所書記官は，その旨を当事者及び利害関係参加人に通知しなければならない。

第二編　家事審判に関する手続

1　処分権主義との関係

　民事訴訟法の場合は，判決事項について，裁判所は当事者が申し立てていない事項について判決できないとし（民訴法246条），また控訴審の審理の範囲についても，口頭弁論は当事者が第一審判決の変更を求める限度においてのみすることができるとして制約を加えるなどして，申立ての拘束力を徹底して，いわゆる処分権主義を貫徹しています。非訟事件手続としての家事審判における審判物では，民事訴訟における訴訟物ほど，その拘束力・支配力は徹底しておりません。養育費や面会交流などの子の監護に関する処分の申立てで，金額や面会方法の明示は必要なく，また相当なる財産分与や遺産分割を求めるというだけでも審判物の特定として不備とはならないことは前述したとおりです。

　しかし，当事者等の手続保障の観点，特に不意打ち的な審理判断を避けるため，家事審判においても，基本的に申立てがない事項（審判物）についていきなり審判することは許されないと解するのが一般です。そうすると，当初の申立事項に対してだけ審判しただけでは申立人の真の目的が達せられない事態が生じることは避けられませんので，申立人に審判事項（審判物）の追加・変更の申立てを許す必要が生じます（文献①181頁）。

　そこで，申立ての変更の制度が設けられました。

2　申立変更の意義と要件（家事法50条1項）

　このように，申立ての変更とは，審判すべき事項ひいては審判物の変更のことであって，養育費や財産分与の金額の変更などはこれに含まれません。審判を求める事項ひいては審判物に係る紛争の基礎には幅があるため，その幅の範囲内である限りは，自由に変更が可能です。もちろん，前述したように，当事者の攻撃防御権を保障するためには可能な限り変更手続と同様の措置を取るべきだということはできますが，ここでいう申立て

の変更の問題ではありません。

申立ての趣旨の変更の例としては，保佐開始から後見開始へ，親権停止から親権喪失へ，監護者指定（子の監護に関する処分）から親権者変更へ，各変更するような場合があります。

申立ての原因の変更の例としては，推定相続人の廃除原因ごとに審判事項（審判物）が異なるという見解を採った場合の，廃除原因たる「虐待」を「著しい非行」に変更するようなときです。

申立ての変更は，申立ての基礎に変更がない場合に限り，することができます。「申立ての基礎に変更がない」とは，民事訴訟における訴えの変更の場合の「請求の基礎に変更がない」（民訴法143条1項）よりは少し広く解され，申立て事項に係る権利義務関係や利益不利益関係の基礎となる事実関係が共通し，変更後の審理においてもそれまでの主張や証拠を活用できる場合ということができます。

具体的には，例えば①いずれにしても同一本人の精神障害の程度の問題で成年後見制度のいずれの類型に当てはまるかがテーマである場合，②いずれにしても同一本人の親権制限の程度が問題である場合，③いずれにしても子の奪い合い紛争で子の監護権・親権の帰属が争われている場合などがこれに該当することになります。

申立ての変更ができる時的限界は，審判がされるまでです。

3　申立変更の手続（家事法50条2項，家事規則41条）

申立ての変更は，原則として書面でしなければなりません。申立てそのものが書面主義を採用していることから，その変更も書面主義を採用したものです。

もちろん，民事訴訟でもそうですが，家事審判の期日の手続において行う場合は，口頭で申立ての趣旨又は理由の変更を行うことができます。この場合には，その結果を期日調書に記載しなければならないこととされて

159

いいます（家事規則 32 条 1 項一号）。また，この場合には，原則として，裁判所書記官は，その旨を当事者及び利害関係参加人に通知することになっていますので（家事規則 41 条），当事者や利害関係参加人の攻撃防御権の行使に支障は生じないことになります。

4　変更不許の裁判（家事法 50 条 3 項）

申立ての趣旨や理由の変更の申立てがあり，裁判所がそれを適法と認めたときは，変更があったものとして扱い，そのまま手続を進行させることになります。

これに対し，裁判所が，それが請求の基礎を欠く等不適法と判断したときは，その変更を許さない旨の裁判をすることになります。これに対しては，不服申立てを認める規定がなく，それに不服のある場合は，この裁判の当否は終局審判に対する抗告の機会に上級審の判断を仰ぐことになります（文献① 183 頁）。申立人としては，新たな申立てをすれば目的を達せられる場合が多いとも考えられます。

5　手続が著しく遅延する場合（家事法 50 条 4 項）

申立ての趣旨又は理由の変更の申立てがその要件を具備し適法だとしても，それにより，家事審判の手続が著しく遅滞することとなるときは，家庭裁判所はその変更を許さない旨の裁判をすることができます。この場合は，新たに別の申立てをすることになります。

第一章　総則

第三款　家事審判の手続の期日

(一)　事件の関係人の呼出し

> **家事法 51 条（事件の関係人の呼出し）**
>
> 　家庭裁判所は，家事審判の手続の期日に事件の関係人を呼び出す
> ことができる。
>
> 2　呼出しを受けた事件の関係人は，家事審判の手続の期日に出頭し
> なければならない。ただし，やむを得ない事由があるときは，代理
> 人を出頭させることができる。
>
> 3　前項の事件の関係人が正当な理由なく出頭しないときは，家庭裁
> 判所は，5 万円以下の過料に処する。

1　本人出頭主義（本条の趣旨）

　本条は，1 項で事件の関係人の呼出しを規定するとともに，2 項以下で
旧家審法に規定していた，いわゆる本人出頭主義を家事法でも継承するこ
とを明らかにしたものです。すなわち，旧家事審判規則 5 条 1 項は，「事
件の関係人は，自身出頭しなければならない。但し，やむを得ない事由が
あるときは，代理人を出頭させ，又は補佐人とともに出頭することができ
る」と定め，2 項は「弁護士でない者が前項の代理人又は補佐人となるに
は，家庭裁判所の許可を受けなければならない」と，3 項は「家庭裁判所
は，何時でも，前項の許可を取り消すことができる」と規定していまし
た。家事法では，旧家審法で必ずしも明確でなかった関係人の出頭義務の
根拠について，1 項で呼び出しによって具体的な出頭義務が生ずることを
明らかにした点に意義があります。

　旧家審規 5 条 2 項に規定していた補佐人に関しては，家事法では 27 条
に規定しています。事件の関係人の不出頭による過料の制裁については，

第二編　家事審判に関する手続

旧家審法の下では「第四章　罰則」の箇所の 27 条に規定されていました
が，家事法では出頭義務との関連性を明確にするため，本条中の 3 項に併
せて規定することにしたということです。

2　事件の関係人の呼出し（家事法 51 条 1 項）

　後述するように，家事審判事件はもともと裁判所による職権探知主義を
採用しており（家事法 51 条 1 項），かつその場合当事者には協力義務があ
ります（同条 2 項）。

　そこで前者の裁判所の立場からは，実体的真実に合致した事実認定と判
断をするために，当該家事事件の事情を知る立場にある事件の関係人から
直接事情を聴くことが不可欠でありますし，後者の当事者の立場からは協
力義務を果たす必要があり，かつむしろ積極的に期日に出頭して自己の立
場を主張立証することが求められます。このようなことから，事件の関係
人の出頭を確保するという観点から設けられた規定であるとされていま
す。

　家事法 51 条 3 項の過料の制裁のもとに呼び出すことができるのは，「家
事審判の手続の期日」に限られます。家庭裁判所調査官が事実の調査の一
環として事件の関係人から直接事情を聴くために，裁判所その他の場所に
呼び出すことがありますが，それは「家事審判の手続の期日」とはいえま
せんから，ここでの対象から外されます。事件の関係者が，正式の「家事
審判の手続の期日」以外にも，何時でもどこでも過料の制裁によって呼出
しが強制されることは，事件の関係者の負担を必要以上に加重するものと
して相当でないとの配慮に基づくとされています（文献① 186 頁）。

　そうすると，「家事事件の手続の期日」とは，裁判長又は裁判官が，裁
判所又は裁判官と当事者その他の関係人が会して家事事件の手続に関する
行為をするために定められた一定の時間をいい，「証拠調べの期日」（家事
法 46 条）や「審問の期日」（家事法 69 条）がその典型的なものというこ

162

第一章　総則

とになります。実際には，前者の期日はほとんどありませんから，通常は後者の「審問の期日」が中心になります。審問とは家庭裁判所の非公開の審判廷で，当事者その他の関係人から主張や証拠等に関する事情を裁判官が直接聴取する手続ですが，その場合も全て「家事審判の手続の期日」とされ，特に「審問の期日」という特別な期日があるわけではないとされます（文献②16頁）。

　数は少ないものの，証拠調べとして証人尋問又は当事者本人の尋問をするために家庭裁判所が証人又は当事者に出頭を命じた場合に，これらの者が正当な理由なく出頭しなかったときは，これとは別に制裁が加重されています（家事法64条1項において準用する民訴法192条1項，家事法64条6項により，10万円以下の過料）。

　「事件の関係人」とは，当事者（法定代理人を含む），利害関係参加人，及び審判の結果について法律上又は事実上の利害関係を有する者を含むと，広く解されています。

　なお，旧家事審判法規の下においては，上記のように「事件の関係人は，自身出頭しなければならない。」と規定するのみであったため，呼出しを待つまでもなく，事件の関係人である以上は自ら出頭しなければならず，他方で過料の制裁の対象については「呼出を受けた事件の関係人が正当な事由がなく出頭しないときは」と規定していたので（旧家事審判法27条），不出頭による過料の制裁になり得るのは，事件の関係人のうち呼び出しを受けた者のみという解釈が可能でしたが，明確ではありませんでした。そこで家事法においては，事件の関係人は裁判所が呼出しをした者に限ることを明確にし，呼出しを受けてはじめて出頭義務が生ずること，そのようにして呼出しを受けた者は不出頭による過料の制裁の対象になり得ることを明らかにしたものであるとされています（文献①186頁）。

163

第二編　家事審判に関する手続

3　本人又は代理人の出頭（家事法 51 条 2 項）

　2 項は本人又は代理人の出頭義務を定めますが，ここでいう「代理人」とは，法定代理人ではなく委任に基づく任意代理人（手続代理人）です。家事審判の手続一般を代理する手続代理人であり，原則として弁護士であることが必要ですが，ただ裁判所の許可を得て親族なども手続代理人に選任されることがあります（家事法 22 条）。旧家審法の下においては，上記旧家事審判規則 5 条 1 項の「代理人」は審判期日に出頭して口頭で行うべき行為について代理する権限があるに過ぎない「出頭代理人」を意味すると解されていましたが，家事法においては，手続上の代理人のほかに特に出頭する権限のみを有する代理人を設ける必要性に乏しいことから，この制度を設けないこととしたということです（文献① 187 頁）。

　ここで出頭とは，裁判所で開かれる期日に自ら出頭することです。テレビ会議システム又は電話会議システムにより家事審判の手続の期日を進めることとされていないにもかかわらず，呼出しを受けた者が自らの判断でこれらのシステムにより関与しようとしても，あるいはそのような意識もなしに，自宅から裁判所に電話をかけてきたことがあったとしても，それは呼び出しに応じて出頭したとはいえません。

　「やむを得ない事由」については，相当限定的に解すべきであるとされています。裁判所が本人自身の出頭が必要であると考えて呼出しをしたにもかかわらず，代理人が出頭することでやむを得ないとされることはそんなにあるはずはありません。本人又は監護すべき親族が急病になったとか，仕事上どうしても代替がきかない重要な事情が生じたとか，極めて例外的な場合に限られます。

4　不出頭の制裁（家事法 51 条 3 項）

　本項による不出頭の制裁は，実体的真実に合致した解決を目指す必要性

が高い家事審判手続の特色を考慮し，家事法51条1項で規定する「事件の関係人」の出頭を確保するための手段として設けられたものであることはいうまでもありません。過料の裁判の手続・執行は，家事法291条の規定によります。

制裁の前提となる出頭を命ずる呼出しは，呼出状の送達や出頭した者に対する期日の告知という正式な方式でする必要があります。普通郵便や電話等による簡易呼出しも，呼出しとしては有効ですが，これによって不出頭者へ制裁を科すことはできません。

（二）　裁判長の訴訟指揮権

> **家事法52条（裁判長の手続指揮権）**
> 　　家事審判の手続の期日においては，裁判長が手続を指揮する。
> 2　裁判長は，発言を許し，又はその命令に従わない者の発言を禁止することができる。
> 3　当事者が家事審判の手続の期日における裁判長の指揮に関する命令に対し異議を述べたときは，家庭裁判所は，その異議について裁判をする。

1　裁判長の訴訟指揮権（本条の趣旨）

本条は，3人で構成する合議体で家事審判の手続をする場合の裁判長の手続指揮権について定めます。

家庭裁判所は，審判又は裁判を行うときは，原則として1人の裁判官でその事件を取り扱います（裁判所法31条の4第1項）。ただし，合議体で審判又は審理及び裁判をする旨の決定を合議体でした事件は，合議体で取り扱い（同条2項一号），この場合合議体の裁判官の員数は3人とし，そのうち1人を裁判長とされます（同条3項）。私は横浜家裁時代に家事事

第二編　家事審判に関する手続

件について合議体決定をして裁判長を務めた経験が一度だけありますが，全国的にはかなり少ないのが実情のようです。

2　手続指揮権の主体（家事法52条1項）

　家事事件の手続の進行については，臨機応変に行う必要があり，民事訴訟手続の通常の方法に従って，裁判長の手続指揮権を認めたものです。裁判官が1人の場合のいわゆる単独体の場合は，その裁判官が手続指揮権を行使するのはいうまでもありません。手続指揮権とは，訴訟の場合の訴訟指揮権をいいます。

3　手続指揮権の内容（家事法52条2項）

　2項は，裁判長（又は裁判官）の手続指揮権の内容を定めています。すなわち，裁判長又は裁判官は，家事審判の手続において，手続指揮をする必要上，当該期日において，当事者その他の者に対し，発言を許し，又はその命令に従わない者の発言を禁止することができます。もっとも，単独体の場合は異議を述べることができないとされます。

4　裁判長の指揮に対する異議（家事法52条3項）

　裁判長の手続指揮に対し当事者から異議の申立てがあると，3人の合議体でその異議の当否を裁判します。裁判長の指揮が不適法又は不適当と認めるときは，合議体で取り消すことができます。取消しの発言はもちろん裁判長がします。異議の申立てがあると，裁判所（3人の裁判官）はその場あるいは別室で合議をして異議を認めるかどうかを決めるわけです。

　異議についての裁判は家事法81条の裁判に当たりますが，これに対しては，即時抗告をすることができず（家事法99条参照），本案審判に対する不服申立ての機会に上級審の判断を受けるにとどまるとされます。

第一章　総則

（三）　受命裁判官による手続

> **家事法 53 条（受命裁判官による手続）**
>
> 　家庭裁判所は，受命裁判官に家事審判の手続の期日における手続を行わせることができる。ただし，事実の調査及び証拠調べについては，61 条 3 項の規定又は 64 条 1 項において準用する民事訴訟法 2 編 4 章 1 節から 6 節までの規定により受命裁判官が事実の調査又は証拠調べをすることができる場合に限る。
>
> 2　前項の場合においては，家庭裁判所及び裁判長の職務は，その裁判官が行う。

1　受命裁判官による手続処理（家事法 53 条 1 項）

　家事審判事件の簡易迅速処理の一環として，受命裁判官による手続処理を認めたものです。受命裁判官とは，合議体の一員（多くの場合左陪席）が合議体に代わって家事審判の手続を行う場合のその担当裁判官です。そもそも合議事件がほとんどない実情ですから，受命裁判官が用いられるケースはほとんどないでしょう。

　どのような場合に受命裁判官を活用するかは，裁判所（3 人の合議体）の裁量に委ねられていますが，事実の調査及び証拠調べの期日については，1 項ただし書の制限があります。

2　受命裁判官の権限（家事法 53 条 2 項）

　受命裁判官が，家事審判の手続の期日における手続をする場合には，裁判所及び裁判長の権限は，その受命裁判官が担当します。

第二編　家事審判に関する手続

（四）　音声の送受信による通話の方法による手続

> **家事法54条（音声の送受信による通話の方法による手続）**
>
> 　　家庭裁判所は，当事者が遠隔の地に居住しているときその他相当
> と認めるときは，当事者の意見を聴いて，最高裁判所規則で定める
> ところにより，家庭裁判所及び当事者双方が音声の送受信により同
> 時に通話をすることができる方法によって，家事審判の手続の期日
> における手続（証拠調べを除く。）を行うことができる。
>
> 2　家事審判の手続の期日に出頭しないで前項の手続に関与した者
> は，その期日に出頭したものとみなす。

> **家事規則42条（音声の送受信による通話の方法による手続・法54
> 条）**
>
> 　　家庭裁判所及び当事者双方が音声の送受信により同時に通話をす
> ることができる方法によって家事審判の手続の期日における手続
> （証拠調べを除く。）を行うときは，家庭裁判所又は受命裁判官は，
> 通話者及び通話先の場所の確認をしなければならない。
>
> 2　前項の手続を行ったときは，その旨及び通話先の電話番号を家事
> 審判事件の記録上明らかにしなければならない。この場合において
> は，通話先の電話番号に加えてその場所を明らかにすることができ
> る。

1　電話会議システム・テレビ会議システム（家事法54条の趣旨）

　当事者の便宜にかなうとともに，家事審判の簡易迅速処理の要請にこた
えるために，電話会議システムとテレビ会議システム（音声送受信システ
ムに相互に認識可能な映像機能が付加されているもの）が設けられまし
た。筆者は，東京地裁の裁判長時代に民事訴訟の手続でこのいずれをも経

168

験しましたが，確かに使いようによっては便利なシステムです。ただ，遺産分割などの財産関係事件では，広く活用すべきでしょうが，DV（夫婦間暴力）やPTSD（心的外傷後ストレス障害）を患っている関係者などの場合には慎重な配慮が必要になります。

　一人の出頭が不可欠な民事訴訟と異なり，家事審判の場合は，裁判所に一人も出頭しなくても可能ですので，当事者にとっても，裁判所にとっても，利用価値は高いと思われます。

2　両システムにおける手続（家事法54条1項）

　両システムの利用が可能となるためには，その裁判所に設備が設置済みであることのほか，①当事者が遠隔の地に居住しているときが典型的な場合です。②その他相当と認めるときとしては，呼出しを受けた利害関係参加人その他の関係人が遠隔地に居住しているとき，当事者又は利害関係参加人が弁護士など手続代理人を選任していて，遠隔の地に事務所を設けていたり，病気その他で出頭は困難だが両システムの利用なら可能であるとき，等の場合が挙げられています（文献①192頁）。

　両システムを利用するためには，当事者の意見を聴く必要があります。これは当事者の意向を聴取すればよいという趣旨であり，同意までは必要ありませんが，実際上当事者の意向を無視するわけにはいかないでしょう。

　両システムの具体的な方法については，家事規則42条に定めています。通話者や通話先の場所の確認，通話先の電話番号とその場所の確認等です。

　実際上両システムによることが想定される場合として，以下の事例が紹介されています（文献①193頁）。

①　当事者が1人しかいない場合は，裁判官が裁判所内の部屋にいて，当事者が別の場所（弁護士事務所等）にいるという状況で，装置を通し

第二編　家事審判に関する手続

て，裁判官と当事者が同時に通話する。

② 当事者が複数いる場合において，裁判官だけが裁判所内の部屋にいて，当事者がそれぞれ別の場所にいるという状況で，装置を通して，裁判官と当事者双方が同時に通話する。

③ 当事者が複数いる場合において，裁判官及び当事者の1人又は数人が裁判所内の部屋にいて，その余の当事者が別の場所にいるという状況で，装置を通じて，裁判官と当事者双方が同時に通話する。

　両システムを利用して行うことができる手続行為は，原則として当事者が出頭して行う一般的な手続行為をすることができますが，証拠調べについては，家事法64条1項において準用する民事訴訟法の規定に従って行うことになり，本条の規定は適用されません。

3　出頭したものとみなす（家事法54条2項）

　2項の規定により，家事審判の手続の期日に出頭しないで本条の手続に関与した者は，その期日に出頭したものとみなされます。

4　両システムの通話者等の確認

　家事規則42条に定めています。

（五）　通訳人の立会い等その他の措置

> **家事法55条（通訳人の立会い等その他の措置）**
> 　家事審判の手続の期日における通訳人の立会い等については民事訴訟法154条の規定を，家事審判事件の手続関係を明瞭にするために必要な陳述をすることができない当事者，利害関係参加人，代理人及び補佐人に対する措置については同法155条の規定を準用する。

170

第一章　総則

> **家事規則 43 条（手続代理人の陳述禁止等の通知・法 55 条）**
> 　手続代理人の陳述禁止等の通知については，民事訴訟規則 65 条
> の規定を準用する。

1　通訳人の立会い等（家事法 55 条）

　家事審判の手続についても，日本語を用いなければなりませんから（裁判所法 74 条），外国人等が関与する場合には，通訳人の立会いが必要となります。また，耳が聞こえない，口がきけない等の理由により，日本語を通じて意思疎通ができないときも，それぞれの障害に応じた通訳をする必要があります。

　そこで本条では，民訴法 154 条を準用し，家事審判の手続に関与する当事者・利害関係参加人，それらの代理人又は補佐人その他の者が日本語に通じないとき等場合には，審判期日において通訳人を立ち会わせることとしたものです。耳が聞こえない者又は口がきけない者については，通訳人を用いることができるほか，筆問筆答によることもできます（民訴法 154 条 1 項ただし書）。

　通訳人は鑑定人に関する規定が準用され（民訴法 154 条 2 項），報酬の支払等は鑑定人に準じることになります。

2　必要な陳述をすることができない者に対する措置（家事規則 43 条）

　家事審判の手続関係を明瞭にするために必要な陳述をすることができない当事者・利害関係人，代理人および補佐人に対する措置に関しては民事訴訟法 155 条の規定が準用されます。その結果，陳述禁止・新続行期日の定め・弁護士の付添命令等をすることができます。

　家事規則 43 条は，手続代理人の陳述禁止等の措置をした場合について

171

第二編　家事審判に関する手続

は，民事訴訟規則 65 条の規定を準用して，裁判所書記官はその旨を本人に通知すべきものとしています。

第四款　事実の調査及び証拠調べ

（一）　事実の調査及び証拠調べ等

家事法 56 条（事実の調査及び証拠調べ等）
　　　家庭裁判所は，職権で事実の調査をし，かつ，申立てにより又は職権で，必要と認める証拠調べをしなければならない。
２　当事者は，適切かつ迅速な審理及び審判の実現のため，事実の調査及び証拠調べに協力するものとする。

家事規則 44 条（事実の調査・法 56 条等）
　　　事実の調査は，必要に応じ，事件の関係人の性格，経歴，生活状況，財産状態及び家庭環境その他の環境等について，医学，心理学，社会学，経済学その他の専門的知識を活用して行うように努めなければならない。
２　事実の調査については，裁判所書記官は，その要旨を家事審判事件の記録上明らかにしておかなければならない。

1　事実の調査中心主義と科学的調査主義

　家事法 56 条は，裁判所及び当事者の責務に関する総則的・一般的な準則である家事法 2 条の「裁判所は，家事事件の手続が公正かつ迅速に行われるように努め，当事者は，信義に従い誠実に家事事件の手続を追行しなければならない」とする定めを，審理の実体面に焦点を当てて，必要な裁判資料に基づく適切・迅速な審理判断を実現するために具体化したものとされています。すなわち，家事法 56 条 1 項において，家庭裁判所におけ

172

る家事審判事件の事実の調査について職権探知主義を採ることを明らかにし，証拠調べについては職権探知主義とともに当事者の申立権をも認めることとし，同条2項において，当事者の事実の調査と証拠調べに対する協力義務を定めたものとされています。

家事規則44条は，科学的調査主義等について定めています。家庭裁判所調査官の調査と医務室技官の診断を念頭に置いた規定です。

これらの規定は，いわば家事審判の審理手続における事実の調査中心主義を明らかにしたものといえます。実際上も，家事審判手続において厳格な証明を要する証拠調べが行われるのは，精神鑑定や不動産鑑定などの場合に民訴法の鑑定手続による場合や文書提出命令を利用する場合など限られた場面しかなく，参考人や本人の尋問・質問も自由な方式による裁判官による審問手続や，調査官調査の方法などの事実の調査の方法で供述証拠を採集するのがほとんどです。

2　職権探知主義（家事法56条1項）

1項は，別表第一及び第二の家事審判の手続においては，原則として職権探知主義を採用することとし，職権による事実の調査又は証拠調べを義務的なものとしています。旧家事審判規則7条の規定を基本的に維持するものです。

非訟手続としての家事審判手続は，弁論主義を基本とする訴訟手続とは異なり，未成年者や成年後見人など弱者や人の身分関係をも取り扱い，公益性が強く，その分だけ実体的真実に基づく判断が要請されます。そこで，当事者による資料収集のみに委ねることはできず，裁判所が必要と認める裁判資料を収集する職責を担っていることから，職権探知主義が採用されたものです。職権探知主義がそのような趣旨のものであるとすると，同じ家事審判手続でも，離婚に伴う財産分与や遺産分割のような財産的紛争と，親権者指定・変更事件や子の監護に関する処分（監護者指定・子の

引渡し・面会交流・養育費等）とは，その職責の程度にはおのずから差異が出てくるものと思います。すなわち，前者の財産的紛争の場合は，職権探知が後退して当事者の合意による解決を容認し，その意味で当事者主義的運用が行われますが，後者の人格紛争の場合は，子の利益の確保という公益目的が優先しますので，当事者の合意による解決に制約を加えることがあり得ます。

職権探知主義を実現する方法・手続には事実の調査と証拠調べがあります。事実の調査は全て職権で行われ，当事者に申立権はありません。当事者は，職権発動を促す申立てができるに過ぎません。ということは，裁判所がそれに対して職権発動をしなかったとしても，当事者は即時抗告等の不服申立てはできません。これに対し，証拠調べは，裁判所が職権でできるとともに，当事者に申立権があり，不服申立ても可能です。この当事者には利害関係参加人を含みます。裁判資料の提出における当事者の手続追行上の主体性発揮の場面として，旧家事審判法規にはなかった証拠調べ申立権を認めることとされたということです。

証拠調べについては，裁判所は当事者の申立により，又は職権で行うことができますが，それは「必要と認める証拠調べ」でなければなりません。家事審判の主要な事実認定の方法として事実の調査が位置づけられていますが，事実の調査を行うかどうかは裁判所の合理的な裁量に委ねられているため，あえてそのような文言を入れる必要はないのに対し，補充的な事実認定の方法である証拠調べに関しては，当事者に申立権を認めたけれども，必要がなければ調べません，ということを明らかにした趣旨と解されています。

3　当事者の協力（家事法56条2項）

当事者は，適切かつ迅速な審理・審判の実現のため，事実の調査及び証拠調べに協力するものとされています。家事審判手続には職権探知主義が

採用されているといっても，裁判所の職権による裁判資料の収集，それによる事実関係の探知にはおのずから限界があります。実務的には，当事者による端緒となる事実関係の主張がなければ裁判所は調べようがない場合が多いし，そうでなくても当事者による資料の収集・提出に期待する方が，合理的で迅速な事実認定が可能となる場合が多いのが実情です。特に，前述した財産分与や遺産分割など財産関係の紛争の場合には，そのことがいえます。これに対して，親権関係事件や子の監護関係事件の場合は，「子の利益」の存否が判断の中心になりますから（民766条・820条），最後まで裁判所が責任をもって審理すべきです。

　「協力するものとする」というのは，「協力しなければならない」というような義務的なものとして規定されているわけではありません。しかし，前述したように，証拠調べにおいては申立権等が認められ，また後述するとおり，事実の調査の通知や記録の閲覧謄写の規定等が整備されるなど，家事法においては，当事者の積極的な関与権も認められるようになったことから，当事者の協力が要請されるようになったものです。そうだとすると，この家事法56条2項は，当事者がこのような権能の行使を通じて自ら資料を提出することが容易な状況にありながら，その権能を行使しないことにより事実上不利益を受けることがあり得る根拠ともなるわけです。例えば，当事者が自ら容易に提出することができる裁判資料を提出せず，事件の性質上，裁判資料の職権による収集ができない結果として，自己に有利な事実が認定されなかったとしても不当とはいえず，それを裁判所の職権探知のせいにすることはできないわけで，その意味では裁判所が当該当事者のためになお職権により資料収集をする職責から解放されることになります（文献①199頁）。

　しかし，そうはいっても，家事法56条1項の職権探知主義が原則なのですから，裁判所は，2項による当事者の協力を隠れ蓑にして，職権探知を疎かにするようなことがあってはなりません。

4 科学的調査主義と記録化（家事規則 44 条）

家事規則 44 条 1 項は，旧家事審判規則 7 条の 3 の規定を引き継ぐもの
で，科学的調査の一般的規律であり，科学的調査主義を規定したもので
す。家事規則 44 条 2 項は人事訴訟規則 23 条と同趣旨の規定で，新法の手
続の明確化や当事者権の保障のための規律の一環です。ここで事実の調査
とは，家庭裁判所調査官による事実の調査と医務室技官の診断を含むもの
と解されます。

家事規則 44 条 1 項の科学的調査の範囲と方法に関しては，規則制定関
係者は以下のように説明しています。すなわち，婚姻関係訴訟の附帯処分
に係る事実の調査について定める人事訴訟規則 20 条は，訴訟手続におけ
る審理の経過や証拠調べの結果等を踏まえてもなお必要な事項に限定し
て，科学的調査を行うことを予定し，家庭裁判所調査官による調査を要す
る事項を特定することを求めているのに対し，家事審判の手続において
は，人事訴訟と異なり，（特に家事法別表第一事件の場合には）対審的な
構造は必ずしも前提とせず，科学的調査が必要な範囲も広範なものとなり
得ること等から，人事訴訟規則 20 条のような要件を設けずに旧家事審判
規則の規律を維持することとしたものであるとされます（文献③ 107 頁以
下）。

もっとも，調査方法の限定に関して，以下のようにも説明されます。す
なわち，適切かつ迅速な審理及び審判の実現のため，当事者が事実の調査
に協力するものとする家事法 56 条 2 項の趣旨からすれば，家庭裁判所調
査官による調査についても，当事者による資料提出等を前提に，できる限
り調査事項を特定すべきであり，特に対審的な構造を前提とする家事法別
表第二に掲げる事項についての審判事件や家事調停事件においては，包括
的調査を命ずることは基本的に予定されていないとされます（前掲③ 108
頁以下）。しかし，基本的には予定されていないにしても，もともと家庭

第一章　総則

裁判所調査官の専門的調査はその知見の全面的活用の必要性からして，部分調査にはなじまないことからすれば，必要に応じて包括的調査が求められることもあり得ることになると思われます。法律の専門家ではあるが，科学的知見の専門家ではない裁判官が，当初から調査方法を限定してしまうことには慎重であるべきでしょう。

家事規則 44 条 2 項の調査の記録化に関しても，規則制定関係者は，以下のように説明します。すなわち，具体的には，例えば，裁判官が審問を行った場合にはその内容に応じて審問調書を作成するなどの方法により，家庭裁判所調査官の調査を行った場合には調査報告書を，調査嘱託の場合はその回答書を，一般の文書に関してはその写しを，電話聴取の場合はその聴取書を記録に編綴することになるとされます。

これに対し，純粋に進行協議の話しかしなかった期日や，話し合いによる解決（調停・和解など）の可能性を探ることしかしなかった期日であれば，それは事実の調査をしたことにはならないため，家事規則 44 条 2 項による記録化は必要ありませんが，家事法 46 条ただし書により期日の経過の要領を作成することは求められるとされます（前掲③ 109 頁）。

（二）　疎明

> **家事法 57 条（疎明）**
> 　疎明は，即時に取り調べることができる資料によってしなければならない。

1　自由な証明と疎明

家事審判事件は，非訟手続としての家事審判法規に従って審理判断されますが，一般に，審判のための事実認定の程度は，厳格な証明までは必要ないものの，自由な証明の程度までは必要であり，特に規定がある場合に

177

第二編　家事審判に関する手続

限って疎明が許されると解されています。

　ここで「厳格な証明」とは，民事訴訟法に従い証拠能力のある証拠に基づき法廷の証拠調べの手続に従って証明する場合であり，「自由な証明」とは，証拠能力や証拠調手続のいずれか又は双方に関して法定の要件を満たさなくてもよい証明方法です。自由な証明もあくまで証明の一種であることに違いはありませんので，裁判官が事実の存在について確信を抱く程度に証明されていることが必要です。一般に民事訴訟手続における判決手続においては，本案の請求を理由づける事実の認定に関しては厳格な証明が要求されますが，職権調査事項に該当する事実に関しては自由な証明で足りると解し，決定手続や審判手続においては後述する疎明で足りると規定している事項以外は自由な証明が必要とされています。

2　疎明の意義と具体例

　家事審判事項に関しては，原則として自由な証明が必要とされますが，家事事件手続法における手続においては，証明までは必要なく，疎明で足りると規定している事項があります。もともと簡易迅速処理が要請される家事審判の手続においても，とりわけ迅速な判断が求められる事項については，資料の即時性を要求することが合理的であるとの考えに基づき，明示的な規定が置かれました（文献① 200 頁）。

　家事法において明示的に疎明で足りると規定されたものとしては，①特別代理人の選任を求める場合の遅滞のため損害が生ずるおそれの疎明（家事法 19 条 1 項・2 項），②記録の閲覧等を請求する場合の利害関係の疎明（家事法 47 条 1 項・2 項・5 項），③再審の申立てがあった場合における執行停止の要件としての原審判の執行により償うことができない損害が生ずるおそれについての疎明（家事法 104 条 1 項），④審判前の保全処分の発令についての心証の程度（家事法 109 条 1 項），⑤審判前の保全処分に対し即時抗告された場合における執行停止の要件としての原審判の執行によ

178

り償うことができない損害が生ずるおそれの疎明（家事法 111 条 1 項）などがあります。

疎明は，裁判官が事実の存否について確信の程度に至らないが，一応確からしいとの心証の得られる程度に明らかにされていることが必要です。本条は，その疎明方法について規定したものであり，簡易迅速な判断を可能とするため，そのための資料を即時に取り調べられるものに限定しました。即時性の要件であり，その結果証人尋問等の人証はできず，陳述書等の書証に限られることになります。

（三）　家庭裁判所調査官による事実の調査

> **家事法 58 条（家庭裁判所調査官による事実の調査）**
> 　　家庭裁判所は，家庭裁判所調査官に事実の調査をさせることができる。
> 2　急迫の事情があるときは，裁判長が，家庭裁判所調査官に事実の調査をさせることができる。
> 3　家庭裁判所調査官は，事実の調査の結果を書面又は口頭で家庭裁判所に報告するものとする。
> 4　家庭裁判所調査官は，前項の規定による報告に意見を付することができる。

1　家庭裁判所調査官による事実の調査主義（家事法 58 条 1 項）

家事法 58 条 1 項は，前条に定める事実の調査のうち，家庭裁判所調査官による事実の調査について，その専門性の影響の大きいことに鑑み，特に規律を設けその枠組みを明らかにしたものとされています。事実の調査は，証拠調べと異なり方式自由なのを特色としますが，調査官調査はいわ

ば科学主義を採用する家庭裁判所の顔ともいうべき重要な機能を果たすことから，特に規制的規定を設けました。旧家事審判規則7条の2を引き継ぐものです。家庭裁判所又は裁判長が家庭裁判所調査官に対し調査させる措置は，調査命令と呼んでいます。

2　裁判長による調査命令（家事法58条2項）

　事実の調査は，合議体で審判する場合には裁判体の3人が家庭裁判所として調査命令の主体となりますが，3人の裁判官が揃うのが難しいような急迫の事情がある場合は，裁判長のみの調査命令をだすことを可能としたものです。実際上は，家庭裁判所といっても，家事審判はほとんどが単独体の裁判官が1人で担当しますので，この規定が機能する場面はほとんどないでしょう。

　なお，調査の技法等は調査官の専門的分野に属し，例えば箱庭療法や心理テストによって調査せよというような調査命令は許されません。また結論を先取りするような原則的面会を認める方向で調査せよと命ずることは，裁判官といえども許されないと解されます。

3　調査報告書（家事法58条3項）

　家庭裁判所の調査命令に基づいて調査が行われるため，調査報告書を提出する必要があります。調査官の調査の結果は，当事者の援用等何らの行為をも要することなく，当然に審判の重要な資料となるため，その報告は当然調査報告書の形で行わなければならず，口頭での報告は，予定されていた調査が何らかの事情で実施できなかった場合などごく簡単な事項に限られます（文献①202頁）。

　調査報告書は，当然に家事審判記録の一部を構成し，記録に編綴され，原則として閲覧謄写の対象となり，ただ調査報告書の内容によっては全部又は一部が不許可となることがあります。詳しくは既に解説しました家事

法 47 条の規定を参考にしてください。

4 調査官意見（家事法 58 条 4 項）

　家庭裁判所調査官は，その科学的専門的知見を活用して調査しますから，ただ調査しっぱなしではなく，調査の結果に基づき報告に意見を付することができます。裁判官にとっても，当事者や利害関係人にとっても，この意見は重要な意味を持つ場合が多く，関心が高い分野です。

　裁判官は，法律の専門家ではありますが，科学的知見の専門家ではないため，時として調査官の意見を必要以上に尊重しすぎるという意見を耳にすることもあります。調査官は科学的専門家の立場から，裁判官は法律専門家の立場から，それぞれ十分に評議を尽くして，片方に偏らず，当事者が納得できる結論を導き出す必要があります。

（四）　家庭裁判所調査官の期日への立会い等

> **家事法 59 条（家庭裁判所調査官の期日への立会い等）**
> 　　家庭裁判所は，必要があると認めるときは，家事審判の手続の期日に家庭裁判所調査官を立ち会わせることができる。
> 2　家庭裁判所は，必要があると認めるときは，前項の規定により立ち会わせた家庭裁判所調査官に意見を述べさせることができる。
> 3　家庭裁判所は，家事審判事件の処理に関し，事件の関係人の家庭環境その他の環境の調整を行うために必要があると認めるときは，家庭裁判所調査官に社会福祉機関との連絡その他の措置をとらせることができる。
> 4　急迫の事情があるときは，裁判長が，前項の措置をとらせることができる。

第二編　家事審判に関する手続

1　期日への立会いと意見陳述（家事法59条1項・2項）

　家庭裁判所調査官は，家庭裁判所（裁判官）において必要があると認めて命じたときは，家事審判手続の期日に立ち会うことができ，また意見を述べることができます。このような立会命令等が出される場合としては，①事件の内容が子の親権・監護権等や成年後見等の事件において，科学的調査の必要性が高く，しかも調査官が審判の経過等を予め知っておく必要がある場合，②調整困難事案ではあるが調停での解決が望まれるケースで調査官の調整能力による援助を必要とする場合，③遺産分割や財産分与等の財産関係事案でも緻密な事実関係の調査が不可欠で，調査官が予め審判での審理経過を承知しておく必要がある場合，等が考えられます。

　調査官が審判手続期日に出席した後，意見を述べる方法は，審判の席で口頭で述べる方法と書面で述べる方法とがありますが，いずれの方法を採用するか，あるいは前者の場合当事者に対席（同席）させるか退席させるかは裁判所の裁量に任されます。

2　家庭裁判所調査官の調整権限（家事法59条3項・4項）

　家庭裁判所又は裁判長による調整命令に基づく家庭裁判所調査官が行う環境調整のための措置は，当事者を含む事件関係人の社会適応能力や問題解決能力を高めるために行われるものですが，家事審判手続との関係では，家事審判という裁判所の行う司法作用の枠組みの中で行われるべきものであり，調整活動自体が目的ではないことは，「家事審判事件の処理に関し」という文言自体から明らかであるとされます。そして，措置の内容としては，社会福祉機関との連絡が例示されていますが，「その他の措置」の中には，広く当事者等の心理的な調整（カウンセリング等）も含まれており，この中には正当な理由なく期日に出頭しない当事者への働きかけ（出頭勧告）も含まれていると解されています（文献①205頁）。

第一章　総則

　従前は，家庭裁判所調査官が調整機能を果たす（ケースワーク又は心理的な調整を行う）ことについては，明文上の根拠に疑義もなくはなかったのですが，家事法においては，この点が法律に規定されたことにより明確にされ，疑義が解消されたといわれます（文献①204頁）。家庭裁判所調査官は，心理的調整にもその能力開発に努め，大いにその能力を発揮していただきたいと思います。家庭裁判所の独自性は調査官活動にこそあるのです。

（五）　裁判所技官による診断等

> **家事法60条（裁判所技官による診断等）**
> 　　家庭裁判所は，必要があると認めるときは，医師である裁判所技官に事件の関係人の心身の状況について診断をさせることができる。
> 2　58条2項から4項までの規定は前項の診断について，前条1項及び2項の規定は裁判所技官の期日への立会い及び意見の陳述について準用する。

　医師である裁判所技官（精神科医が多い）による心身の状況に関する診断や審判手続への立会いと意見陳述は，家庭裁判所調査官の場合と同様の手続的規律の下に行われます。家庭裁判所又は裁判長の診断命令によって実施されます。この医師（医務室技官といわれる）の診断は，審判や調停の当事者等として自らの意思で行為する能力（精神判断能力）があるかどうかを審査したり，精神的混乱者について精神医学的見地からする対処方法などについて行われ，それによって審判手続を円滑に進めるためのものですから，いわゆる精神鑑定とは異なる性質のものです。医師に依る専門的判断が示されますが，もちろん診察料や鑑定料は必要ありません。

183

第二編　家事審判に関する手続

（六）　事実の調査の嘱託等

> **家事法 61 条（事実の調査の嘱託等）**
>
> 　　家庭裁判所は，他の家庭裁判所又は簡易裁判所に事実の調査を嘱託することができる。
>
> 2　前項の規定による嘱託により職務を行う受託裁判官は，他の家庭裁判所又は簡易裁判所において事実の調査をすることを相当と認めるときは，更に事実の調査の嘱託をすることができる。
>
> 3　家庭裁判所は，相当と認めるときは，受命裁判官に事実の調査をさせることができる。
>
> 4　前 3 項の規定により受託裁判官又は受命裁判官が事実の調査をする場合には，家庭裁判所及び裁判長の職務は，その裁判官が行う。

> **家事規則 45 条（裁判所の嘱託の手続・法 61 条等）**
>
> 　　裁判所がする事実の調査及び証拠調べに関する嘱託の手続は，特別の定めがある場合を除き，裁判所書記官がする。

1　受託裁判官による事実の調査（家事法 61 条 1 項・2 項・4 項）

　他の家庭裁判所又は簡易裁判所の裁判官に嘱託して事実の調査をすることができ，当事者や関係者の転勤などにより更に受託地の裁判所より他の家庭裁判所又は簡易裁判所に嘱託するのを相当とするときは，受託裁判所は再嘱託することができます。地方裁判所所在地には家庭裁判所がありますので，あえて地方裁判所に嘱託する必要はありませんが，家庭裁判所所在地ではない地方の都市にも簡易裁判所が多くありますので，簡易裁判所に嘱託する必要が出てくるわけです。

2 受命裁判官による事実の調査 (家事法 61 条 3 項・4 項)

合議体で家事審判事件を審理判断する場合には，その構成員の 1 人（多くは比較的手持ち事件が少ない左陪席裁判官）に命じて（受命裁判官），事実の調査をさせることがあります。

3 嘱託の手続は裁判所書記官の担当 (家事規則 45 条)

裁判所が行う事実の調査や嘱託の手続は，原則として裁判所書記官が担当します。手続の専門家である裁判所書記官の権限と責任のもとで行うという趣旨です。

(七) 調査の嘱託等

> **家事法 62 条（調査の嘱託等）**
> 　家庭裁判所は，必要な調査を官庁，公署その他適当と認める者に嘱託し，又は銀行，信託会社，関係人の使用者その他の者に対し関係人の預金，信託財産，収入その他の事項に関して必要な報告を求めることができる。

1 調査の嘱託 (家事法 62 条)

ここでいう調査の嘱託は，裁判所による事実の調査の一環として行われます。調査嘱託先は，多くの場合官庁や公署など公的機関でしょうが，裁判所が「その他適当と認める者」であれば，民間の機関も含まれます。また必ずしも組織や団体である必要はなく，社団・財団のほか，ＮＰＯ法人や権利能力なき団体等の団体も含まれ，また自然人でも構いません。なお，民訴法 186 条による調査嘱託では「外国の官庁若しくは公署」に対しても可能ですが，ここでは外国官庁等は含まれておりません。

第二編　家事審判に関する手続

　一般的には，個人よりも団体の方が調査の内容に信頼性が高いとはいえましょうが，家事事件における調査の嘱託は，職業・勤務形態・収入あるいは寄与の程度など無方式・無定形なものでありますので，信用性の問題は裁判所の適正な裁量に委ねることとして，嘱託先を限定しなかったものであるとされています（参考文献①209頁）。

2　報告の請求

　調査の嘱託をすれば通常は調査結果の報告がありますので，ここでいう報告の請求と明確な区別ができるわけではありません。強いていえば，明文上明らかにされている銀行・信託会社・関係人の使用者（雇い主）など経済関係の調査のためには，後者の報告の請求の方法が採用されることが多くなるかもしれません。いずれの方法でしても構わず，両者を分けるメリットはありません。

（八）　事実の調査の通知

> **家事法63条（事実の調査の通知）**
> 　家庭裁判所は，事実の調査をした場合において，その結果が当事者による家事審判の手続の追行に重要な変更を生じ得るものと認めるときは，これを当事者及び利害関係参加人に通知しなければならない。

1　通知制度の重要性（家事法63条）

　家庭裁判所は，家事審判の手続は職権で行いますが，事実の調査についても同様であって，当事者は事実調査の内容を当然には知り得る立場にありません。しかし，当事者及び利害関係参加人が事実の調査の結果を知らされないまま裁判所の審判がされるとすれば，当事者等がそれに対する反

論など，必要な主張と証拠資料を提出する機会が与えられないことになります。これでは，不意打ち的な判断が下されることになりかねず，当事者等の手続権の保障や手続の透明性の確保という家事法の精神が貫徹されないことになります。そこで，このような通知制度を明確にして，これによって当事者等に記録の閲覧等のきっかけを与え，攻撃防御権を尽くすことができるようにしたものです。

このことは，具体的な審判事件において，どのような事実が裁判所の判断に重要な意義を有するかについての当事者と裁判所との間の認識を共有化するという機能を果たすことになり，同時に裁判所が収集した資料を当事者の立場からチェックするという機能をも有し，これによって裁判所の専断を防止し，実体的真実に合致した判断の実現にも資することになり，併わせて裁判所の私知と裁判資料を峻別する機能を有する重要な制度であるとされています（文献①210頁）。

家事調停をすることができる家事法別表第二の審判事件における事実の調査の通知については，別途，家事法70条に規定があるので，家事法63条の通知はそれ以外の審判事件について適用されることになります。

2 「手続の追行に重要な変更を生じ得るものと認めるとき」

家事事件の手続中に事実の調査をしても，その結果何の成果も得られなかったというような事例の場合まで通知をする必要はないので，通知は裁判所が「手続の追行に重要な変更を生じ得るものと認めるとき」に限ってしなければならないとされています。そのような場合としては，当事者や利害関係参加人が事実の調査の結果を知れば，当然に反論や反対資料の提出が予想され，その結果を通知しなければ当該当事者等が攻撃防御の方法を提出できないこととなって不当であると認められるような場合，ということになります。

実務の方針としては，当事者権の保障の見地からみて明らかに不必要だ

第二編　家事審判に関する手続

と認められない限り，原則として通知すべきものと解して運用するのが無
難でしょう。必要性の判断が裁判所と当事者で食い違うこともあり得るか
らです。

3　通知の内容と当事者の意見聴取

　ここで通知とは，どのような方法により何について事実の調査をしたか
を知らせることであり，調査の結果の具体的な内容に関してまでは必要な
いと解されています。調査の方法と調査の目的が分かれば，当事者等は記
録を閲覧謄写する等してそれに基づき反論等をすることができるからで
す。例えば，「被後見（保佐・補助）当事者の意向を確認するために調査
官調査した」ということで足り，当該調査結果の当事者の意向内容までは
通知する必要がないということです。実際上，当事者の意向を簡単に通知
することは必ずしも容易ではなく，むしろ調査報告書に当たって当事者自
身が確認すべきものです。

　まして，事実の調査の結果に対する当事者の意見聴取までは，制度上予
定されていませんが，裁判所が必要だと考えてそこまでやっておくことが
可能なのはもちろんです。

（九）　証拠調べ

> **家事法64条（証拠調べ）**
> 　家事審判の手続における証拠調べについては，民事訴訟法二編四
> 章一節から六節までの規定（同法179条，182条，187条から189
> 条まで，207条2項，208条，224条（同法229条2項及び232条1
> 項において準用する場合を含む。）及び229条4項の規定を除く。）
> を準用する。
> 2　前項において準用する民事訴訟法の規定による即時抗告は，執行

第一章　総則

停止の効力を有する。

3　当事者が次の各号のいずれかに該当するときは，家庭裁判所は，
20万円以下の過料に処する。

一　1項において準用する民事訴訟法223条1項（同法231条に
おいて準用する場合を含む。）の規定による提出の命令に従わ
ないとき，又は正当な理由なく1項において準用する同法232
条1項において準用する同法223条1項の規定による提示の命
令に従わないとき。

二　書証を妨げる目的で1項において準用する民事訴訟法220条
（同法231条において準用する場合を含む。）の規定により提出
の義務がある文書（同法231条に規定する文書に準ずる物件を
含む。）を滅失させ，その他これを使用することができないよ
うにしたとき，又は検証を妨げる目的で検証の目的を滅失さ
せ，その他これを使用することができないようにしたとき。

4　当事者が次の各号のいずれかに該当するときは，家庭裁判所は，
10万円以下の過料に処する。

一　正当な理由なく1項において準用する民事訴訟法229条2項
（同法231条において準用する場合を含む。）において準用する
同法223条1項の規定による提出の命令に従わないとき。

二　対照の用に供することを妨げる目的で対照の用に供すべき筆
跡又は印影を備える文書その他の物件を滅失させ，その他これ
を使用することができないようにしたとき。

三　1項において準用する民事訴訟法229条3項（同法231条に
おいて準用する場合を含む。）の規定による決定に正当な理由
なく従わないとき，又は当該決定に係る対照の用に供すべき文
字を書体を変えて筆記したとき。

第二編　家事審判に関する手続

5　家庭裁判所は，当事者本人を尋問する場合には，その当事者に対し，家事審判の手続の期日に出頭することを命ずることができる。

6　民事訴訟法192条から194条までの規定は前項の規定により出頭を命じられた当事者が正当な理由なく出頭しない場合について，同法209条1項及び2項の規定は出頭した当事者が正当な理由なく宣誓又は陳述を拒んだ場合について準用する。

家事規則46条（証拠調べ・法64条）

　家事審判の手続における証拠調べについては，民事訴訟規則二編三章一節から六節までの規定（同規則99条2項，100条，101条，121条及び139条の規定を除く。）を準用する。この場合において，これらの規定中「直送」とあるのは「家事事件手続規則26条1項の直送」と，同規則129条の2中「口頭弁論若しくは弁論準備手続の期日又は進行協議期日」とあるのは「家事審判の手続の期日」と，同規則140条3項中「99条（証拠の申出）2項」とあるのは「家事事件手続規則46条3項」と読み替えるものとする。

2　家事法64条5項の規定により出頭を命じられた当事者が正当な理由なく出頭しない場合には，民事訴訟規則111条の規定は，前項において準用する同規則127条ただし書の規定にかかわらず，当該当事者の勾引について準用する。

3　当事者等が1項において準用する民事訴訟規則99条1項の証拠の申出を記載した書面を裁判所に提出する場合には，当該書面について直送をしなければならない。

4　裁判長は，必要があると認めるときは，1項の証拠調べの期日において参与員，家庭裁判所調査官又は医師である裁判所技官が証人，当事者本人又は鑑定人に対し直接に問いを発することを許すことができる。

第一章　総則

1　民訴法の規定の準用（家事法64条1項）

　家事審判手続における証拠調べについては，次の準用除外規定を除き，証拠調べに関する民事訴訟法2編4章1節〜6節までの規定が準用されます。

　民訴法の適用除外規定は，職権探知主義に適合しないなどの理由によるもので，179条（証明することを要しない事実），182条（集中証拠調べ），187条（参考人等の審尋），188条（疎明），189条（過料の裁判の執行），207条2項（当事者本人尋問の順序），208条（不出頭の効果），224条（当事者が文書提出命令に従わない場合等の効果，229条2項，232条1項において準用する場合を含む），229条4項（筆跡等の対照による証明）などです。

2　即時抗告に伴う執行停止（家事法64条2項）

　家事法64条1項において準用する民訴法の規定による即時抗告は，執行停止の効力があります。

3　文書提出命令の不順守と過料（家事法64条3項・4項）

　当事者が文書提出命令に従わない場合には，真実擬制をすることはできませんが，家庭裁判所は過料の制裁を課すことができます。

4　当事者に対する出頭・宣誓・陳述命令（家事法64条5項・6項）

　これらは，家事審判の実体的真実主義を貫徹するために命じられるものです。

第二編　家事審判に関する手続

5　証拠調べに関する規則の規定（家事規則 46 条）

家事法 64 条を補うための細則的規定です。

第五款　家事審判の手続における子の意思の把握等

家事法 65 条

　家庭裁判所は，親子，親権又は未成年後見に関する家事審判その他未成年者である子（未成年被後見人を含む。以下この条において同じ。）がその結果により影響を受ける家事審判の手続においては，子の陳述の聴取，家庭裁判所調査官による調査その他の適切な方法により，子の意思を把握するように努め，審判をするに当たり，子の年齢及び発達の程度に応じて，その意思を考慮しなければならない。

1　子の意思の考慮制度の趣旨（家事法 65 条）

(1)　実務の伝統と児童の権利条約

　家事事件の中には，親権や監護権紛争など，未成年者である子がその結果により，直接又は間接に影響を受ける事件が少なくありません。そのような事件の場合には，これまでの家事審判法時代の実務においても，調査官調査やその他の方法により，「子の利益」を確保する観点から可能な限り子の意思の確保に努め，子の意思を考慮する工夫をしてきました。

　また平成 6 年に我が国も批准した「児童の権利に関する条約」12 条において，「締約国は，自己の意見を形成する能力のある児童がその児童に影響を及ぼすすべての事項について自由に自己の意見を表明する権利を確保する。この場合において，児童の意見は，その児童の年齢及び成熟度に

192

第一章　総則

従って相応に考慮されるものとする。」と規定されていました。この意見表明権は自己の意見を形成する能力のある児童であることを前提としておりますので，家事法 65 条よりも適用範囲は狭いのですが，それにしても子の意思の考慮は，国際的にも要請されていたわけです。もちろん，この条約 12 条が直ちに国内的効力を有するわけではなく，そのためには国内法の整備が必要でした。

(2)　子の意思の考慮

そこで，このような内外の状況に照らして，平成 25 年 1 月から施行された家事事件手続法においては，子の意思を把握し，子の意思を考慮しなければならないことを本条で明文化したわけです。したがって，この点の実務が格段に変化するわけではありませんが，このように子の意思の考慮の必要性が明文化されたことにより，少なくとも子の意思について全く考慮されていない審判の場合は，本条に違反する違法なものとして，即時抗告の対象となり得るでしょう。

もっとも，条文の解釈上は，子の意思の考慮について配慮すればよいのであって，必ずしも常に子の意思に従う必要がないことは後述する通りです。その判断基準は，もっぱら「子の利益」の確保にあります。

(3)　未成年者の法的地位

未成年者である子の法的地位に関しては，かつては「事件本人」として表示されることが多かったのですが，事件本人の法的地位が必ずしも明確でないため，最近ではそのような表示はせず単に「未成年者」と表示する例が多いようです。しかし，私見としては，「事件本人」の方が分かりやすく適切だと思います（文献⑩ 47 頁の佐上教授の見解も同旨）。

子が家事事件の結果により直接の影響を受ける場合において，意思能力があり手続行為をすることができるときは，自ら利害関係人として参加し有効に手続行為をすることができ，また家庭裁判所は相当と認めるときは職権で子を利害関係人として参加させることができます（家事法 42 条 3

項)。ただし，子が自ら参加することがその者の利益を害すると認めるときは，家庭裁判所は参加の申立てを却下しなければならず，子の福祉を最優先に考えています（家事法 42 条 5 項）。

　家事事件において自ら手続行為をすることができる場合にも，未成年者である子の場合には，現実の手続行為をすることが困難である場合に備えて，法定代理人も子を代理して手続を行うことができ（家事法 18 条），更に裁判長が申立てにより又は職権によって弁護士を手続代理人に選任することができます（家事法 23 条）。これがしばしば強調して紹介される子の意思反映のための子の手続代理人制度ですが，実際上は子の監護権紛争が発生するのは子が 15 歳未満であることが圧倒的に多く，その場合こそ必要なのに，この新制度では意思能力のない未成年者には適用されず，この弁護士による子の手続代理人制度が機能する場面は我が国ではほとんどないと思われます。後記 5 の子の代弁人（手続代理人）制度の問題とも関連します（文献⑦ 118 頁）が，過度に子の意思を強調することも，逆に子の意思を無視することも妥当ではなく，当面は家庭裁判所調査官の専門的知見の深化とその積極的活躍に期待するほかなさそうです。子の利益を確保できるかどうかが家庭裁判所のレーゾンデートルにかかっているのですから。

2　考慮が必要な家事審判の手続

　成年被後見人を含む未成年の子が審判の結果により影響を受ける家事審判手続としては，条文にあるように親子，親権又は未成年後見に関する家事審判の手続が代表的なものです。それ以外の審判の手続としては，例えば①未成年者を養子とする場合の縁組許可審判（別表第一 61 項事件）や，②子の監護に関する処分審判事件（別表第二 3 項事件）などがあります。もちろんこれに限られません。

第一章　総則

3　子の意思の把握の方法

　「子の利益」を確保するための子の意思の把握の方法としては，子の陳述の聴取，家庭裁判所調査官による調査，その他適当な方法が列挙されています。子の陳述の聴取は，審判期日に出頭した15歳以上の子について，裁判官が直接審問するような場合です。15歳未満でも意思能力があり，十分意見を言える状態であれば裁判官が直接審問することも可能です。簡単な事項についてであれば書面照会の方法によることも考えられます。ただこわもての裁判官が直接審問するのが望ましいケースかどうかは慎重に判断すべきであり，原則的にいえば15歳未満であれば家庭裁判所調査官の調査の方法による方が望ましいでしょう。

　家庭裁判所調査官の調査は，未成年の子を裁判所に呼んで調査官がその専門的技法（箱庭療法等を含む）を駆使して調査する場合と，調査官が家庭や幼稚園・保育園や養護施設等に出向いて調査する方法等があります。この場合，子が言語的な表現が困難な事情があるときには，調査官が子どもの監護養育等を担当している父母や幼稚園等の保育担当者に子の意思のありかについて事情を聴く方法を採ることもできます。ただ，子どもの監護者等から間接的に聴取する方法には，回答者の主観が混入する等危険も多く，それらを見抜ける能力のあることが求められます。

　家事法65条は，家庭裁判所が子の意思を把握するように努めること，そして子の意思を考慮することをその義務と定めたものですが，子の意思の把握に努力してもそれを明確な形で理解することが困難な場合があります。そもそも子の意思はその時点時点でぐるぐる変わり得るし，浮動的，流動的であることは否めません。子の意思が未だ明確には形成されていない段階であることもありえます。そのような場合には，子の意思を考慮することはできないのはもちろんですが，ここではそのような困難な事情を前提にして「子の利益」を確保する観点から審判することを求めているも

195

第二編　家事審判に関する手続

のです。ここで「子の利益」とは，①監護の安定性，②父親性と母親性の充足，③それらの調和の三要件が備わっていることです（文献⑦188頁以下）。近時は精神医学や社会学あるいは法学等からも，「子の利益」に関する研究が進み，面会交流の原則的実施などの行き過ぎに警告を発しています（梶村太市＝長谷川京子＝吉田容子『離婚後の子の監護と面会交流』（日本評論社・2018年刊）参照）。

　子の利益を確保するために検討すべき判断事項としては，条文上は，①「子の年齢及び発達段階」を挙げていますが，そのほかにも②当該事件の争点は何か，③紛争性がどれくらい高いか，④子の置かれている状況はどうか，などがあると実務家は指摘しています。

4　子の必要的陳述の聴取

　家事法65条は，子の意思を把握するためにどのような方法を採るのが適当かについては，家庭裁判所の裁量的判断に任されていますが，特に子の意思の確認が重要な意味を有する事件類型に関しては，子の意見の聴取を必要的としているものがあります。すなわち，下記の事件類型については，未成年者が事件についての認識や意向を述べる機会を保障するとともに，陳述の聴取の結果によって得た子の意思や意向を審判で判断するため，必ず未成年者から陳述を聴取しなければならないことを，個別的に規定していることに注意する必要があります。

　15歳以上の未成年者の必要的陳述について規定している事件類型としては，①子の監護に関する処分事件（家事法152条2項），②同審判を本案とする保全処分の一部（家事法157条2項），③養子縁組許可事件（家事法161条3項一号），④特別養子縁組（家事法165条3項一号），⑤親権喪失等審判，親権者指定変更等・同審判を本案とする保全処分の一部（家事法169条・175条2項），⑥児童福祉法上の都道府県の承認審判等（家事法236条2項），⑦生活保護法上の施設入所等許可審判（家事法240条

第一章　総則

4項）などがあります。

　これらの未成年者の必要的陳述聴取制度の適用は，未成年者が15歳以上であることが要件ですが，このように新法でも15歳以上と規定したのは，民法797条では15歳以上の子は自ら単独で養子縁組をすることができるとしていることや，旧家事審判規則54条等が15歳を基準としていたこと等から同様に制度設計をしたものとされています（文献① 224頁）。

　もちろん，それは未成年者の陳述を必要的なものとした場合の年齢水準であり，15歳未満の未成年者についても，意思能力がある限り，その意思の把握に努めその意思を考慮しなければならないとするのが家事法65条の趣旨です。15歳未満の者でも，その年齢や発達の程度に応じて，未成年者の意思を考慮しなければならないということです。子どもも10歳ぐらいになれば意思能力を備えてくるともいわれていますが，ケースバイケースというほかないでしょう。

5　子の意思の考慮の意味と子の代弁人（手続代理人）制度

　家事法65条によれば，未成年者である子がその結果により影響を受ける家事審判手続においては，審判をするに当たり，子の年齢及び発達の程度に応じてその意思を考慮しなければならないとしていますが，この言葉からすれば，年齢等に応じて考慮すればよいのであって，必ず子の意思に従って審判をしなければならないというものではありません。このように制度設計をしたのは，未成年者は判断能力が十分でなく，その環境等がその意思の形成に大きな影響を与えている場合もあることから，子の年齢や発達の程度を考慮せず，その意思表明のままに従って審判すると，かえって子の利益に反する結果となりかねないこと等を考慮したためであるとされています（文献① 225頁）。

　この点，前述の児童の権利条約における子の意見表明権や，ドイツ法上の子の意思反映のための子の代弁人制度（手続補佐人制度）に関連して，

197

第二編　家事審判に関する手続

東北大学の水野紀子教授は，子の意思の考慮について以下のように論じています（中田裕康編『家族法改正―婚姻・親子関係を中心に』有斐閣・287頁以下）。すなわち，ドイツの手続補佐人の制度では子の意思反映のための制度を設けているけれども，アメリカの現場では子の福祉と子の意見表明権との相克が問題とされており，フランスの実務でも親を子どもに選ばせることをしてはならないというのが常識になっており，子の代弁人制度は「子の意見を聴取するノウハウを体得しており，偏見から自由であって，家庭内暴力のメカニズムを知る専門家の関与を前提とする」として，子の意思の積極的尊重に関しては懐疑的です。

　確かに，一面では子が紛争の対象となる場合には，原則的には子の意思の尊重が必要となるケースが多いと思いますが（二宮周平＝渡辺惺之編著『離婚紛争の合意による解決と子の意思の尊重』（日本加除出版・2014年）参照），前述したように子の意思はしばしば浮動的流動的であり，両親の高葛藤化の紛争状態のままでは，子はロイヤルティ・コンフリクトに悩まされて，却って精神的被害を被ることも精神科医等から報告されていますので，子の意思の確認については細心の注意が必要です。子に親を選ばせてはなりません。あくまでも子の意思を客観的証拠によって推認するのが望ましいと言えましょう。特に両親の高葛藤化の下での面会交流は，監護者の意向や子の意向あるいは相手方の意向などを総合的に検討して，その許否を決すべきです。と同時に，子が面会交流を嫌がっているのに，それは監護親がそう言わせていると断定して，子の意向を無視した実施を求めるのも避けなければなりません。子は自分の発言は自分で責任をもつと自覚させることも，他方では配慮しなければなりません。子が「父と会いたくない」と明言したのに，周りの者が真意は違うはずだと解釈してしまうことは，ケースによっては子への冒瀆ともなりかねません。子どもも一人の人格者なのですから，その発言を重く見て尊重するのが周りの大人たちの務めだと思います。

198

第一章　総則

第六款　家事調停をすることができる事項について
の家事審判の手続の特則

　家事事件手続法第2編第1章第1節第6款（家事法66条から72条まで）は，家事審判事件中，家事調停をすることができる事項についての家事審判事件（別表第二各項事件）の手続の特則を設けています。

　別表第二審判事件は，相手方があり紛争性が高い事件ですから，その手続は，他の家事審判事件（別表第一事件）に比べて手続保障をより手厚くする必要があるため，当事者に主張と裁判資料の提出を尽くしてもらう必要があります。

　そこで第六款は，別表第二審判事件類型について，合意管轄のほか，申立ての写しの送付等，陳述の聴取，審問期日，事実の調査の通知，審理の終結，審判日等の手続についての特則を定めることとしています。家事調停事件が不成立となって審判手続に移行した場合，あるいは調停を経ずに最初から審判の申立てをした場合に適用されることになります。

（一）　合意管轄

家事法66条（合意管轄）

　別表第二に掲げる事項についての審判事件は，この法律の他の規定により定める家庭裁判所のほか，当事者が合意で定める家庭裁判所の管轄に属する。

2　民事訴訟法11条2項及び3項の規定は，前項の合意について準用する。

1　合意管轄制度

　本条は，別表第二審判事件については，別に定める事件類型ごとの個別

199

第二編　家事審判に関する手続

規定により定まる管轄のほかに，当事者間の合意によっても管轄を定める
こととしたものです。個別規定に基づく法定管轄は，それぞれの審判事件
の公益性の程度と内容に応じて決められていますが，当事者の双方又は一
方にとってそれよりも便利な管轄裁判所があり得るため，当事者双方の合
意があれば，そこにも管轄を認めるということです。

　前者を法定管轄，後者を合意管轄といい，当事者は何れを選択すること
も可能です。

　なお，民事訴訟法上の応訴管轄（12 条）は認められていませんが，こ
れが必要となるような事例の場合には，後述する自庁処理や事件の移送制
度を活用することも考えられます。

2　管轄の合意（家事法 66 条 1 項）

　家事審判事件は，別表第一（旧甲類）事件であると，別表第二（旧乙
類）事件であるとを問わず，一般的にはその審判の効力が当該事件の当事
者にとどまらず，その親族や未成年の子等第三者に及ぶことが多く，その
意味で当事者だけの私益にとどまらず他の第三者を含む公益的利益に関係
することになります。そのため，家事事件手続法は，当該事件の個別的な
事情を考慮した上でそれぞれの事件類型に最もふさわしい裁判所を定めて
います。例えば，夫婦の同居協力扶助は相手方の住所地，離婚等の際の子
の監護に関する処分は子の住所地，相続に関する事件は被相続人の住所
地，の各家庭裁判所というように，事件の処理上最適の裁判所を管轄裁判
所と定めています。

　もっとも，家事審判事件の管轄裁判所は，人事訴訟事件の専属管轄とは
異なり，一切の例外を許さないというような厳格な規律ではなく，管轄権
のない家庭裁判所でも自ら処理すること（自庁処理）や，管轄権のない裁
判所への移送の余地も認めるという比較的緩やかな規律となっています
（家事法 9 条 1 項ただし書等）。しかも，別表第二の審判事件は調停の対象

200

とすることを認め，一定の範囲で合意による当事者の処分に委ねられています。そうすると，公益性の見地からの制約よりも当事者の便宜や利益の観点から管轄を認めるのが合理的です。現に，家事調停事件では，全件にわたって合意による管轄の設定を認めています（家事法245条1項）。

そこで，家事法66条1項は，別表第二類型事件の審判事件においても，審判を申し立てるに当たって，当事者の合意により管轄裁判所を定めることとしたものです。これは，それぞれの事件類型の法定管轄のほかに，併せて合意管轄（併存的合意管轄）を認めるという趣旨です。いわば法定管轄に加えて付加的合意（付加的合意管轄）をすることが認められるということです。合意管轄のみを専属的（専属的合意管轄）に認めるということではありません。ですから，特定の裁判所を合意した上で，法定管轄を排除するという特約をしたとしてもそれは認められず，当事者は合意管轄以外の法定管轄裁判所に審判の申立てをすることができることになります。

そうすると，自庁処理や事件の移送との関係で合意管轄を定めることの効果としては，当該合意管轄の裁判所に審判の申立てをした場合には，自庁処理の要件である「特に必要がある場合」がなくても，当該家庭裁判所が管轄権を有する裁判所として事件を処理することができる点にあり，またそのため「手続が遅滞することを避けるため必要があると認めるときその他相当と認めるとき」（家事法9条2項一号）には，審判の申立てを受けた合意管轄裁判所が，法定管轄権を有する家庭裁判所への移送を認めることができることになります。

別表第二類型の審判事件の場合は，当初から審判の申立てをする場合と初めは調停の申立てをし，それが不成立となって審判手続に移行する場合とがありますが，いずれにしても管轄合意の時期は審判手続が開始される前であればよいことになります。後者の場合は，調停手続が開始された後であってもよいとされます（文献①227頁）。また，合意の時期は，通常

第二編　家事審判に関する手続

は紛争が発生したときでしょうが，紛争が発生しない段階から予め特定紛争について合意管轄を定めておくことも許されると解されています。

　子の監護に関する処分の審判事件や親権者変更の審判事件など子の利益が直接関係する事件の場合にも，子の利益の観点から子の住所地を管轄する家庭裁判所の管轄を認めつつ（家事法150条四号・167条），更に合意管轄を認めています。これは，例えば，両親が別居しているが，双方の勤務先が近く，一方の親と生活する子が勤務先に近い保育園や託児所等に預けられている場合には，その地の裁判所が事件を処理するのが相当であるときがあるため，定められたものです。しかし，それが必ずしも子の利益にならないというような場合には，合意管轄裁判所に申し立てられた場合であっても，上記の要件に該当することを認め，子の住所地を管轄する家庭裁判所に移送することができるとされています（文献①228頁）。

3　管轄の合意の方式（家事法66条2項）

　管轄を合意で定めることについては，当事者の予めの意思を明確な形で残し，合意の有無について紛争を回避するために，合意は書面等でしなければならないとする民事訴訟法の規定を準用しているものです。通常「管轄合意書」という書面であり，理由の記載は必要ありません。

（二）　家事審判の申立書の写しの送付等

> **家事法67条（家事審判の申立書の写しの送付等）**
>
> 　　別表第二に掲げる事項についての家事審判の申立てがあった場合には，家庭裁判所は，申立てが不適法であるとき又は申立てに理由がないことが明らかなときを除き，家事審判の申立書の写しを相手方に送付しなければならない。ただし，家事審判の手続の円滑な進行を妨げるおそれがあると認められるときは，家事審判の申立てがあったことを通知することをもって，家事審判の申立書の写しの送

202

付に代えることができる。

2　49条4項から6項までの規定は，前項の規定による家事審判の申立書の写しの送付又はこれに代わる通知をすることができない場合について準用する。

3　裁判長は，1項の規定による家事審判の申立書の写しの送付又はこれに代わる通知の費用の予納を相当の期間を定めて申立人に命じた場合において，その予納がないときは，命令で，家事審判の申立書を却下しなければならない。

4　前項の命令に対しては，即時抗告をすることができる。

家事規則47条（家事審判の申立書の写しの添付・法67条）
　法別表第二に掲げる事項についての家事審判の申立てをするときは，家事審判の申立書に相手方の数と同数の写しを添付しなければならない。

1　申立書送付制度（家事法67条）

　家事法67条は，親権・監護権紛争や遺産関係紛争など，別表第二に掲げる家事調停をすることができる事項についての家事審判の手続における審判申立書の写しの送付とそれができない場合の規律等について定めるものです。

　家事規則47条は，その場合の審判申立書は，相手方の数と同数の写しを添付しなければならないとするものです。裁判所用の原本（1通）とそのほかに相手方の数だけ写し（副本）を提出します。これは相手方に送付するためです。

2　申立書送付の原則（家事法67条1項本文）

　家事法67条1項本文において，別表第二に掲げる事項についての家事

第二編　家事審判に関する手続

審判の手続において，申立てが不適法であるとき又は申立てに理由がない
ことが明らかなときを除き，相手方に審判申立書の写しを送付しなければ
ならないと定めているのは，これによって相手方に申立ての内容を知らせ
た上で手続を進めることが，相手方の適切な手続活動の実現にとって必要
であるとの当事者権の保障の見地からと，審判手続の迅速処理という公益
的な観点から設けられたものです。

　申立ての写しの送付が不要の場合の１つである「申立てが不適法である
とき」とは，わが国に国際的裁判管轄権がないとき，相手方が当事者適格
を欠くとき，訴訟事項について審判を申し立てているときなどがこれに当
たるとされています（文献①229頁）。また「申立てに理由がないことが
明らかなとき」とは，申立て自体から見て審理を進めても理由がなく認容
する余地がないときのような場合がこれに当たるとされています（前同
229頁）。

　もちろん，この場合は，申立ての写しの送付に代えて申立てがあったこ
とを相手方に通知することも必要もありません。

3　申立書送付の例外（家事法67条１項ただし書）

　家事法67条１項ただし書の申立書の送付を不要とする場合の「家事審
判の手続の円滑な進行を妨げるおそれがあると認められるとき」とは，家
事審判の記載内容自体からしてその送付により当事者間に無用な混乱を招
いたり，紛争を激化させたりするなど，審判手続の円滑な進行を阻害する
結果となる恐れがある場合をいいます。

　もっとも，このような場合であっても，家事審判の申立てがあったこと
自体は相手方に知らせる必要がありますので，適宜の方法によりそのこと
を相手方に通知しなければならないとしているわけです。

4　送付不能の場合（家事法67条2項）

　家事法67条2項は，申立書記載の相手方の住所の記載に不備があるなどの理由によって，同条1項に規定する家事審判の申立書の送付又はこれに代わる通知ができないときに備えた規定です。すなわち，家事法49条4項から6項を準用し，民訴法138条2項と同様に，裁判長が相当の期間を定めて不備を補正すべきことを命じ，補正命令に従わない場合には，申立書を却下し，この命令に対しては即時抗告をすることができる旨を定めています。

　ここで申立書の却下とは，裁判所による申立ての却下ではなく，裁判長（単独体の場合は裁判官）がその資格で申立書自体を却下する場合です。申立書が却下されれば申立て自体がなかったことになります。裁判所による却下の性質は審判（決定）ですが，裁判官による申立書の却下の性質は命令の一種ということになります。

　もっとも，相手方の住所が不明である場合において，審判の申立人が公示送達の申立て（家事法36条において準用する民訴法110条参照）をしたときには，その要領により手続を進めることができますから，申立書を却下することはできません。

5　費用予納がない場合（家事法67条3項・4項）

　家事法67条3項は，裁判長が申立書の写し等の予納を相当な期間を定めて命じた場合に予納がないときは命令で申立書を却下できる旨を，同条4項はこの命令に対しては即時抗告ができることを定めています。

　もっとも，費用の予納に関しては，裁判所が国庫立替をする余地があり（家事法30条），国庫立替をしたときは費用の予納を命じることなく手続を進めることになります。

第二編　家事審判に関する手続

（三）　陳述の聴取

> **家事法 68 条（陳述の聴取）**
> 　家庭裁判所は，別表第二に掲げる事項についての家事審判の手続
> においては，申立てが不適法であるとき又は申立てに理由がないこ
> とが明らかなときを除き，当事者の陳述を聴かなければならない。
> 2　前項の規定による陳述の聴取は，当事者の申出があるときは，審
> 　問の期日においてしなければならない。

1　陳述聴取制度（家事法 68 条）

　本条は，親権・監護権紛争や遺産関係紛争など，別表第二の家事調停を
することができる事項についての家事審判手続における必要的陳述聴取と
その場合における当事者の申出がある場合の審問期日での審問の必要性を
定めたものです。当事者の攻撃防御権を保障する制度です。

2　必要的陳述聴取（家事法 68 条 1 項）

　家事法 68 条 1 項で規定する原則として陳述聴取を必要的としています
が，当事者の陳述聴取で，利害関係参加人のそれは含みません。ここで陳
述の聴取とは，事実の調査の一環として当事者の意見を聴くことが目的
で，その方法は問いません。裁判官による直接の審問（口頭で直接意見を
聴く方法）のほか，家庭裁判所調査官の調査の方法・調査嘱託・裁判所に
よる書面照会の方法などが主なものです。要するに，陳述の聴取とは，言
語的表現による認識・意見・意向等の表明を受ける事実の調査で，その方
法は問いません。

　別表第二に掲げる事項の審判事件は，対立当事者の存在を前提とし，紛
争性が高いことから，当事者双方に十分攻撃防御の機会を与えるために
は，当事者双方に陳述の機会を保障する必要があるからです。裁判官が当

206

事者から直接その陳述を聴取するときは，その時間は当然に審問の期日となり，相手方の立会いの機会（家事法69条）が保障されることになります（文献①231頁）。

例外として，申立てが不適法であるとき又は申立てに理由がないことが明らかなときは，当事者の陳述を聴く意味はありませんから，それは不必要となります。逆にいえば，当事者の陳述の聴取によって少しでも結論に影響を及ぼす可能性があれば，不適法又は理由なしが「明らかなとき」に当たるとはいえないことになり，陳述を聴くべきことになります（文献①231頁）。

3　審問の申出（家事法68条2項）

家事法68条2項の規定により，当事者の申出があるときは，審問の期日において当該当事者の陳述を聴取することが必要的となります。この場合は，次条の規定により，相手方が当該審問の期日に立ち会うことができることになります。別表第二事件は定型的に紛争性が顕著であり，裁判官が相手方立会いのもとで直接審問し，事案の解明に努め迅速で適正な判断をする必要がありますので，当事者に審問の申出をする権能（申立権とは異なる）を認めたわけです。いわば，当事者の手続保障と家事審判事件の効率的処理との調和を図ったものとされます。

ただ，ここでは，他の当事者の陳述を聴取するための審問の申出の権能までは認めておらず，そのような場合に他の当事者の審問を実施するかどうかは，裁判所の裁量に任されているとされます（文献①232頁）。

4　実務上の留意点

東京家裁においては，一般的にはこれらの規定を踏まえ，別表第二（旧乙類）事件に関しては，原則として当事者立会いの下で審問による陳述の聴取を行っており，審問に当事者本人の立会いを認めない場合でも，手続

第二編　家事審判に関する手続

代理人が選任されているときは，手続代理人のみの立会いを認めることが多いということです（文献⑫11頁以下参照）。そのような同席審判は新法における当事者権の保障や手続の透明性の確保の観点から重要な原則ですから，少なくとも当事者に不意打ちを食わせるようなことだけは避けなければなりません。

（四）　審問の期日

> **家事法 69 条（審問の期日）**
> 　　別表第二に掲げる事項についての家事審判の手続においては，家庭裁判所が審問の期日を開いて当事者の陳述を聴くことにより事実の調査をするときは，他の当事者は，当該期日に立ち会うことができる。ただし，当該他の当事者が当該期日に立ち会うことにより事実の調査に支障を生ずるおそれがあると認められるときは，この限りでない。

> **家事規則 48 条（審問の期日の通知・法 69 条）**
> 　　法 69 条の審問の期日は，当事者及び利害関係参加人に通知しなければならない。ただし，その通知をすることにより事実の調査に支障を生ずるおそれがあると認められるときは，この限りでない。

1　当事者の審問期日立会権（家事法 69 条）

　親権・監護権紛争や遺産関係紛争などの審判事件に関し，家事法 69 条は裁判所が審問の期日を開いた場合の他の当事者の立会権を原則的に認めたものであり，家事規則 48 条はその審問期日を開く場合には当事者及び利害関係参加人には原則として通知しなければならないことを定めたものです。同席審判の実施を保障する重要な規定です。

第一章　総則

2　審問の重要性と他の当事者の立会権（家事法 69 条本文）

　審問は裁判官が当該審問の期日に当事者を質問し訊問することによっ
て，その発言内容・身振り手振り・供述態度等から直接心証を形成するも
のですから，家事法 68 条の陳述の聴取の中でも最も重要な手続です。そ
こで，他の当事者の手続的権利を保障するために，当事者の審問立会権を
認めることとしたものです。審問の内容は，後日になって書記官が作成し
た審問調書を閲覧謄写することによってある程度は知ることができます
が，他の証拠を用意する等他の当事者の攻撃防御の方法を保障するために
は，それだけでは不十分であることから，立会権を認めたわけです。

　ここでは文字通り，審問期日における相手方の審問に立ち会う権利を認
めただけで，当然には反対尋問権，すなわちその裁判官の審問の際に他の
当事者が発問する権利まで認めたわけではないことに注意する必要があり
ます。それを認めるかどうかは裁判所の裁量に任され，その訴訟指揮に委
ねられています。

3　立会権保障の例外（家事法 69 条ただし書）

　もっとも，当事者の身体の安全や生活の平穏確保，実体的真実の合致し
た審判の要請等の観点からは，他の当事者が立ち会うことにより事実の調
査などの審理に支障が生ずる恐れがあるような場合には，他の当事者の立
会いを認めないこととされています（文献① 233 頁）。親権や監護権の行
使等に絡む審判事件で，他の当事者の暴力性が顕著で保護命令（配偶者か
らの暴力の防止及び被害者の保護等に関する法律 10 条）が出されている
ような場合が想定されます。

4　立会権と利害関係参加人（家事規則 48 条）

　利害関係参加人は，家事法 42 条 7 項の規定により，審問の期日に立ち

209

第二編　家事審判に関する手続

会うという当事者に認められた手続行為をすることができるものとされています
いますから，ここでも審問の期日に立ち会うことができることになります。

　家事規則48条は，当事者及び利害関係参加人に対する審問期日の通知
の規定です。

5　実務上の留意点

　審問の具体的な態様について，東京家裁では，民事訴訟で争点整理を行
う場合と同様に，当事者がそれぞれ申立人席又は相手方席に在席し，裁判
官が，双方当事者と必要なやりとりを行う中で，必要に応じて当事者本人
に発言を求めるという事案が大半です。ただ裁判官が事実に関して心証を
とるために，民事訴訟の当事者本人尋問と同様に，一問一答式で行われる
こともあるといわれます（文献⑫11頁参照）。

（五）　事実の調査の通知

家事法70条（事実の調査の通知）

　　家庭裁判所は，別表第二に掲げる事項についての家事審判の手続
において，事実の調査をしたときは，特に必要がないと認める場合
を除き，その旨を当事者及び利害関係参加人に通知しなければなら
ない。

1　当事者及び利害関係参加人への通知（家事法70条）

　本条は，親権・監護権紛争や遺産分割紛争など別表第二に掲げる事項に
ついての審判事件における事実の調査の通知制度を明文化したものです。
この場合は，原則として，事実の調査をしたときは，その旨を当事者及び
利害関係参加人に通知すべきものとしています。

210

第一章　総則

2　事実の調査の通知制度の意義（家事法70条）

　氏名の変更や相続放棄など別表第一の審判事件など，別表第二の審判事件以外の事件については，一般に対立当事者がなく相手方に反論権を与える必要性が通常は乏しいことから，事実の調査の結果が当事者による家事審判手続の追行に重要な変更を生じ得るという例外的な場合しか通知を要しないものとしています（家事法63条）。しかし，別表第二事件の場合には，定型的に紛争性があり対立当事者が激しく攻撃防御の方法を尽くすことになることから，本条では原則的に通知を要するものとしました。

　通知の時期は，当事者等が通知を受けて記録の閲覧謄写をし，それに基づき適時の反論をするだけの時間的余裕を見込んで，事実の調査をした後時機を失することなくする必要があるとされています（文献①234頁）。

　ただ，「特に必要がないと認める場合」には通知する必要はありません。調査嘱託先から有意な情報が得られなかったような場合だとされています。もっとも，有意な情報がなかったこと自体に意味のある場合もありますので，このような場合も通知だけはしておくべきかもしれません。

3　実務上の留意点

　東京家裁では，別表第二（旧乙類）事件では，従前から原則として期日を聞いており，家事手続法の下でも同様であるが，そのため事実調査の通知については，裁判官が期日において，「調停事件記録について事実の調査をした」「審判移行後に当事者から提出された資料について事実の調査をした」等と告げることによって事実の調査を通知しているということです（文献⑫11頁参照）。余りにも形式的過ぎるとも感じますが，民事訴訟の弁論の更新でさえ「従前通り」で済ませてしまっている実務の形式主義からいえば，やむを得ないことかもしれません。

211

第二編　家事審判に関する手続

（六）　審理の終結

> **家事法71条（審理の終結）**
>
> 　家庭裁判所は，別表第二に掲げる事項についての家事審判の手続においては，申立てが不適法であるとき又は申立てに理由がないことが明らかなときを除き，相当の猶予期間を置いて，審理を終結する日を定めなければならない。ただし，当事者双方が立ち会うことができる家事審判の手続の期日においては，直ちに審理を終結する旨を宣言することができる。

1　審理終結日の制度（家事法71条）

　親権・監護権紛争や遺産関係紛争など別表第二に掲げる事項の審判事件は，対立当事者があり，紛争性が高く，公益性よりも当事者個人の権利利益の対立という側面が強く，当事者が必要な資料を持っている場合が多くあります。そこで，当事者は自己に有利な資料の提出をするとともに，相手方提出の資料等に十分反論の機会を与えられ，当事者間で十分な攻撃防御を尽くすことが，当事者権の保障の面からも実体的真実発見の見地からも重要となるので，その審理のメリハリをつける意味でも，資料の提出日をあらかじめ明確にしておくことが必要になります。

　そのため，審理の終結日の制度を設け，その日を攻撃防御の主張や証拠資料等の提出期限としたものです。旧家事審判法時代にはなかった制度で，手続の透明性と当事者権の保障の観点から歓迎すべき新制度です。

2　審理の終結をすることができる場合（家事法71条本文）

　裁判長又は単独裁判官は，申立てが不適法であるとき又は申立てに理由がないことが明らかなときを除き，原則として相当の猶予期間を置いて審理を終結する日を定めることになります。その日はあくまで主張や資料の

提出期限の日ですから，必ずしも審判期日を開く必要はありません。

3　審判期日での審理の終結（家事法71条ただし書）

　ただ，当事者が立ち会うことができる期日において審理を終結することもでき，この場合は審理終結に対する意見（追加資料提出の要否や延期申請など）を聴くことができますから，相当の期間猶予を設ける必要はないものとされます。当事者が立ち会うことができる期日とは，当事者の全員が正式な呼出し（家事法34条4項，民訴法94条1項）を受けている期日をいうものとされます。単に簡易呼出しを受けているだけではその要件を満たすことにはなりません。

4　審理終結日の効果（家事法71条）

　審理終結日の効果は，既述のように主張と証拠など攻撃防御方法の提出期限であり，いわば審判の基準日です。裁判所は，その終結日以降に提出した資料等は審理のために用いることができず，それが必要な場合は審理の終結の裁判を取り消して，審理を再開する必要があります。

5　実務上の留意点

　東京家裁では，家事審判手続において期日を開くことが大半であることから，審理の終結も同期日において決定・告知されることがほとんどあり，当事者双方が立ち会っている期日であれば，後日を終結日とするよりも，期日において直ちに審理を終結する方が，審判の材料となる資料がその場で確定することになり，明確で望ましいといえるが，審理の経過，当事者の意向その他の諸事情を考慮して，後日を終結日と定めることもあるということです（文献⑫14頁参照）。

第二編　家事審判に関する手続

（七）　審判日

> **家事法 72 条（審判日）**
>
> 　家庭裁判所は，前条の規定により審理を終結したときは，審判をする日を定めなければならない。

1　審判日の制度（家事法 72 条）

　審判をする日とは，裁判所が当事者及び利害関係人に相当と認める方法で審判の告知をすることができる日です。審判日を指定するのは，それにより将来の不服申立ての可能性に備えることを容易にする意味があります。

　法改正前の家事審判法時代には，このような審判日指定の制度がなかったため，ある日突然審判書が送られて来て，当事者が戸惑うことがあり得ましたが，家事法ではこのような弊害はなくなりました。これも，前条の審理終結日の指定とともに，家事法における手続の透明性と当事者権の保障の精神にマッチするものとして歓迎されます。

2　審判日指定の時期（家事法 72 条）

　審判は審判廷で口頭により告知する必要はなく，審判書の送達等で足りますので，特に指定の時期の制限はありませんが，一般的にいえば，審理を終結した時か，その後ほどない時期に審判をする日を定め，それを当事者に告知することになります。なお，相当の猶予期間を置いて審理終結日を定める際に，その日に審理を終結することを条件として予め審判日も同時に定めることも許されるとされています（文献① 238 頁）。書面審理の場合には，そのような方法が増えると予想されます。

214

3　審判日指定の取消し・変更（家事法 81 条）

審判日の指定の取消しと審判日の再指定はもちろん許されます（家事法 81 条 2 項）。

4　実務上の留意点

上述しましたように，審判の告知については，判決手続におけるような「原本に基づく言渡し」ではなく，何らかの期日が開かれるものではないこと，審判をする日に当事者又は審判の告知を受けるべき者が来庁する必要はないこと，ただし，当事者等が来庁すれば審判書を受け取ることができること，審判の作成日付は審判をする日となること，等が留意点であるといわれます。そして，東京家裁では，審判日の告知に際して，当事者等に審判日以降に来庁する予定があるか意向を確認し，来庁する意向がある場合には当庁における交付送達を実施し，そうでない場合には郵便による特別送達によって告知しているといわれます（文献⑫ 15 頁参照）。よい実務方針といえましょう。したがって，当事者としては，上訴など不服申立てのため準備期間が必要なときは，審判日には受け取らず特別送達の方法によってもらうなど上訴期間を延ばす工夫をすることになります。

第七款　審判等

（一）　審判

家事法 73 条（審判）

家庭裁判所は，家事審判事件が裁判をするのに熟したときは，審判をする。

2　家庭裁判所は，家事審判事件の一部が裁判をするのに熟したとき

第二編　家事審判に関する手続

> は，その一部について審判をすることができる。手続の併合を命じ
> た数個の家事審判事件中その一が裁判をするのに熟したときも，同
> 様とする。

1　審判と家事審判事件の意義（家事法73条）

　家事審判は，家事審判事件の申立てに係る本体の事項（本案）について
の裁判（本案裁判）と，そうではなくその付随的事項についての裁判とに
分かれます。本条は，その本案裁判を「審判」と呼び，後者の裁判を審判
とは呼ばず「審判以外の裁判」と呼ぶこととして，両者を区別していま
す。家事法73条1項はその本案裁判をするのに熟したときは「全部本案
審判」をすることとし，2項はその一部，すなわち審判物が1個の場合の
その部分的一部，審判物が数個の場合のその一部について本案裁判をする
のに熟したとき「一部本案審判」をすることができるものとしています。

　後者の「審判以外の裁判」は，いわば家事事件手続における派生的・付
随的事項に関するもので，移送の裁判等などがその例です。

　すなわち，具体的にはここでいう「家事審判事件」とは，家事法39条
に規定する別表第一（134事件）及び第二（16事件）に掲げる事項及び家
事法第二編に掲げる事項についての審判を意味します。それらの審判事件
は，最近は審判物といわれることが多くなりました（文献⑤68頁以下参
照）。つまり，家事法73条で定める審判とは，申立て開始事件については
当事者が指定した審判物について，職権開始事件については裁判所が指定
した審判物について，それぞれ裁判をするに熟したときは，当該事件（審
判物）について終局的な裁判（本案審判）をする場合について使われる言
葉です。いわばここでいう審判というためには，本案についての裁判であ
ること，終局的判断を示すものであることが必要です。後述しますよう
に，終局的裁判ではない中間決定や更正決定はまさに「決定」で審判とは

216

第一章　総則

いいません。また，旧家審法時代には「移送の審判」などと呼ばれていま
したが（旧家審規4条の2），終局的な審判をするまでの過程でのこれら
の手続上の裁判は，審判には当たらず，審判以外の裁判として家事法81
条の規律の対象となります。

2　全部審判（家事法73条1項）

　家庭裁判所は，家事審判事件について裁判をするのに熟したときは，そ
の全部について審判をします。これは審判物が1個の場合はもちろんのこ
と，審判物が複数あり併合されている場合も，その全部について審判をす
るという趣旨です。

　旧家審法においても，家事法においても，民事訴訟法246条に規定する
「裁判所は，当事者が申し立てていない事項について，判決をすることが
できない」というようないわゆる判決事項の限定性に関する規定は置いて
いません。この民訴法の規定するような厳格な意味での訴訟物についての
処分権主義が非訟事件としての家事事件の審判物にそのまま適用されると
解することはできません。具体的には以下のような形で現れます。

　まず，家事事件の場合においては，前述したように家事法が別表で第
一，第二の審判類型（審判物）を限定的に規定していることからも明らか
なように，このような規定がなく，かつ職権によって裁判することが明示
的に規定されている場合のほかは，およそ何等かの申立てもないのに，裁
判所が審判をすることを家事法は予定しておらず，認められません。

　ただ，審判物が規定されており，当該審判事項の申立てがある限り，そ
の審判事項の範囲（枠）内である以上，具体的な申立金額を超えて認定判
断することは許されます。そこでの審判物の提示は，別表第一，第二の内
どの審判事項の申立てであるかを指し示すことに意義があるにとどまり，
その審判事項についての具体的な申立金額等はいわば希望を述べたものに
過ぎません。例えば，養育費として月額5万円を求めるという場合，そこ

217

第二編　家事審判に関する手続

で意味があるのは養育費の申立てであるという点のみについてであり，金額については裁判所を拘束せず，裁判所は月額7万円の養育費を定めることもできれば，3万円の養育費を定めることも可能です。

　もっとも，申立てで特定された範囲内・枠内といっても，それがどの範囲までかについての判定は必ずしも容易ではありません。例えば，別表第二3項の「子の監護に関する処分」の具体的中身は，①子の監護者指定②子の引渡し③面会交流④養育費分担などがありますが，同じ同3項の「子の監護に関する処分」の審判事項（審判物）であっても，申立人が面会交流しか求めていないのに裁判所が養育費の支払を命ずることはできないと解するのが一般です。この場合，前記①ないし④はそれぞれ求める事項の内容が異なりますので，別々の審判事項（審判物）に準じて捉えていることになります。

3　一部審判（家事法73条2項）

　家庭裁判所は，1個の家事審判事件（審判物）の一部について裁判をするに熟したとき，併合した数個の審判事件の一部について裁判をするに熟したときは，当該一部についてのみ審判をすることができます。当面の生活に不可欠な養育費や婚姻費用の支払のみについて審判をするとき，あるいは遺産分割事件において一部の遺産（争いのない預貯金など）についてのみ審判をするときなどの場合が考えられます。

（二）　審判の告知及び効力の発生等

> **家事法74条（審判の告知及び効力の発生等）**
> 　審判は，特別の定めがある場合を除き，当事者及び利害関係参加人並びにこれらの者以外の審判を受ける者に対し，相当と認める方法で告知しなければならない。

第一章　総則

2　審判（申立てを却下する審判を除く。）は，特別の定めがある場合を除き，審判を受ける者（審判を受ける者が数人あるときは，そのうちの1人）に告知することによってその効力を生ずる。ただし，即時抗告をすることができる審判は，確定しなければその効力を生じない。

3　申立てを却下する審判は，申立人に告知することによってその効力を生ずる。

4　審判は，即時抗告の期間の満了前には確定しないものとする。

5　審判の確定は，前項の期間内にした即時抗告の提起により，遮断される。

家事規則49条（審判確定証明書等・法74条等）

　家庭裁判所の裁判所書記官は，法47条1項又は6項の規定による請求により，家事審判事件の記録に基づいて審判の確定についての証明書を交付する。

2　家事審判事件がなお抗告審に係属中であるときは，前項の規定にかかわらず，当該家事審判事件の記録の存する裁判所の裁判所書記官が，審判の確定した部分のみについて同項の証明書を交付する。

3　前2項の規定は，審判以外の裁判について準用する。

1　審判の告知の制度（家事法74条）

　家事法74条は，審判の告知の対象者・方法，審判の効力発生時期とその確定時期について定めたもの，家事規則49条は，審判確定証明書等について定めたものです。審判の「告知」とは，判決でいう「言渡し」です。

　ここで審判の告知とは，内部的に成立した審判の内容を当事者等に了知させる裁判所の手続的行為です。一種の審判の公証的行為の性質を有し，

219

第二編　家事審判に関する手続

判決と異なり，裁判所書記官が担当します。

2　審判の告知の対象者と方法（家事法74条1項）

　審判の告知の対象者に関しては，旧家審法下では「審判を受ける者」の
みを定めていたにすぎませんでしたが，家事法ではこの範囲を拡張して明
確化し，審判を受ける者に加えて，「当事者及び利害関係参加人並びにこ
れらの者以外の審判を受ける者」に告知しなければならないものとしまし
た。ここで当事者とは家事法41条1項・2項の規定により当事者として
参加した者を含みますし，利害関係人とは家事法42条1項・2項の規定
により参加した者であり，これらの者にも告知することとしたものです。
なお，ここで「審判を受ける者」とは，審判の名宛人となる者を意味し，
申立てを却下する審判の場合は申立人がこれに当たり，積極的な内容の審
判の場合は，これにより自己の法律関係が形成（創設・変更・消滅）され
る者，例えば後見開始の審判における成年被後見人となるべき者がこれに
当たるとされています（文献①243頁）。

　審判という形式の1つの裁判（1通の審判書）に，複数の審判が含まれ
ることがありますが，この場合は個別の審判ごとに告知の対象となる審判
を受ける者が定まり，例えばAを成年後見人に選任する審判の場合には審
判を受ける者はAのみであり，Bを成年後見監督人に選任する審判の場合
には審判を受ける者はBのみでありますから，Bは前者の審判の告知対象
者にはならず，Aは後者の審判の告知対象者にはならないことになりま
す。他方，AB2人の成年後見人の権限行使についての定めの審判は，内
容が不可分であり，実質的にも1つの審判であると解されますので，この
場合はAB2人が審判を受ける者として告知対象者になると解されていま
す。なお，即時抗告権者であっても必ずしも審判を受けるとは限らないこ
とに注意が必要です（詳しくは文献①244頁参照）。

　告知の方法は，旧法7条において準用する旧非訟事件手続法18条2項

220

と同様に，相当と認める方法で告知すれば足りるものとしています。

3　認容審判の効力発生時期（家事法 74 条 2 項）

　認容審判（申立てを却下する審判を除く審判）のうち，即時抗告をすることができないものについては，審判を受ける者に告知することによって効力を生じます（本条 2 項前段）。1 つの審判について審判を受ける者が複数ある場合には，審判を受ける者のうちの 1 人が告知を受ければ，効力（形成力・執行力等）が発生します（括弧書き）。家事審判事件の迅速処理の要請によるものとされています。

　即時抗告をすることができる審判は，確定しなければ効力を生じません（本条 2 項ただし書）。すなわち，確定しなければ形成力や執行力等の審判の内容に応じた効力は生じません。もっとも，審判前の保全処分は，その性質上，確定を待たずにその効力を生じることに注意が必要です（家事法109 条 2 項）。民事訴訟法のように即時抗告に当然に執行停止の効力を認めるという制度は採用しませんでした。

4　申立却下審判の効力発生時期（家事法 74 条 3 項）

　申立てを却下する審判に対しては，「審判を受ける者」である申立人に告知することによって，効力が生じます。

5　審判の確定（家事法 74 条 4 項）

　審判は即時抗告の期間 2 週間（家事法 86 条 1 項）満了前には確定しません。期間内に即時抗告されると原審判が取り消され，又は変更される可能性があるからです。これは，即時抗告をすることができる旨の規定が置かれていないとき（家事法 85 条 1 項参照）は，審判はその告知によって効力が生じる（家事法 74 条 2 項本文）と同時に確定することを前提とした規定とされています。

第二編　家事審判に関する手続

6　審判の確定遮断（家事法74条5項）

審判は，即時抗告の提起によって確定が遮断されます。しかし，ここでいう審判の確定とは，審判について通常の不服申立ての方法が尽きた状態をいいますから，職権による審判の取消し・変更（家事法78条1項）・特別抗告（家事法94条1項）・許可抗告（家事法97条1項）の余地があっても確定は遮断されないと解されています。

7　審判確定証明書等（家事規則49条）

家事法74条により認容審判が確定した時は，裁判所書記官の権限により確定証明書を交付します。

（三）　審判の執行力

> **家事法75条（審判の執行力）**
> 　金銭の支払，物の引渡し，登記義務の履行その他の給付を命ずる審判は，執行力のある債務名義と同一の効力を有する。

1　審判の執行力（家事法75条）

本条は金銭の支払，物の引渡し，登記義務の履行その他いわゆる与える債務について，当該給付義務を定め，これを命ずる審判（給付審判）に，執行力を有する債務名義と同一の効力を認めたものです。わざわざ「執行力を有する」と定めたのは，執行力及び強制執行のための単純執行文（民執法25条・26条参照）を不要とする効力を与えるためです。紛争解決の一回的・総合的な解決に必要だからです。

家事審判はもともとこれにより権利又は法律関係を形成することを目的とするものですから，例えば財産分与でいいますと，相手方は申立人に対

して離婚に伴う財産分与として特定の不動産を譲渡する義務があること，あるいは一定の金額を支払う義務があるものと定めるという主文だけで足りるはずです。しかし，それだけで任意履行されないと権利の実現ができませんので，さらに給付命令として特定の不動産について登記手続をすることを命じたり，一定の金額の支払を命ずることが必要となり，この給付命令，給付文言があって初めて強制執行が可能となるのです。

2　給付命令・給付文言（家事法 75 条）

　形成審判とともに金銭支払等の給付命令の審判をすることができる審判類型としては，夫婦協力扶助審判・婚姻費用分担審判・子の監護に関する処分（養育費）審判・財産分与審判・祭祀承継者指定審判・扶養審判・遺産分割審判などであり，家事法はこれを個別的に規定しています（家事法 154 条・163 条・185 条・190 条・196 条等）。

　これらの給付命令・給付文言は裁判所が必要に応じて職権で行うことができることを前提としています（文献① 248 頁）。例えば，相当額の財産分与を求める旨の申立てしかない場合において，裁判所が不動産所有権の分与を命じるとともに，必要に応じて財産分与を原因とする当該不動産所有権移転登記を命ずるような場合です。

3　給付審判を債務名義とする強制執行

　本条の規定により，給付文言のある確定審判は，単純執行文の付与を受けることなく，これを債務名義として（民執法 22 条三号），強制執行の申立てができることになります。

第二編　家事審判に関する手続

（四）　審判の方式及び審判書

> **家事法 76 条（審判の方式及び審判書）**
>
> 　審判は，審判書を作成してしなければならない。ただし，即時抗告をすることができない審判については，家事審判の申立書又は調書に主文を記載することをもって，審判書の作成に代えることができる。
>
> 2　審判書には，次に掲げる事項を記載しなければならない。
>
> 　　一　主文
>
> 　　二　理由の要旨
>
> 　　三　当事者及び法定代理人
>
> 　　四　裁判所

> **家事規則 50 条（審判の方式等・法 76 条等）**
>
> 　審判書には，審判をした裁判官が記名押印しなければならない。
>
> 2　合議体の構成員である裁判官が審判書に記名押印することに支障があるときは，他の裁判官が審判書にその事由を付記して記名押印しなければならない。
>
> 3　審判の告知がされたときは，裁判所書記官は，その旨及び告知の方法を家事審判事件の記録上明らかにしなければならない。
>
> 4　前 3 項の規定は，審判以外の裁判について準用する。

1　審判の方式（家事法 76 条 1 項，家事規則 50 条）

　審判の方式に関しては，旧家審法下と同じで，家事法 76 条 1 項で，原則として審判書を作成しなければなりませんが，相続放棄など即時抗告をすることができない簡易な事件では，申立書又は調書に主文を記載することをもって，裁判書に代えることができる旨の簡易方式を規定しています。また，家事規則 50 条で，裁判書（それに代わる簡易方式の審判も含

第一章　総則

む）には，裁判官の記名（署名ではない）・押印等が必要なこと等が規定
されています。

2　審判書の記載事項（家事法76条2項）

　審判書の作成は，当事者に審判の内容を明らかにし即時抗告の要否等の
判断材料にすること，上級審に審判の当否についての審査を可能にするこ
とが主目的です。それら判断が可能な程度の理由付けであればよく，理由
の要旨で足りることとしています。

（五）　更正決定

> 家事法77条（更正決定）
> 　　審判に計算違い，誤記その他これらに類する明白な誤りがあると
> 　きは，家庭裁判所は，申立てにより又は職権で，いつでも更正決定
> 　をすることができる。
> 2　更正決定は，裁判書を作成してしなければならない。
> 3　更正決定に対しては，更正後の審判が原審判であるとした場合に
> 　即時抗告をすることができる者に限り，即時抗告をすることができ
> 　る。
> 4　1項の申立てを不適法として却下する裁判に対しては，即時抗告
> 　をすることができる。
> 5　審判に対し適法な即時抗告があったときは，前2項の即時抗告
> 　は，することができない。

1　更正決定の要件と手続（家事法77条1項）

　家事審判の更正決定については，民事訴訟法257条の規定と同様に，
「計算違い，誤記その他これに類する明白な誤り」があることを要件とし

225

第二編　家事審判に関する手続

て，当事者の申立てによるほか，職権でも更正できることを明らかにした
ものです。更正「審判」ではなく，更正「決定」としている点に注意する
必要があります。更正決定は家事法73条に規定する本案審判ではなく，
家事法81条に規定する「審判以外の裁判」ということになります。

2　裁判書の作成（家事法77条2項）

　更正決定は，審判と一体となり，更正された内容で審判されたことにな
ることから，更正された審判の内容の明確性を担保するため，審判以外の
裁判（家事法81条1項・76条1項により本来は裁判書は必要的ではない）
の特則として，裁判書の作成を義務付けています。

3　更正決定に対する即時抗告（家事法77条3項）

　当初の原審判が即時抗告を許さない審判の場合には，更正決定だけにつ
いて即時抗告を認める必要はないため，審判以外の裁判に対する即時抗告
を認める特別の定めとして，更正決定に対しては，更正決定後の審判が原
審判であるとした場合に即時抗告をすることができるものに限り，即時抗
告をすることができるものとしました。

4　更正決定申立却下決定に対する即時抗告（家事法77条4項）

　審判以外の裁判に対する即時抗告を認める特別の定めとして，更正決定
について中身まで審査することなく，申立てを不適法として却下する決定
に対しては，即時抗告をすることができることとしています。他方，更正
決定について中身についてまで審査し，申立てを理由がないとして却下
（棄却）した決定に対しては即時抗告は許されません。原裁判をした裁判
所自ら審査した上自らが誤りはないとしている以上は，更に他の裁判所に
審査させる必要に乏しいからです。

226

第一章　総則

5　原審判に対して適法な即時抗告があった場合の措置（家事法77条5項）

　審判に対して適法な即時抗告があったときは，更正決定に対する及び更正決定の申立てを却下する決定に対する不服のいずれについても，審判に対する抗告審の審査を受けることになりますので，抗告審の再審査は必要ありません。そこで民事訴訟法257条2項ただし書と同様に，更正決定に対して即時抗告をすることができないこととしました。

（六）　審判の取消し又は変更

> **家事法78条（審判の取消し又は変更）**
> 　家庭裁判所は，審判をした後，その審判を不当と認めるときは，次に掲げる審判を除き，職権で，これを取り消し，又は変更することができる。
> 　　一　申立てによってのみ審判をすべき場合において申立てを却下した審判
> 　　二　即時抗告をすることができる審判
> 2　審判が確定した日から5年を経過したときは，家庭裁判所は，前項の規定による取消し又は変更をすることができない。ただし，事情の変更によりその審判を不当と認めるに至ったときは，この限りでない。
> 3　家庭裁判所は，1項の規定により審判の取消し又は変更をする場合には，その審判における当事者及びその他の審判を受ける者の陳述を聴かなければならない。
> 4　1項の規定による取消し又は変更の審判に対しては，取消し後又は変更後の審判が原審判であるとした場合に即時抗告をするこ

227

第二編　家事審判に関する手続

> とができる者に限り，即時抗告をすることができる。

1　審判の取消しと変更の意義（家事法78条）

　本条は，職権による審判の取消し又は変更について，定めています。申立権はありませんが，当事者は職権発動を促す申立てをすることは可能です。この取消し・変更の裁判は，その対象が審判であるときは，決定ではなく審判であると解されています。

　ここで「取消し」とは，原審判の効力を消滅させることをいい，「変更」とは原審判の一部又は全部を取り消し又は原審判の内容に付加して，原審判に代わる内容の裁判をすることをいうとされています。後者の例としては，遺留分の放棄許可の審判（別表第一110項）を変える場合には，原審判を取り消した上で許可の申立てを却下する必要がありますから，審判の変更となります。もっとも，原審判の目的を達したため原審判を将来に向かって効力を失わせるだけで足りる場合には，原審判の取消しのみで足り，変更の裁判は必要ないとされます（文献①256頁）。

　なお，審判の取消し・変更の審判に遡及効を認めるべきか否かについては規定がありません。一般的には，審判が当初から不当であったと認められた場合にはその効力は遡及しますが，事情の変更により審判が事後的に不当と認められるに至ったような場合には遡及せず，取消し・変更の審判が確定した時から将来に向かって効力を生ずると解されています（文献①257頁）。

2　取消し・変更をすることができる審判（家事法78条1項）

　家事審判の多くは，後見的性質を有する身分的・人格的事項について，合目的的ないし後見的な見地から，裁判所が裁量権を行使して，適切妥当な身分関係等を形成・変更させるものですから，家事審判が当初から不当

であった場合や，そうでなくても審判後の事情の変更により不当となったような場合には，当初の審判を維持し続けるのは必ずしも妥当ではなく，職権によりこれを取り消し，又は変更することができるような制度が必要になります。

ただ，①申立てによってのみ審判をすべき場合において，申立てを却下する審判について職権により変更することができるとすると，申立てがなくても審判をすることができることになり妥当ではないこと，②即時抗告可能な審判について即時抗告期間経過後も取消し・変更ができるとすると，即時抗告期間限定の意味が損なわれること等から，これら①②の場合を除いて取消し・変更の審判を認めることとしたものです。

本条による取消し・変更が可能な家事審判としては，前述の遺留分放棄の許可審判がよく例に挙げられますが，そんなに例が多いわけではありません。ただ，家事審判の取消し・変更に関しては，それ自体が別個の権利として民法等に個別に規定されていることが多く，その場合はそれらの独立した審判であって，本条の適用の問題ではありません。後者の例としては，例えば別表第一審判類型では，後見開始や保佐開始等の審判の取消し，失踪宣告の取消し，第二審判類型では，扶養の順位・程度方法の変更が代表的です。

3　取消し・変更審判の時的制限（家事法78条2項）

家事法1項の規定による取消し・変更の審判は，事後的な事情の変更により審判が不当となった場合を除き，審判が確定した日から5年を経過したときはすることができなくなるという時的制限があります。法的安定性の確保と再審でさえ5年の再審期間定めがあること等を考慮しての規定です。もっとも，審判後の事情変更により事後的に審判が不当になったときは，期間制限になじまないため例外としました（本条2項ただし書）。

第二編　家事審判に関する手続

4　陳述の聴取（家事法 78 条 3 項）

　家事審判の取消し・変更の申立てがあると，当該審判の従前の手続の続行という形で審理を再開することになりますが，審判の取消し・変更は当該事件の当事者や審判を受ける者の利益や法的地位に影響を与えることになるのは避けられません。

　そこで，家事法はこれらの者の立場を保護するため，当該審判を取り消し又は変更をする場合には，当初の審判において陳述が義務付けられていると否とにかかわらず，これらの者の陳述を聴かなければならないものとしました。

5　取消し・変更審判に対する不服申立て（家事法 78 条 4 項）

　家事審判の取消し・変更に対する不服申立てについては，取消し・変更の対象となる原審判に対する即時抗告と実質的に異ならないため，その場合と同様に，取消し後又は変更後の審判が原審判であるとした場合に即時抗告をすることができる者に即時抗告権を認めることとしたものです。

（七）　審判に対する民事訴訟法の準用

> **家事法 79 条（審判に関する民事訴訟法の準用）**
> 　民事訴訟法 247 条，256 条 1 項及び 258 条（2 項後段を除く。）の規定は，審判について準用する。この場合において，同法 256 条 1 項中「言渡し後」とあるのは，「審判が告知を受ける者に最初に告知された日から」と読み替えるものとする。

> **家事規則 51 条（脱漏した手続費用の負担の裁判を求める申立て・法79 条等）**
> 　手続費用の負担の裁判を脱漏した場合における手続費用の負担の

> 裁判を求める申立てについては，民事訴訟規則 161 条の規定を準用
> する。

1 審判に関する民事訴訟法の準用（家事法 79 条）

　家事法 79 条は，家事審判について民訴法の各規定，家事規則 51 条は手
続費用の追加裁判を求める場合の民事訴訟規則の準用を定めたものです。

2 民訴法 247 条の準用

　民訴法 247 条は，事実の認定における自由心証主義を定めたものです
が，非訟事件としての家事審判の手続においても，同様にあるいはそれ以
上に，裁判所が自由な心証により事実を認定することができるとする必要
があるから，その準用ということになったものです。

　この場合「口頭弁論の全趣旨」は「手続の全趣旨」と読み替えることに
なります。

3 民訴法 256 条 1 項の準用

　民訴法 256 条 1 項は，訴訟経済及び上訴審の負担軽減の見地から，判決
に法令違反があった場合に，裁判所の職権による判決の是正を認める規定
ですが，家事審判の場合もその必要があることから準用ということになっ
たものです。

　法令違反を理由とする職権による変更の審判は，その審判の告知を受け
る者に告知された日から 1 週間以内に限りすることができます（準用によ
る読替え）。

　法令違反がある審判は，不当な審判として家事法 78 条の規定による審
判の取消し・変更の対象となり得ますが，即時抗告をすることができる審
判は，同条の規定による取消し・変更の対象とはならないため，これらの

第二編　家事審判に関する手続

審判に法令違反があった場合の是正手段として，同条の規定による取消し・変更とは別に，本条において民訴法256条1項の規定を準用する意味があるとされています（文献①259頁）。

4　民訴法258条の準用

民訴法258条は，判決で判断すべき事項が裁判されずに残された場合についての規律ですが，家事審判においても，例えば手続の併合を命じた数個の審判事件中の1つにつき判断を示すことなく当該審判事件全体につき審判をしたものとして処理した場合や，手続費用の負担の裁判をしないで審判をした場合などでは，審判で判断すべき事項について判断（裁判）の脱漏の問題が生じます。そこで，このような場合の手当てとして，残部が係属していた裁判所に係属しているものとするなど，民訴手続の規定を準用することとしたものです。

（八）　外国裁判所の確定裁判の効力—外国裁判の承認—（民訴法118条の準用）

家事法79条の2（外国裁判所の家事事件についての確定した裁判の効力）
　　外国裁判所の家事事件についての確定した裁判（これに準ずる公的機関の判断を含む。）については，その性質に反しない限り，民事訴訟法第118条の規定を準用する。

本書第一章の二「日本の裁判所の管轄権」（国際裁判管轄）の冒頭の解説2（本書20頁以降）において解説した中間試案は，外国裁判所の家事事件における確定した終局裁判について，その効力を我が国において認めるか否かという外国裁判の承認の問題は，基本的に外国裁判所の人事訴訟事件における確定判決と家事事件における確定した終局裁判と同様の問題

であるとの考えから，基本的に民事訴訟法118条と同様の規律とすること
とし，以下の4要件を全て具備した場合に初めて認められることとしまし
た。すなわち，①法令又は条約により外国裁判所の裁判権が認められるこ
と，②申立人以外の当事者がいる場合は，申立人以外の当事者が申立書
（写しを含む。）の送付若しくは送達（公示送達その他これに類する送達を
除く。）を受けたこと又はこれを受けなかったが手続行為をしたこと（申
立人以外の当事者が存在しない事件は除かれる。），③裁判の内容及び家事
事件の手続が日本における公の秩序又は善良の風俗に反しないこと，④相
互の保証があること，の4要件です。

　本法は，この試案の考え方を引き継いだものと解されます。申立人以外
の当事者が存在しない事件（家事法別表第一事件）については，そのこと
を踏まえて申立人以外の当事者への申立書等の送付を要件としないものと
する提案は引き継がれているものと解されます。

　なお，家事事件手続法の改正ではありませんが，試案の考え方を踏襲し
て，民事執行法22条6項と24条1項の改正により，家事事件における確
定した終局裁判の日本における執行については，執行判決によるものとさ
れました。

（九）　中間決定

家事法80条（中間決定）
　　家庭裁判所は，審判の前提となる法律関係の争いその他中間の争
　いについて，裁判をするのに熟したときは，中間決定をすることが
　できる。
2　中間決定は，裁判書を作成してしなければならない。

第二編　家事審判に関する手続

1　中間決定事項（家事法80条1項）

　本条は，民事訴訟法245条に規定する中間判決の規律に倣い，家事審判の手続においても中間決定をすることができる旨を定めたものです。中間決定は審判ではなく，次条に規定する「審判以外の裁判」です。したがって，中間審判というのは誤りです。

　家事審判で中間決定が考えられる類型としては，国際裁判管轄権等の中間の争いがある場合や，遺産分割事件における相続人や遺産の範囲等の前提問題に争いがあるような場合です。

2　中間決定の方式（家事法80条2項）

　中間決定では裁判書の作成を要するとしたのは，中間決定は主として当事者間で争点となった事項について裁判するものであり，取消し・変更がされない限り，その判断に従って終局審判がされることが通常ですから，その判断に至った理由が明確に示されていることが必要だからです。

（十）　審判以外の裁判

> **家事法81条（審判以外の裁判）**
> 　　家庭裁判所は，家事審判の手続においては，審判をする場合を除き，決定で裁判をする。この場合には，73条から79条まで（74条2項ただし書,76条1項及び78条3項を除く。）の規定を準用する。
> 2　家事審判の手続の指揮に関する裁判は，いつでも取り消すことができる。
> 3　審判以外の裁判は，判事補が単独ですることができる。

第一章　総則

1　審判以外の裁判（家事法81条1項）

　家事法81条は，家事審判の手続における審判以外の裁判の形式等についての規律を定めたものです。「審判以外の裁判」としては，家事法73条に規定する，家事審判事件についての終局的判断をする裁判（審判）以外の裁判を意味します。これに属する主なものとしては，移送に関する裁判・特別代理人選任の裁判・手続上の中止の裁判・手続併合分離の裁判・記録閲覧許可の裁判・手続の指揮に関する命令・調査官調査立会いを命ずる裁判・審理終結宣言・更正決定・中間決定等多数にのぼります。

　これらの裁判の中には，形式的な分類上は受命裁判官や受託裁判官の行為は「命令」の性質を有しますが，これらを含めてここでは審判以外の裁判は「決定」で裁判することになります。そして，家事法は審判以外の裁判についても，一定の例外規定を除き，審判に関する73条から79条までの規定を準用することとしています。

2　手続の指揮に関する裁判（家事法81条2項）

　手続の分離・併合など家事審判の手続の指揮に関する裁判（決定・命令）は，性質上は審判以外の裁判ですが，手続の進行を適正・迅速かつ円滑に実施できるようにするために，民事訴訟法120条の規定に倣い，これをいつでも取り消すことができるようにしたものです。

3　判事補が単独でできる裁判（家事法81条3項）

　審判以外の裁判は，家事審判事件についての終局的な裁判ではなく，一般的な審判ほど重要であるとはいえないため，民事訴訟法123条の規定に倣い，（未特例）判事補が1人でできることとしたものです。

第二編　家事審判に関する手続

第八款　取下げによる事件の終了

（一）　家事審判の申立ての取下げ

家事法82条（家事審判の申立ての取下げ）

　　家事審判の申立ては，特別の定めがある場合を除き，審判があるまで，その全部又は一部を取り下げることができる。

2　別表第二に掲げる事項についての家事審判の申立ては，審判が確定するまで，その全部又は一部を取り下げることができる。ただし，申立ての取下げは，審判がされた後にあっては，相手方の同意を得なければ，その効力を生じない。

3　前項ただし書及び153条（199条において準用する場合を含む。）の規定により申立ての取下げについて相手方の同意を要する場合においては，家庭裁判所は，相手方に対し，申立ての取下げがあったことを通知しなければならない。ただし，申立ての取下げが家事審判の手続の期日において口頭でされた場合において，相手方がその期日に出頭したときは，この限りでない。

4　前項本文の規定による通知を受けた日から2週間以内に相手方が異議を述べないときは，申立ての取下げに同意したものとみなす。同項ただし書の規定による場合において，申立ての取下げがあった日から2週間以内に相手方が異議を述べないときも，同様とする。

5　民事訴訟法261条3項及び262条1項の規定は，家事審判の申立ての取下げについて準用する。この場合において，同法261条3項ただし書中「口頭弁論，弁論準備手続又は和解の期日（以下この章において「口頭弁論等の期日」という。）」とあるのは，「家事審判の手続の期日」と読み替えるものとする。

第一章　総則

> **家事規則 52 条（家事審判の申立ての取下げがあった場合の取扱い・法 82 条等）**
>
> 　家事審判の申立ての取下げがあった場合において，相手方の同意を要しないときは，裁判所書記官は，申立ての取下げがあった旨を当事者及び利害関係参加人に通知しなければならない。
> 2　家事審判の申立ての取下げについて相手方の同意を要する場合において，相手方が申立ての取下げに同意したとき（法 82 条 4 項の規定により同意したものとみなされた場合を含む。）は，裁判所書記官は，その旨を当事者及び利害関係参加人に通知しなければならない。
> 3　1 項の規定は，法 83 条の規定により家事審判の申立ての取下げがあったものとみなされた場合について準用する。

1　申立ての取下げの原則的許容（家事法 82 条 1 項）

　家事事件には，後述するように特に別表第一（旧甲類）類型事件の中などには，申立人の私的利益ではなく，その結果が第三者にも及ぶような，いわゆる公益的色彩が濃厚な事件類型もありますので，私的利益の追求が目的の民事訴訟とは異なって，取下を申立人・原告の全くの自由に任せておくわけにはいきません。原則的には自由であるにしても，特別の規定を設けて取下げを制限せざるを得ない事件類型が存在します。

　そこで，家事法 82 条 1 項は，家事審判の申立ては，特別の定めがある場合を除き原則として，時期的には審判があるまでは，その全部又は一部を申立人の意思により取り下げることができるものとしました。「特別な定めがある場合」としては，家事法 82 条 2 項で説明する事項のほか，①後見開始等の申立て（家事法 121 条・133 条・142 条・180 条・221 条），②遺言の確認の申立て及び遺言書の検認の申立て（家事法 212 条），③審

237

第二編　家事審判に関する手続

判前の保全処分の申立て（家事法 106 条 4 項）があります。

2　別表第二事件（旧乙類）の申立ての取下げ（家事法 82 条 2 項）

　特別の定めとして家事法 82 条 2 項は，別表第二に掲げる事項についての家事審判の取下げは，原則として審判が確定するまで可能としつつ，相手方の審判を得た利益の保護のため，審判があった後は相手方の同意を得なければならないものとしました。別表第二の審判は，処分（合意）可能で調停で解決できることから，別表第一の審判と比較して，公益性が低く，当事者の意思による解決を可能としたものです。

　ただ，離婚に伴う財産分与事件や相続に伴う遺産分割事件は，相手方にも審判を受けることに強い利益があるため，家事法はこれらの事件については，審判前であっても，相手方が本案について書面を出し，又は家事審判の手続期日において陳述をした後にあっては，相手方の同意がなければ申立ての効力が生じないこととしました（家事法 153 条・199 条）。

3　取下げの通知（家事法 82 条 3 項）

　この通知は，相手方に取下げの事実を知らせ，相手方が取下げに同意するかどうか，及び家事法 82 条 4 項に規定するみなし同意の効果を発生させるかどうかを検討する機会を与えるためのものです。

4　相手方の取下げ同意の擬制（家事法 82 条 4 項）

　これは，申立ての取下げに相手方の同意が必要である場合において，相手方が一定の期間内に異議を述べないときの同意の擬制について規定したものです。

第一章　総則

5　申立て取下げの方式等（家事法 82 条 5 項）

　申立ての取下げの方式及び効果については，民事訴訟法における取扱い
と異なることはないことから，民事訴訟法の関係規定を準用することとし
たものです。

（二）　家事審判取下げの擬制

家事法 83 条（家事審判の申立ての取下げの擬制）
　　家事審判の申立人（153 条（199 条において準用する場合を含む。）
　の規定により申立ての取下げについて相手方の同意を要する場合に
　あっては，当事者双方）が，連続して 2 回，呼出しを受けた家事審
　判の手続の期日に出頭せず，又は呼出しを受けた家事審判の手続の
　期日において陳述をしないで退席をしたときは，家庭裁判所は，申
　立ての取下げがあったものとみなすことができる。

1　取下げ擬制の制度（家事法 83 条）

　本条は，家事審判の申立人が自ら審判の申立てをしておきながら，手続
の進行に不熱心のときは，手続の円滑な進行の妨げとなり，当該事件が終
了しないまま長期にわたり裁判所に係属し続けるという事態を生ずるた
め，これに対処するためのものです。審判の申立ての取下げについて相手
方の同意が必要な事件にあっては，相手方の保護も必要だからです。

2　「みなすことができる」

　擬制は裁判所の裁量によります。そのため，みなせないこともできます。
　このような取下げ擬制という効果を生じさせるための呼出しは，正式な
呼出しである必要があり，簡易呼出しによる期日に欠席等をしてもこの効

239

第二編　家事審判に関する手続

果は生じません（家事法34条，民訴法94条2項）。

第九款　高等裁判所が第一審として行う手続

家事法84条

　高等裁判所が第一審として家事審判の手続を行う場合におけるこの節（筆者注・第一節家事審判の手続）の規定の適用については，同節の規定（58条，59条1項から3項まで，61条1項及び2項並びに65条の規定を除く。）中「家庭裁判所」とあるのは「高等裁判所」と，39条，47条6項，49条3項，56条2項，65条，72条，73条，74条1項から3項まで（2項ただし書を除く。），75条，77条1項，78条（1項二号及び4項を除く。），79条，80条1項，81条1項並びに82条1項及び2項中「審判」とあるのは「審判に代わる裁判」と，42条2項中「審判の結果」とあるのは「審判に代わる裁判の結果」と，58条1項，59条1項から3項まで，61条1項及び65条中「家庭裁判所は」とあるのは「高等裁判所は」と，58条3項中「家庭裁判所に」とあるのは「高等裁判所に」と，76条中「審判書」とあるのは「裁判書」と，同条1項中「審判は」とあるのは「審判に代わる裁判は」と，同項ただし書中「即時抗告をすることができない審判」とあるのは「家庭裁判所の審判であるとした場合に即時抗告をすることができない審判に代わる裁判」と，78条1項二号中「即時抗告をすることができる審判」とあるのは「家庭裁判所の審判であるとした場合に即時抗告をすることができる審判に代わる裁判」とする。

2　40条及び48条の規定は，高等裁判所が第一審として家事審判の手続を行う場合については，適用しない。

第一章　総則

> **家事規則53条（高等裁判所が第一審として家事審判の手続を行う場合におけるこの節の規定の適用・法84条）**
>
> 　高等裁判所が第一審として家事審判の手続を行う場合におけるこの節の規定の適用については，30条，37条3項，42条1項及び49条1項中「家庭裁判所」とあるのは「高等裁判所」と，同項及び同条2項並びに50条3項中「審判の」とあるのは「審判に代わる裁判の」と，同条1項及び2項中「審判書」とあるのは「審判に代わる裁判の裁判書」と，同条1項中「審判を」とあるのは「審判に代わる裁判を」とする。
> 2　39条の規定は，高等裁判所が第一審として家事審判の手続を行う場合については，適用しない。

1　高裁が第一審として行う裁判（家事法84条1項）

　本条が適用される「高等裁判所が第一審として家事審判の手続を行う場合」としては，①本案事件が高裁に係属している場合における審判前の保全処分の事件（家事法105条2項），②推定相続人廃除審判又はその取消審判事件が高裁に係属している場合における遺産管理処分審判事件（家事法189条1項），③遺産分割審判事件が高裁に係属している場合における寄与分審判事件（家事法191条2項），④財産分離審判事件が高裁に係属している場合における相続財産管理処分審判事件（家事法202条2項二号）があります。

　高等裁判所における家庭裁判所の審判に相当する裁判は，「審判に代わる裁判」です。高裁の抗告審としての裁判は「決定」ですが，ここでは決定とはいわないので注意が必要です。

241

第二編　家事審判に関する手続

2　適用除外（家事法 84 条 2 項）

　参与員についての規定と検察官に対する通知の規定の適用を除外しています。

第二節　不服申立て

第一款　審判に対する不服申立て

第一目　即時抗告

（一）　即時抗告が可能な審判

家事法 85 条（即時抗告をすることができる審判）
　　審判に対しては，特別の定めがある場合に限り，即時抗告をすることができる。
2　手続費用の負担の裁判に対しては，独立して即時抗告をすることができない。

1　即時抗告をすることができる審判（家事法 85 条 1 項）

　家事審判においては，法律関係を早期に安定させ，迅速な解決を図る必要がありますので，新法の家事事件手続法においても旧家事審判法及び規則の時代と同様に，審判に対しては抗告期間の定めのない通常抗告は認めないこととし，しかも抗告期間の定めのある即時抗告でさえ，特別の定めがある場合に限り認めることとしました。

　旧家審法においては，即時抗告を認めるべきかどうかについて最高裁判所の規則（家事審判規則）に委ねていましたが，新法においてはこれを法

律事項とし，家事事件手続法の2編2章の個別審判事件ごとの規定で即時抗告を認めるか否かを規定することにしました。これは，個別的な家事審判事件ごとにその性質，審判により影響を受ける者の利益等が多様であることから，個別事案ごとにその要否を検討して決めるのが相当であるからです。

2　手続費用の負担の裁判に対する即時抗告（家事法85条2項）

　審判においてされた手続費用の負担の裁判に対しては，独立して即時抗告をすることができないこととされたのは，費用負担の裁判に対してのみの不服申立てを認めると，本案についての裁判は変更できないのに，費用負担との関係では本案の裁判とは異なった判断に立って訴訟費用の裁判を変更しなければならなくなることがあり得るため，このような本案と訴訟費用とのアンバランスを避ける必要があるからです。

3　抗告審における当事者

　ここで，抗告審における当事者に関して，第一審の申立人や相手方といった当事者が抗告審においては，どのような名称と地位に変ずるかということについて検討しておきます。

　別表第二（旧乙類）事件については，必ず対立当事者がいるわけですが，この場合申立人又は相手方のうち一方が即時抗告をしたときは，即時抗告をした者が申立人，その相手方が抗告審においては相手方となります。したがって，第一審の相手方が即時抗告をしたときは，第一審の申立人が相手方となり，第一審の当事者以外の者（第三者）が即時抗告をしたときは，即時抗告をした者が即時抗告審においては当事者（申立人）となり，第一審の申立人及び相手方はいずれも即時抗告審における当事者（相手方）となります。

　別表第一（旧甲類）事件については，対立当事者はおらず申立人だけで

243

第二編　家事審判に関する手続

すから，第一審の申立人が即時抗告をしたときは，即時抗告審においても申立人で，相手方はいません。申立人以外の者（第三者）が即時抗告をしたときは，即時抗告をした者が即時抗告審においては当事者（申立人）となり，第一審の申立人も当事者としての地位（第一審申立人）を維持します。

（二）　即時抗告期間

家事法86条（即時抗告期間）

　審判に対する即時抗告は，特別の定めがある場合を除き，2週間の不変期間内にしなければならない。ただし，その期間前に提起した即時抗告の効力を妨げない。

2　即時抗告の期間は，特別の定めがある場合を除き，即時抗告をする者が，審判の告知を受ける者である場合にあってはその者が審判の告知を受けた日から，審判の告知を受ける者でない場合にあっては申立人が審判の告知を受けた日（2以上あるときは，当該日のうち最も遅い日）から，それぞれ進行する。

1　即時抗告の期間（家事法86条1項）

　審判の性質は手続法上の分類（判決か決定か命令か）では，口頭弁論を前提とする判決ではなく，それ以外の裁判所の判断である「決定」の性質を有するものと解されていますが，それは裁判の形式上の分類に過ぎません。これを実質的に見れば，審判も判決と同様，家事審判事件の本案についての終局的な判断であり，その意味では民事訴訟における判決と同様の重みのある判断ですから，それに対する即時抗告期間も民事訴訟法332条のような1週間ではなく，2週間としたものです。

　本条1項のただし書は，民事訴訟法285条のただし書と同趣旨の規定です。審判の告知によって審判が成立している限り，即時抗告権者は本条2

項で定める即時抗告期間の始期以前であっても，適法に即時抗告をすることができることとしたものです。

2　即時抗告期間の起算点（家事法86条2項）

　本条2項は，即時抗告期間の起算点について，即時抗告をする者が審判の告知を受けた場合にはその告知の日からとし，告知を受けた者でない場合には申立人が審判の告知を受けた日からとしています。手続を明確にする必要から，そのように定めました。

　審判の告知を受ける即時抗告権者が複数ある場合は，それぞれが個別に上記の観点から起算されますので，抗告期間の満了が異なる場合があり得ます。

（三）　即時抗告提起の方式

> **家事法87条（即時抗告の提起の方式等）**
> 　即時抗告は，抗告状を原裁判所に提出してしなければならない。
> 2　抗告状には，次に掲げる事項を記載しなければならない。
> 　一　当事者及び法定代理人
> 　二　原審判の表示及びその審判に対して即時抗告をする旨
> 3　即時抗告が不適法でその不備を補正することができないことが明らかであるときは，原裁判所は，これを却下しなければならない。
> 4　前項の規定による審判に対しては，即時抗告をすることができる。
> 5　前項の即時抗告は，1週間の不変期間内にしなければならない。ただし，その期間前に提起した即時抗告の効力を妨げない。
> 6　49条4項及び5項の規定は，抗告状が2項の規定に違反する場合及び民事訴訟費用等に関する法律の規定に従い即時抗告の提起の

第二編　家事審判に関する手続

手数料を納付しない場合について準用する。

家事規則 54 条（抗告状の写しの添付・法 88 条）

　審判に対する即時抗告をするときは，抗告状には，原審における当事者及び利害関係参加人（抗告人を除く。）の数と同数の写しを添付しなければならない。

家事規則 55 条（原審判の取消事由等を記載した書面）

　審判に対する即時抗告をする場合において，抗告状に原審判の取消し又は変更を求める事由の具体的な記載がないときは，抗告人は，即時抗告の提起後 14 日以内に，これらを記載した書面を原裁判所に提出しなければならない。

2　前条の規定は，前項の書面について準用する。

家事規則 56 条（抗告裁判所への事件送付）

　審判に対する即時抗告があった場合には，原裁判所は，抗告却下の審判をしたときを除き，遅滞なく，事件を抗告裁判所に送付しなければならない。

2　前項の規定による事件の送付は，原裁判所の裁判所書記官が，抗告裁判所の裁判所書記官に対し，家事審判事件の記録を送付してしなければならない。

家事規則 57 条（原裁判所の意見）

　審判（法別表第二に掲げる事項についての審判を除く。）に対する即時抗告があった場合において，抗告裁判所に事件を送付するときは，原裁判所は，抗告事件についての意見を付さなければならない。

246

第一章　総則

> **家事規則 58 条（原審判の取消事由等を記載した書面の写しの送付・法88条）**
>
> 　抗告裁判所は，原裁判所から事件の送付を受けた場合には，即時抗告が不適法であるとき又は即時抗告に理由がないことが明らかなときを除き，原審における当事者及び利害関係参加人（抗告人を除く。）に対し，55条1項の書面（即時抗告の提起後14日以内に提出されたものに限る。）の写しを送付しなければならない。ただし，抗告審における手続の円滑な進行を妨げるおそれがあると認められる場合は，この限りでない。

1　即時抗告の提起の方式（家事法87条1項・2項）

　家事法87条1項では，即時抗告の提起は，抗告状を原裁判所に提出してしなければならない旨を規定しています。抗告審ではなく，原審提出主義を採用しています。

　家事法87条2項では，抗告状には，当事者及び法定代理人（同項一号），並びに原審判の表示及びその審判に対して即時抗告をする旨（同項二号）を記載すべきことを定めています。

2　原裁判所による即時抗告の却下（家事法87条3項・4項・5項）

　家事法87条3項では，期間経過後など即時抗告が不適法で不備を補正することができないことが明らかなとき，審判をした原裁判所が即時抗告を却下する審判をしなければならない旨を定めています。

　家事法87条4項では，却下の審判に対しては即時抗告をすることができる旨を定めています。

　家事法87条5項では，家事法86条1項の「特別の定め」として即時抗

247

第二編　家事審判に関する手続

告期間を 1 週間の不変期間内に限定しています。不変期間とは，通常期間が裁判所によって職権で伸縮できるのに対し，伸縮が許されていない期間です（民訴法 96 条 1 項）。

3　抗告裁判所裁判長の抗告状審査権（家事法 87 条 6 項）

家事法 87 条 6 項の規定は，そこに規定された場合に抗告裁判所の裁判長に抗告状審査権を与えたものです。ということは，抗告状の提出を受けても，原審の裁判所にはその審査権がないことを意味します。この審査権の行使による裁判長の抗告状却下は，裁判の形式的性質からいえば，決定ではなく命令です。

4　抗告理由書の提出期間 14 日（家事規則 55 条）

抗告状に原審判の取消し・変更を求める事由（抗告理由）の記載がないときは，抗告提起後 14 日以内に抗告理由書を提出しなければなりません。これは短期間に準備しなければならず，抗告人の負担となりますが，14日以内に提出されない場合でも，それだけの理由で抗告が却下されることはないということです（文献③ 137 頁）。

5　その他の家事規則の規定

家事規則 54 条，56 条，57 条，58 条記載の通りです。

6　即時抗告の書式例

文献⑬中の〔書式 243〕〔書式 244〕〔書式 245〕〔書式 246〕〔書式 247〕参照。

248

第一章　総則

（四）　抗告状の写しの送付等

> **家事法 88 条（抗告状の写しの送付等）**
>
> 　　審判に対する即時抗告があった場合には，抗告裁判所は，即時抗告が不適法であるとき又は即時抗告に理由がないことが明らかなときを除き，原審における当事者及び利害関係参加人（抗告人を除く。）に対し，抗告状の写しを送付しなければならない。ただし，抗告審における手続の円滑な進行を妨げるおそれがあると認められる場合には，即時抗告があったことを通知することをもって，抗告状の写しの送付に代えることができる。
>
> 2　　裁判長は，前項の規定による抗告状の写しの送付又はこれに代わる通知の費用の予納を相当の期間を定めて抗告人に命じた場合において，その予納がないときは，命令で，抗告状を却下しなければならない。

1　抗告状の写しの送付（家事法 88 条 1 項）

　この抗告状の写しの送付は，審判に対して即時抗告がされた場合には，別表第二（旧乙類）に掲げる事項についての審判事件だけでなく，別表第一（旧甲類）に掲げる事項についての審判事件や保全処分事件にも妥当し，即時抗告があった以上は，抗告人と抗告人以外の原審における当事者等との間に紛争性があると考えられるため，原審における当事者及び利害関係参加人（抗告人を除く）に可能な限り早い段階で攻撃防御権を行使するための機会を提供する必要があるからです。

　これは，旧家事審判法時代に，抗告状及び抗告理由書の副本を相手方に送付せず反論の機会を与えなかったことについて，相手方の裁判を受ける権利を侵害した違法があるとまではいえないが，原審のこのような手続には問題があると指摘されたこともあって（最判平成 20・5・8 判時 2011 号

249

第二編　家事審判に関する手続

116頁，文献⑥135頁以下），特に当事者権の保障や透明性の確保の見地から明文化されたものです。

2　費用不予納の場合の抗告状却下命令（家事法88条2項）

　家事法88条2項は，このような場合における抗告審の裁判長に対し，抗告状の却下命令の権限を与えたものです。家事法87条6項と同じ趣旨です。

（五）　原審判取消しの場合の陳述聴取の必要性

> **家事法89条（陳述の聴取）**
> 　　抗告裁判所は，原審における当事者及びその他の審判を受ける者（抗告人を除く。）の陳述を聴かなければ，原審判を取り消すことができない。
> 2　別表第二に掲げる事項についての審判事件においては，抗告裁判所は，即時抗告が不適法であるとき又は即時抗告に理由がないことが明らかなときを除き，原審における当事者（抗告人を除く。）の陳述を聴かなければならない。

1　2項規定以外の審判事件の場合（家事法89条1項）

　別表第二（旧乙類）以外の別表第一（旧甲類）を中心とした事件類型のものであっても，即時抗告された事件の場合には紛争性が高いため，その即時抗告審において抗告裁判所がその審判を取り消して自ら変更の決定をする場合には，原審に直接的な利害関係を有すると考えられる当事者及びその他の審判を受ける者（抗告人を除く。）に反論の機会を保障するために，陳述を聴取しなければならないとしたものです。当事者等に攻撃防禦権を保障するための制度です。

第一章　総則

　抗告人は，抗告状及び抗告理由書等において自己の主張を展開できることから，改めて反論の機会を与える必要はありませんから，抗告人は陳述聴取の対象から除外されています。また，利害関係人であっても裁判を受ける者でないものは陳述の対象となりません。更に原審の申立てを却下した場合の「裁判を受ける者」に相当する者も，原審で当該審判により形成されるべき内容は示されていませんから，抗告審においてその判断を変更する場合においても不意打ちとなることはなく，陳述の必要的対象とはならないと解されています（文献①289頁）。もちろん，必要的とされていないだけで，個別的事案において抗告裁判所に任意的に聴取の対象とすることは可能です。

2　別表第二事件の場合（家事法89条2項）

　別表第二（旧乙類）の事件は相手方のある紛争性が強い類型のものですから，即時抗告が不適法である又は理由のないことが明らかなとき以外は，原審における抗告人を除く当事者の陳述を聴かなければならないことは当然であり，家事法89条2項はそれを保障するための規定です。

（六）　原裁判所による更正

> **家事法90条（原裁判所による更正）**
> 　　原裁判所は，審判に対する即時抗告を理由があると認めるときは，その審判を更正しなければならない。ただし，別表第二に掲げる事項についての審判については，更正することができない。

1　再度の考案の原則的認容（家事法90条本文）

　この制度は旧家事審判法時代の「再度の考案」を家事法でも取り入れたものです。別表第二事件を除く家事事件は，一般に簡易迅速な処理が要請

第二編　家事審判に関する手続

されるため，原裁判所が自らの再考で抗告に理由があると認めたときに，再度の考案として抗告に沿った更生をすることを認めたものです。

2　別表第二（旧乙類）事件における禁止（家事法90条ただし書）

別表第二（旧乙類）事件類型の場合は，第一審の審理手続を手続保障の観点から充実させるために相当でないとする配慮からです。

（七）　抗告裁判所による裁判

> **家事法91条（抗告裁判所による裁判）**
> 抗告裁判所は，即時抗告について決定で裁判する。
> 2　抗告裁判所は，即時抗告を理由があると認める場合には，家事審判事件について自ら審判に代わる裁判をしなければならない。ただし，93条3項において準用する民事訴訟法307条又は308条1項の規定により事件を第一審裁判所に差し戻すときは，この限りでない。

> **家事規則59条（審判書の引用・法91条）**
> 抗告審の決定書における理由の要旨の記載は，審判書を引用してすることができる。

1　抗告裁判所による裁判の方式（家事法91条1項）

抗告裁判所が即時抗告に対して行う裁判の形式を「決定」で行うとしたもので，これは抗告裁判所（高等裁判所）は家庭裁判所が専権的に行う審判を行うことができないことから，このような表現となったのですが，即時抗告に対する内容について判断するものですから，実質的には審判と異なりません。なお，家事法91条2項では特に即時抗告を認容する決定を

252

特に「審判に代わる裁判」と呼んでいます。

2　抗告裁判所による審判に代わる裁判（家事法91条2項）

　家事法91条2項は，家事審判法と同規則の時代には，即時抗告を理由があると判断するときには差戻しが原則でしたが（旧家審規19条1項），家事法はこれを改め，ただし書に規定する例外的な場合を除き，抗告裁判所が自ら審判に代わる裁判をすることとしたものです。

（八）　原審の管轄違いの取扱い

> **家事法92条（原審の管轄違いの場合の取扱い）**
>
> 　抗告裁判所は，家事審判事件（別表第二に掲げる事項についての審判事件を除く。）の全部又は一部が原裁判所の管轄に属しないと認める場合には，原審判を取り消さなければならない。ただし，原審における審理の経過，事件の性質，抗告の理由等に照らして原審判を取り消さないことを相当とする特別の事情があると認めるときは，この限りでない。
> 2　抗告裁判所は，家事審判事件が管轄違いであることを理由として原審判を取り消すときは，その事件を管轄権を有する家庭裁判所に移送しなければならない。

1　管轄違いによる原裁判の取消し（家事法92条1項）

　家事法92条1項は，別表第二（旧乙類）類型の審判事件を除き，原審で管轄違いが看過されて告知された審判は，ただし書で示された例外的な場合を除き，原則的に取り消す旨を定めています。

第二編　家事審判に関する手続

2　原裁判取消しの場合の移送の裁判（家事法 92 条 2 項）

　家事法 92 条 2 項は，原審が管轄違いの裁判をした場合には，原審に差し戻すのではなく，抗告審が直接に管轄裁判所に移送すべき旨を定めています。

（九）　家事審判手続規定・民事訴訟法の準用等

> **家事法 93 条（家事審判の手続の規定及び民事訴訟法の準用等）**
>
> 　審判に対する即時抗告及びその抗告審に関する手続については，特別の定めがある場合を除き，前節 1 款から 8 款までの規定（40 条，41 条 4 項，42 条 6 項，43 条 2 項，44 条 2 項，47 条 8 項から 10 項まで，48 条，49 条 6 項，66 条，67 条 4 項，74 条 2 項ただし書，4 項及び 5 項，76 条 1 項ただし書，77 条 3 項から 5 項まで，78 条 4 項，81 条 3 項並びに 83 条の規定を除く。），4 節の規定（105 条 2 項，110 条，111 条及び 113 条の規定を除く。）及び次章の規定（家庭裁判所の管轄及び即時抗告に関する規定を除く。）を準用する。この場合において，78 条 1 項二号中「即時抗告をすることができる審判」とあるのは，「家庭裁判所の審判であるとした場合に即時抗告をすることができる審判に代わる裁判」と読み替えるものとする。
>
> 2　抗告裁判所は，88 条 1 項の規定による抗告状の写しの送付及びこれに代わる即時抗告があったことの通知をすることを要しないときは，前項において準用する 71 条の規定による審理の終結の手続を経ることなく，即時抗告を却下し，又は棄却することができる。
>
> 3　民事訴訟法 283 条，284 条，292 条，298 条 1 項，299 条 1 項，302 条，303 条及び 305 条から 308 条までの規定は，審判に対する

第一章　総則

即時抗告及びその抗告審に関する手続について準用する。この場合において、同法 292 条 2 項中「261 条 3 項, 262 条 1 項及び 263 条」とあるのは「家事事件手続法 82 条 5 項及び 83 条」と、同法 303 条 5 項中「189 条」とあるのは「家事事件手続法 291 条」と読み替えるものとする。

> **家事規則 60 条（家事審判の手続の規定及び民事訴訟規則の準用・法 93 条）**
>
> 　審判に対する即時抗告及びその抗告審に関する手続については、特別の定めがある場合を除き、前節 1 款から 7 款までの規定（39 条並びに 52 条 1 項及び 3 項の規定を除く。）, 4 節の規定及び次章の規定を準用する。
> 2　民事訴訟規則 173 条, 177 条及び 185 条の規定は、審判に対する即時抗告及びその抗告審に関する手続について準用する。この場合において、同規則 173 条 3 項及び 177 条 2 項中「相手方」とあるのは、「原審における当事者及び利害関係参加人」と読み替えるものとする。

1　第一審の家事審判に関する規定の準用（家事法 93 条 1 項）

　家事法 93 条 1 項では、審判に対する即時抗告及びその抗告審に関する手続について、特別の定め（本条で括弧書きで示された条項の外、家事法 86 条・87 条・88 条等）がある場合を除き、第一審の家事審判の手続に関する規定（各側の規定を含む。）及び審判前の保全処分についての規定を原則として準用することとしたものです。

2　即時抗告が不適法等の場合の特則（家事法 93 条 2 項）

　家事法 93 条 2 項は、即時抗告が不適法であるとき又は理由のないこと

255

第二編　家事審判に関する手続

が明らかなときについての特則です。

3　民訴法の準用（家事法93条3項）

家事法93条3項は民事訴訟法の関連規定の準用です。

4　抗告審における申立ての取下げ及び抗告の取下げ

抗告審における家事審判の申立て自体の取下げは，家事法93条1項において準用する82条の規定が適用されるため，相手方の同意がなければできないことになります。

また，抗告審における抗告の申立ての取下げ，家事法93条3項において準用される民事訴訟法292条1項の規定が適用されるため，抗告審において終局的な裁判があるまで行うことが可能で，抗告の取下げにより当該部分は初めから抗告がなかったものとしてみなされることになります（民訴法82条5項)。

5　民訴規則の準用

家事審判に対する即時抗告及びその抗告書に関する手続について家事審判手続の準用規定と，民事訴訟規則の準用規定です。

第二目　特別抗告

特別抗告とは，家庭裁判所の審判で不服の申立てができないもの，及び高等裁判所が第一審として決定した家事審判に対するもので最高裁判所に不服申立てをする場合の憲法違反を理由とする特別の抗告制度です。特別抗告と即時抗告は両立しませんが，特別抗告と後述の許可抗告は両立します。

第一章　総則

（一）　特別抗告をすることができる裁判等

> **家事法94条（特別抗告をすることができる裁判等）**
> 　家庭裁判所の審判で不服を申し立てることができないもの及び高等裁判所の家事審判事件についての決定に対しては，その裁判に憲法の解釈の誤りがあることその他憲法の違反があることを理由とするときに，最高裁判所に特に抗告をすることができる。
> 2　前項の抗告（以下「特別抗告」という。）が係属する抗告裁判所は，抗告状又は抗告理由書に記載された特別抗告の理由についてのみ調査をする。

> **家事規則61条（特別抗告をする場合における費用の予納・法94条等）**
> 　特別抗告をするときは，抗告状の写しの送付に必要な費用のほか，抗告提起通知書の送達及び送付，抗告理由書の写しの送付，裁判の告知並びに抗告裁判所が家事審判事件又は抗告事件の記録の送付を受けた旨の通知に必要な費用の概算額を予納しなければならない。

> **家事規則62条（特別抗告の抗告提起通知書の送達及び送付・法94条等）**
> 　特別抗告があった場合には，原裁判所は，抗告状却下の命令又は法96条1項において準用する法87条3項の規定による抗告却下の決定があったときを除き，抗告提起通知書を，抗告人に送達するとともに，原審における当事者及び利害関係参加人（抗告人を除く。）に送付しなければならない。

> **家事規則63条（特別抗告の抗告理由書の提出期間・法94条等）**
> 　特別抗告の抗告理由書の提出の期間は，抗告人が前条の規定によ

257

第二編　家事審判に関する手続

る抗告提起通知書の送達を受けた日から 14 日とする。

家事規則 64 条（特別抗告の理由を記載した書面の写しの添付・法 94 条等）

　特別抗告の理由を記載した書面には，原審における当事者及び利害関係参加人（抗告人を除く。）の数に 6 を加えた数の写しを添付しなければならない。

家事規則 65 条（抗告裁判所への事件送付・法 94 条等）

　特別抗告があった場合には，原裁判所は，抗告状却下の命令又は抗告却下の決定があったときを除き，事件を抗告裁判所に送付しなければならない。この場合において，原裁判所は，抗告人が特別抗告の理由中に示した家事審判事件の手続に関する事実の有無について意見を付することができる。

2　前項の規定による事件の送付は，原裁判所の裁判所書記官が，抗告裁判所の裁判所書記官に対し，家事審判事件の記録を送付してしなければならない。ただし，原裁判所が家事審判事件の記録を送付する必要がないと認めたときは，原裁判所の裁判所書記官は，抗告事件の記録のみを抗告裁判所の裁判所書記官に送付すれば足りる。

3　抗告裁判所の裁判所書記官は，前項の規定による家事審判事件又は抗告事件の記録の送付を受けたときは，速やかに，その旨を原審における当事者及び利害関係参加人に通知しなければならない。

4　2 項ただし書の規定により抗告事件の記録のみが送付された場合において，抗告裁判所が同項の家事審判事件の記録が必要であると認めたときは，抗告裁判所の裁判所書記官は，速やかに，その送付を原裁判所の裁判所書記官に求めなければならない。

第一章　総則

> **家事規則 66 条（特別抗告の抗告理由書の写しの送付・法 94 条等）**
>
> 　抗告裁判所は，原裁判所から事件の送付を受けた場合には，特別抗告が不適法であるとき又は特別抗告に理由がないことが明らかなときを除き，原審における当事者及び利害関係参加人（抗告人を除く。）に対し，特別抗告の抗告理由書の写しを送付しなければならない。

1　特別抗告ができる裁判（家事法 94 条 1 項）

　家事法 94 条に規定する特別抗告は，憲法問題については最高裁判所が終審として判断すべき旨を定める憲法 81 条の要請に基づく制度です。そしてその 1 項では，特別抗告の理由として，①家庭裁判所の審判で不服（即時抗告）を申し立てることができないもの，及び②高等裁判所がした家事審判事件についての決定に対して，その裁判に憲法違反があるときに最高裁判所に特別抗告をすることができる旨を定めています。①は家事事件手続法で即時抗告をすることができると規定しているもの以外は，全てこれに含まれます。②には，高等裁判所が抗告審としてした審判に代わる裁判（決定）や抗告棄却の決定，及び高等裁判所が第一審としてした審判に代わる裁判（決定）が含まれます。

　上記①の即時抗告をすることができるかどうかは，上述したように家事事件手続法で個別的に定められていますが，即時抗告をすることができない審判であっても，憲法違反があれば特別に最高裁判所の判断を求め得るという特別抗告制度の趣旨からすれば，他の者によって即時抗告をすることができる場合であっても，自己にとって不服申立ての手段がない以上，上記①の要件を満たすものと解されます（文献① 309 頁参照）。

第二編　家事審判に関する手続

2　特別抗告裁判所の調査の範囲（家事法 94 条 2 項）

　特別抗告がされますと，最高裁判所が抗告審として，調査・判断することになりますが，家事法 94 条 2 項はその場合の調査の範囲について，「抗告状又は抗告理由書に記載された特別抗告の理由」についてのみ調査するものとしています。もとよりこれは，特別抗告の理由に対する調査義務の範囲の問題であって，訴訟要件の具備など一般的な職権調査を排除する趣旨ではありません。なお，この場合民事訴訟法における不利益変更禁止の制度（民訴法 304 条）が適用されるわけではなく，また本項の規定は，特別抗告審において不服申立ての範囲を超えて判断する権限を排除する趣旨ではないと解されています。

3　特別抗告理由書の提出 14 日以内（家事規則 63 条）

　特別抗告理由書の提出は，家事規則 62 条の規定により抗告提起通知書の送達を受けた日から 14 日以内にしなければなりません。抗告提起通知書の抗告人への到達は，特別抗告の抗告理由書の提出期間の起算点となりますので，抗告人が同期間内に特別抗告の抗告理由書を提出しなければ，特別抗告は原裁判所により直ちに却下されます（家事法 96 条 2 項，民訴法 315 条 1 項・316 条 1 項二号）。家事規則 55 条の規定による即時抗告の場合とは異なりますので，注意が必要です。

4　特別抗告の手続等（各規則）

　この点は，上記規則に細かく定められている通りです。家事規則 61 条は，抗告状の写しの費用に必要な費用のみならず，特別抗告提起通知書送達・送付，特別抗告理由書の写しの送付等に必要な費用など，特別抗告審の手続において一般的に必要とされる費用全額（概算額）を，予め特別抗告をする時点で一括した予納させるものであり，これらの費用の予納時期

260

第一章　総則

を定めた点に意義があるとされます。概算額は，特別抗告書を提出する時
点で裁判所書記官に提示してもらうことになるでしょう。

その他家事規則 62 条・64 条・65 条・60 条に規定している通りです。
手続の詳細は，文献③ 147 頁以下を参照してください。

5　特別抗告の書式例

文献⑬中の〔書式 248〕参照。

（二）　原裁判の執行停止

家事法 95 条（原裁判の執行停止）
　　特別抗告は，執行停止の効力を有しない。ただし，前条 2 項の抗
　告裁判所又は原裁判所は，申立てにより，担保を立てさせて，又は
　立てさせないで，特別抗告について裁判があるまで，原裁判の執行
　の停止その他必要な処分を命ずることができる。
2　前項ただし書の規定により担保を立てる場合において，供託をす
　るには，担保を立てるべきことを命じた裁判所の所在地を管轄する
　家庭裁判所の管轄区域内の供託所にしなければならない。
3　民事訴訟法 76 条，77 条，79 条及び 80 条の規定は，前項の担保
　について準用する。

家事規則 67 条（執行停止の申立ての方式・法 95 条）
　　法 95 条 1 項ただし書の申立ては，書面でしなければならない。

1　特別抗告の場合の原裁判執行停止（家事法 95 条 1 項）

これは，特別抗告は，憲法違反を理由とする特別の不服申立ての制度で
あり，家事審判の迅速処理の要請が強いところから，原則的には原裁判に
執行停止の効力を否定しつつ，ただし例外的に執行停止等をすべき事案も

261

第二編　家事審判に関する手続

あり得ることから，家事法 95 条 1 項ただし書で裁判所の裁量で執行停止
等をすることができる権限を認めたものです。

2　供託及び担保（家事法 95 条 2 項・3 項）

　担保提供のための供託所は，担保を立てるべきことを命じた裁判所の所
在地を管轄する家庭裁判所の管轄区域内の供託所（法務局）です。

3　書面による申立て（家事規則 67 条）

　家事法 95 条 1 項ただし書の規定による執行停止の申立ては書面でしな
ければなりません。

（三）　即時抗告の規定及び民事訴訟法の準用

> **家事法 96 条（即時抗告の規定及び民事訴訟法の準用）**
> 　　86 条 2 項，87 条から 89 条まで，91 条 1 項及び 93 条の規定は，
> 特別抗告及びその抗告審に関する手続について準用する。この場合
> において，87 条 6 項中「及び 5 項」とあるのは，「から 6 項まで」
> と読み替えるものとする。
> 2　民事訴訟法 314 条 2 項，315 条，316 条（1 項一号を除く。），321
> 条 1 項，322 条，325 条 1 項前段，2 項，3 項後段及び 4 項，326 条
> 並びに 336 条 2 項の規定は，特別抗告及びその抗告審に関する手続
> について準用する。この場合において，同法 314 条 2 項中「前条に
> おいて準用する 288 条及び 289 条 2 項」とあるのは「家事事件手続
> 法 96 条 1 項において読み替えて準用する同法 87 条 6 項」と，同法
> 316 条 2 項中「対しては」とあるのは「対しては，1 週間の不変期
> 間内に」と，同法 322 条中「前 2 条」とあるのは「家事事件手続法
> 94 条 2 項の規定及び同法 96 条 2 項において準用する 321 条 1 項」

と，同法 325 条 1 項前段及び 2 項中「312 条 1 項又は 2 項」とある
のは「家事事件手続法 94 条 1 項」と，同条 3 項後段中「この場合」
とあるのは「差戻し又は移送を受けた裁判所が裁判をする場合」
と，同条 4 項中「前項」とあるのは「差戻し又は移送を受けた裁判
所」と読み替えるものとする。

家事規則 68 条（即時抗告の規定及び民事訴訟規則の準用・法 96 条）

　54 条，59 条及び 60 条の規定は，特別抗告及びその抗告審に関す
る手続について準用する。この場合において，59 条中「審判書」
とあるのは，「原審の裁判書」と読み替えるものとする。

2　民事訴訟規則 50 条の 2，190 条 1 項，192 条，193 条，196 条及
　び 202 条の規定は，特別抗告及びその抗告審に関する手続について
　準用する。この場合において，同規則 196 条 1 項中「194 条（上告
　理由書の提出期間）」とあるのは「家事事件手続規則 63 条」と，
　「190 条（法 312 条 1 項及び 2 項の上告理由の記載の方式）又は 191
　条（法 312 条 3 項の上告理由の記載の方式）」とあるのは「同規則
　68 条 2 項において準用する 190 条 1 項」と読み替えるものとする。

1　即時抗告の規定の準用（家事法 96 条 1 項）

　この準用により，特別抗告提起期間の始期，特別抗告提起の方式，特別
抗告状の審査・写し送付，特別抗告審における陳述の聴取，特別抗告裁判
所による裁判，民訴法の準用については，即時抗告の規律に準じることに
なります。

2　民事訴訟法の準用（家事法 96 条 2 項）

　この準用により，特別抗告及びその抗告審の手続について，その性質に
反しない範囲で民訴法の定める特別抗告に関する規律に準じることになり

第二編　家事審判に関する手続

ます。

3　各手続規定（家事規則68条）

即時抗告の規定及び民事訴訟規則の準用規定です。

第三目　許可抗告

平成10年に施行された現行民事訴訟法の前の旧民事訴訟法においては，最高裁判所に対する抗告は憲法違反を理由とする特別抗告のみが認められていましたが，現行の民事訴訟法337条では，決定及び命令の方式による高等裁判所の判断内容が裁判所ごとに異なることを防ぎ，最高裁判所の負担増を防ぎつつ，法令解釈の統一を図ることを目的として，「許可抗告」の制度が明文をもって新設されました。

家事審判手続においても，重要な法律問題について法令解釈の統一を図る必要性は民事訴訟の場合と異ならないため，平成25年に施行された家事事件手続法97条において，同様の許可抗告の制度を明文で採用するに至りました。もっとも，それ以前の旧家事審判法時代にも，解釈上は旧家審法7条で準用する旧非訟事件手続法25条において，民訴法337条の規定が準用されているものと解されていましたので，実質的な変更があるわけではありません。

許可抗告は，特別抗告が認められない場合に備えて特別抗告と同時に併立して申し立てることが多く，後記2（本書266頁）で触れるように，家事事件の分野では一定の役割を果たすことが期待されています。

264

第一章　総則

（一）　許可抗告が可能な裁判等

家事法97条（許可抗告をすることができる裁判等）

　　高等裁判所の家事審判事件についての決定（次項の申立てについ
ての決定を除く。）に対しては，94条1項の規定による場合のほ
か，その高等裁判所が次項の規定により許可したときに限り，最高
裁判所に特に抗告をすることができる。ただし，その決定が家庭裁
判所の審判であるとした場合に即時抗告をすることができるもので
あるときに限る。

2　前項の高等裁判所は，同項の決定について，最高裁判所の判例
（これがない場合にあっては，大審院又は上告裁判所若しくは抗告
裁判所である高等裁判所の判例）と相反する判断がある場合その他
の法令の解釈に関する重要な事項を含むと認められる場合には，申
立てにより，抗告を許可しなければならない。

3　前項の申立てにおいては，94条1項に規定する事由を理由とす
ることはできない。

4　2項の規定による許可があった場合には，1項の抗告（以下この
条及び次条1項において「許可抗告」という。）があったものとみ
なす。

5　許可抗告が係属する抗告裁判所は，2項の規定による許可の申立
書又は同項の申立てに係る理由書に記載された許可抗告の理由につ
いてのみ調査をする。

6　許可抗告が係属する抗告裁判所は，裁判に影響を及ぼすことが明
らかな法令の違反があるときは，原決定を破棄することができる。

1　抗告許可の対象となり得る裁判（家事法97条1項）

どのような事件について許可抗告の対象となるかについては，家事法は

265

第二編　家事審判に関する手続

2つの除外事由を定め，それに該当しない限り，許可抗告を認めるべきものとしました。2つの除外事由としては，①抗告許可を求める申立てについての家事法97条2項の裁判，②その決定が家庭裁判所の審判とした場合に即時抗告をすることができないものです。①は当然のこととして，②の具体例としては，例えば推定相続人廃除審判取消しを求めた申立てを却下する家庭裁判所の審判に対して即時抗告がされ，抗告審である高等裁判所が原審判を取り消して自ら推定相続人廃除の審判を取り消す審判に代わる裁判をした場合の当該審判に代わる裁判（家事法188条5項参照）があるとされます（文献①319頁）。

また，前記許可制度の趣旨からすれば，他の者は家庭裁判所の審判に対して即時抗告ができても，自己が即時抗告をすることができない場合には，許可抗告の申立てをすることができないと解されています（文献①319頁）。

2　高等裁判所による許可の要件（家事法97条2項から4項）

最高裁判所・大審院・高等裁判所の過去の判例と相反する判断がある場合など，法令の解釈に関する重要な事項を含むと認められる場合であることが必要です。憲法違反については，特別抗告の制度によるべきであるから，許可抗告の理由から除外されます。

許可抗告は，いわば高等裁判所が自ら下した裁判について，上訴をすることを許可する制度ですから，自己の判断に確信を持つ高等裁判所ほど許可を出したがらない傾向にあると言われます。しかし，親族法や相続法などの家族法・家事事件の分野は，その手続法である旧家事審判法及び家事事件手続法を含めて，これまで最高裁判所による判例統一の機会がなく，この許可制度によって統一が図られる必要がある事例は少なくないと思われます。高等裁判所がこの制度を積極的に活用されるよう期待したいと思います。

第一章　総則

　これまで家事事件に関しては，実体法たる民法親族編・相続編，手続法たる家事審判法・家事事件手続法・人事訴訟法等の分野において，今なお判例の統一が必要な分野が多く，最高裁判所が積極的に判例の統一に尽力いただくよう望みたいと思います。今日グローカル時代（グローバリゼーション化とローカル化の混合時代）にあって，わが国民・市民の個人観，男女観・家族観が多様化しており，それだからこそ裁判所の裁量的判断を重視する個別非訟事件の解決が委ねられている家事事件の分野における最高裁判所の判例統一の役割は絶大であり，大いに期待したいと思います。その場合でも，国別差や地域差についても配慮していただければ万全です。夫婦別姓・LGBT（性的少数者）・同性婚など課題は山積です。

3　抗告裁判所の調査の範囲等（家事法97条5項・6項）

　家事法97条5項は94条2項の同趣旨の規定です。家事法97条6項は，民訴法337条5項と同趣旨です。

(二)　即時抗告等の規定及び民事訴訟法の準用

> **家事法98条（即時抗告等の規定及び民事訴訟法の準用）**
>
> 　86条2項，87条（4項及び5項を除く。），88条，89条，91条1項，93条及び95条の規定は，許可抗告及びその抗告審に関する手続について準用する。この場合において，86条2項，87条1項，2項二号及び3項，88条1項並びに89条2項中「即時抗告」とあり，87条6項中「即時抗告の提起」とあり，並びに95条1項本文中「特別抗告」とあるのは「97条2項の申立て」と，87条1項，2項及び6項，88条並びに93条2項中「抗告状」とあるのは「97条2項の規定による許可の申立書」と，91条1項並びに93条1項前段，2項及び3項中「即時抗告」とあり，並びに95条1項ただし

第二編　家事審判に関する手続

書中「特別抗告」とあるのは「許可抗告」と読み替えるものとする。

2　民事訴訟法 315 条及び 336 条 2 項の規定は前条 2 項の申立てについて，同法 318 条 3 項の規定は前条 2 項の規定による許可をする場合について，同法 318 条 4 項後段，321 条 1 項，322 条，325 条 1 項前段，2 項，3 項後段及び 4 項並びに 326 条の規定は前条 2 項の規定による許可があった場合について準用する。この場合において，同法 318 条 4 項後段中「320 条」とあるのは「家事事件手続法 97 条 5 項」と，同法 322 条中「前 2 条」とあるのは「家事事件手続法 97 条 5 項の規定及び同法 98 条 2 項において準用する 321 条 1 項」と，同法 325 条 1 項前段及び 2 項中「312 条 1 項又は 2 項」とあるのは「家事事件手続法 97 条 2 項」と，同条 3 項後段中「この場合」とあるのは「差戻し又は移送を受けた裁判所が裁判をする場合」と，同条 4 項中「前項」とあるのは「差戻し又は移送を受けた裁判所」と読み替えるものとする。

家事規則 69 条（即時抗告等の規定及び民事訴訟規則の準用・法 98 条）

54 条及び 59 条から 67 条までの規定は，許可抗告及びその抗告審に関する手続について準用する。この場合において，54 条中「審判に対する即時抗告」とあり，並びに 61 条，62 条，64 条及び 65 条 1 項中「特別抗告」とあるのは「法 97 条 2 項の申立て」と，54 条及び 61 条中「抗告状」とあるのは「法 97 条 2 項の規定による許可の申立書」と，59 条中「審判書」とあるのは「原審の裁判書」と，61 条から 63 条までの規定中「抗告提起通知書」とあるのは「抗告許可申立て通知書」と，61 条中「抗告理由書」とあり，並びに 63 条及び 66 条中「特別抗告の抗告理由書」とあるのは「法 97

条2項の申立てに係る理由書」と，62条及び65条1項中「抗告状却下」とあるのは「法97条2項の規定による許可の申立書の却下」と，62条中「法96条1項において準用する法87条3項の規定による抗告却下」とあり，及び65条1項中「抗告却下」とあるのは「法97条2項の申立ての却下若しくは不許可」と，66条中「特別抗告が不適法であるとき又は特別抗告」とあるのは「法97条2項の申立てが不適法であるとき又は同項の申立て」と読み替えるものとする。

2　民事訴訟規則192条，193条，196条及び199条1項の規定は法97条2項の申立てについて，同規則200条の規定は法97条2項の規定による許可をする場合について，同規則50条の2及び202条の規定は許可抗告の抗告審に関する手続について準用する。この場合において，同規則196条1項中「194条（上告理由書の提出期間）」とあるのは「家事事件手続規則69条1項において読み替えて準用する同規則63条」と，「190条（法312条1項及び2項の上告理由の記載の方式）又は191条（法312条3項の上告理由の記載の方式）」とあるのは「同規則69条2項において準用する199条1項」と，同条2項中「法316条（原裁判所による上告の却下）1項二号の規定による上告却下」とあるのは「家事事件手続法97条2項の規定による申立ての不許可」と，「法315条（上告の理由の記載）2項」とあるのは「家事事件手続規則69条2項において準用する199条1項」と読み替えるものとする。

1　即時抗告の規定の準用（家事法98条1項）

この準用により，許可抗告申立期間の始期，抗告許可申立書の方式・写しの送付，許可抗告審における陳述の聴取，許可抗告裁判所による裁判，

第二編　家事審判に関する手続

民訴法の準用については，即時抗告における規律に準じ，許可抗告の申立てが却下された場合の原裁判の執行停止については，特別抗告の規律に準じることになります。

2　民事訴訟法の準用（家事法 98 条 2 項）

この準用により，許可抗告及びこれに関する抗告審の手続については，その性質に反しない範囲で，民訴法の定める許可抗告に関するそれぞれの規定の通り手続を進めればよいことになります。

3　民事訴訟規則等の準用（家事規則 69 条）

即時抗告等の手続規定及び民事訴訟規則の準用規定です。

4　許可抗告の書式例

文献⑬中の〔書式 249〕参照。

第二款　審判以外の裁判に対する不服申立て

（一）　不服申立ての対象

家事法 99 条（不服申立ての対象）
　　審判以外の裁判に対しては，特別の定めがある場合に限り，即時抗告をすることができる。

家事規則 70 条（抗告状の記載事項・法 99 条）
　　審判以外の裁判に対する即時抗告をするときは，抗告状には，原裁判の取消し又は変更を求める事由を具体的に記載しなければならない。

第一章　総則

> **家事規則 71 条（即時抗告の提起に係る記録の送付・法 99 条）**
>
> 　　審判以外の裁判に対する即時抗告（3 項の即時抗告を除く。）が
> あった場合において，原裁判所が家事審判事件の記録を送付する必
> 要がないと認めたときは，次条において準用する 56 条 2 項の規定
> にかかわらず，原裁判所の裁判所書記官は，抗告事件の記録のみを
> 抗告裁判所の裁判所書記官に送付すれば足りる。
> 2　前項の規定により抗告事件の記録が送付された場合において，抗
> 　告裁判所が同項の家事審判事件の記録が必要であると認めたとき
> 　は，抗告裁判所の裁判所書記官は，速やかに，その送付を原裁判所
> 　の裁判所書記官に求めなければならない。
> 3　法 47 条 10 項の規定による即時抗告があったときは，次条におい
> 　て準用する 56 条 2 項の規定にかかわらず，原裁判所の裁判所書記
> 　官は，抗告事件の記録のみを抗告裁判所の裁判所書記官に送付する
> 　ものとする。
> 4　前項の場合には，同項の記録に，抗告事件についての原裁判所の
> 　意見を記載した書面及び抗告事件の審理に参考となる資料を添付し
> 　なければならない。

1　審判以外の裁判の例と特別の定め（家事法 99 条）

　家事事件手続法において「審判」とは，申立てにより開始した家事審判
事件については当該申立てによって求められている事項（審判物）につい
て，職権で手続を開始した家事審判事件については職権による手続の目的
となる事項（審判物）について，裁判をするのに熟したときに家庭裁判所
がする終局的な裁判（家事法 73 条 1 項参照）ですから，ここでいう「審
判以外の裁判」とは，裁判所がする家事審判事件（審判物）についての終
局的な裁判以外の裁判をいうことになります。なお，高等裁判所がする審

271

第二編　家事審判に関する手続

判に代わる裁判は「決定」と称されますが，その実質的な性質は「審判」
であり，ここでいう「審判以外の裁判」ではありません。

　上記の「審判以外の裁判」の例としては，移送に関する裁判（家事法9
条1項・2項），特別代理人の選任についての裁判（家事法19条1項），
手続上の救助の裁判（家事法32条1項），家事審判記録閲覧許可申立ての
裁判（家事法47条1項），更正決定（家事法77条1項）など多数ありま
す（詳しくは文献①262頁以下参照）。

　本条の「特別の定め」の例としては，除斥・忌避の申立てを却下する裁
判に対する即時抗告（家事法12条9項），裁判長による申立書却下命令に
対する即時抗告（家事法49条6項）などがあります（詳しくは前掲書
328頁以下参照）。

2　手続関係（家事規則70条・71条）

　上記規則の通りです。

（二）　受命裁判官等の裁判に対する異議

> **家事法100条（受命裁判官又は受託裁判官の裁判に対する異議）**
> 　　受命裁判官又は受託裁判官の裁判に対して不服がある当事者は，
> 　家事審判事件が係属している裁判所に異議の申立てをすることがで
> 　きる。ただし，その裁判が家庭裁判所の裁判であるとした場合に即
> 　時抗告をすることができるものであるときに限る。
> 　2　前項の異議の申立てについての裁判に対しては，即時抗告をする
> 　ことができる。

第一章　総則

1　受命裁判官等の裁判に対する異議申立て（家事法100条1項）

　実務上受託裁判官の活用は少ないですが，受命裁判官の活用は頻繁に行われます。合議体を構成する3人の裁判官のうち陪席が行うことが多いのですが，その裁判官が単独で裁判をした場合の規律です。その合議体たる裁判所で処理すれば足りるからです。

2　異議申立ての裁判に対する即時抗告（家事法100条2項）

　即時抗告に関する規律です。

（三）　即時抗告期間等

> **家事法101条（即時抗告期間等）**
> 　　審判以外の裁判に対する即時抗告は，1週間の不変期間内にしなければならない。ただし，その期間前に提起した即時抗告の効力を妨げない。
> 2　前項の即時抗告は，特別の定めがある場合を除き，執行停止の効力を有しない。ただし，抗告裁判所又は原裁判所は，申立てにより，担保を立てさせて，又は立てさせないで，即時抗告について裁判があるまで，原裁判の執行の停止その他必要な処分を命ずることができる。
> 3　95条2項及び3項の規定は，前項ただし書の規定により担保を立てる場合における供託及び担保について準用する。

1　即時抗告期間（家事法101条1項）

　審判に対する即時抗告の期間は2週間ですが，審判以外の裁判に対する

第二編　家事審判に関する手続

即時抗告期間は 1 週間です。

2　即時抗告に伴う執行停止（家事法 101 条 2 項）

　原則的には執行停止の効力を認めませんが，例外的に一定の条件で執行停止等必要な処分ができることを定めています。

3　供託・担保（家事法 101 条 3 項）

　条文にある通りです。

（四）　審判に対する不服申立ての規定の準用

> **家事法 102 条（審判に対する不服申立ての規定の準用）**
> 　　前款の規定（85 条 1 項，86 条 1 項並びに 88 条及び 89 条（これらの規定を 96 条 1 項及び 98 条 1 項において準用する場合を含む。）の規定を除く。）は，裁判所，裁判官又は裁判長がした審判以外の裁判に対する不服申立てについて準用する。

> **家事規則 72 条（審判に対する不服申立ての規定の準用・法 102 条）**
> 　　前款の規定（54 条（68 条 1 項及び 69 条 1 項において準用する場合を含む。），55 条及び 58 条の規定を除く。）は，裁判所，裁判官又は裁判長がした審判以外の裁判に対する不服申立てについて準用する。

1　審判に対する不服申立ての規定の準用（家事法 102 条）

　裁判所，裁判官又は裁判長がした審判以外の裁判に対する不服申立てについての準用規定です。

第一章　総則

2　手続関係（家事規則 72 条）

上記規則にある通りです。

第三節　再審

（一）　再審事由と再審の手続

家事法 103 条（再審）

　　確定した審判その他の裁判（事件を完結するものに限る。5 項において同じ。）に対しては，再審の申立てをすることができる。

2　再審の手続には，その性質に反しない限り，各審級における手続に関する規定を準用する。

3　民事訴訟法 4 編の規定（同法 341 条及び 349 条の規定を除く。）は，1 項の再審の申立て及びこれに関する手続について準用する。この場合において，同法 348 条 1 項中「不服申立ての限度で，本案の審理及び裁判をする」とあるのは，「本案の審理及び裁判をする」と読み替えるものとする。

4　前項において準用する民事訴訟法 346 条 1 項の再審開始の決定に対する即時抗告は，執行停止の効力を有する。

5　3 項において準用する民事訴訟法 348 条 2 項の規定により審判その他の裁判に対する再審の申立てを棄却する決定に対しては，当該審判その他の裁判に対し即時抗告をすることができる者に限り，即時抗告をすることができる。

家事規則 73 条（再審の手続・法 103 条）

　　再審の申立書には，不服の申立てに係る裁判書の写しを添付しなければならない。

第二編　家事審判に関する手続

> 2　前項に規定するほか，再審の手続については，その性質に反しない限り，各審級における家事審判の手続に関する規定を準用する。

1　再審の規定の明文化（家事法 103 条）

　旧家事審判法時代には，再審に関する規定がなかったため，非訟事件としての性質に鑑みて，家事事件の審判に対しては再審は許されず，事情変更による審判の取消し・変更によるべきであるとする有力説もありました（鈴木忠一『非訟事件の裁判の既判力』99 頁（弘文堂，1961 年））。しかし，最近の判例である最判平成 7・7・14 民集 49 巻 7 号 2674 頁は，非訟事件手続法 25 条の規定を通しての民事訴訟法 349 条の準用による（準）再審を認めるに至りました（文献⑥ 183 頁以下）。特別養子縁組審判が確定した子について，実父が戸籍上の父と子との親子関係不存在の確認を求めた場合の訴えの利益に関連して，最高裁判所は「子の血縁上の父は，戸籍上の父と子との間に親子関係が存在しないことの確認を求める訴えの利益を有するものと解されるところ，その子を第三者の特別養子とする審判が確定した場合においては，原則として，右訴えの利益は消滅するが，右審判に準再審の事由があると認められるときは，将来，子を認知することが可能になるのであるから，右の訴えの利益は失われないものと解するのが相当である。」と判示しました。そこで，家事法では本条で再審の規定を明文で定めました。

　この再審の手続と，家事法 78 条等に規定する審判の取消し・変更の制度とは，その目的や要件等が異なり，別の制度であると解されています。

2　再審を申し立てることができる裁判（家事法 103 条 1 項）

　再審を申し立てることができる裁判は，「確定した審判その他の裁判であって事件を完結した」場合であることが必要です。ここで「確定した」

とは，当事者による通常の不服申立手続（3種の即時抗告又は異議）が尽きたことです。職権による前述した審判の取消し又は変更（家事法78条・81条1項）の余地があっても「確定した」ということを妨げません。「事件が完結した」とは，審判又は審判に代わる裁判の前提となった裁判，すなわち移送の決定（家事法9条1項・2項等），除斥・忌避の申立てを却下する決定（同12条9項等）などの裁判に対して再審の申立てを認めない趣旨です。このような裁判について再審の事由がある場合には，そのことを審判又は審判に代わる裁判自体の再審事由として主張すれば足りるからです。

3　再審の手続（家事法103条2項）

再審の手続には，その性質に反しない限り，各審級における家事審判の手続に関する規定が準用されます。

4　再審事由（家事法103条3項）

再審の申立て及びこれに関する手続に関しては，民事訴訟法4編の規定が準用され，民訴法338条1項各号に定める再審事由がある場合には，原則として再審の事由を知った日から30日の不変期間内に，その裁判をした裁判所にしなければなりません（民訴法342条1項）。

民訴法338条1項各号に掲げる再審事由のうち，家事審判事件に関係が深そうなものとしては，以下のものが挙げられましょう。すなわち，法定代理権，訴訟代理権又は代理人が訴訟行為をするのに必要な授権を欠いたこと（民訴法338条1項三号），刑事上罰すべき他人の行為により，自白するに至ったこと又は判決に影響を及ぼすべき攻撃若しくは防御の方法を提出することを妨げられたこと（同条五号），判決の証拠となった文書その他の物件が偽造又は変造されたものであったこと（同条六号），証人，鑑定人，通訳人又は宣誓した当事者若しくは法定代理人の虚偽の陳述が判

第二編　家事審判に関する手続

決の証拠となったこと（同条七号），判決の基礎となった民事若しくは刑事の判決その他の裁判又は行政処分が後の裁判又は行政処分により変更されたこと（同条八号），判決に影響を及ぼすべき重要な事項について判断の遺脱があったこと（同条九号）などがあります（もっとも，前記四号から七号までの事由がある場合に，罰すべき行為について有罪の判決若しくは過料の裁判が確定したとき，又は証拠がないという理由以外の理由により有罪の確定判決若しくは過料の確定裁判を得ることができないときに限り，再審の訴えを提起することができます。同条2項）。

5　再審開始決定に対する即時抗告（家事法103条4項）

裁判所は，再審の事由がある場合には再審開始の決定をし（民訴法346条1項），この決定に対しては即時抗告をすることができます（民訴法347条）。一定の場合には，再審開始決定に対する即時抗告について執行停止の効力を認めています。再審開始の決定が確定した場合には，本案の審理・裁判をすることになります（民訴法348条1項）。

6　再審申立棄却決定に対する即時抗告（家事法103条5項）

再審申立棄却決定に対しては，原裁判に対して即時抗告をすることができる者に限り，即時抗告をすることができます。

7　手続関係（家事規則73条）

上記規則に定めている通りです。

なお，再審申立ての書式例は〔書式253〕のとおりです。

第一章　総則

（二）　執行停止の裁判

> **家事法104条（執行停止の裁判）**
>
> 　裁判所は，前条1項の再審の申立てがあった場合において，不服の理由として主張した事情が法律上理由があるとみえ，事実上の点につき疎明があり，かつ，執行により償うことができない損害が生ずるおそれがあることにつき疎明があったときは，申立てにより，担保を立てさせて，若しくは立てさせないで強制執行の一時の停止を命じ，又は担保を立てさせて既にした執行処分の取消しを命ずることができる。
>
> 2　前項の規定による申立てについての裁判に対しては，不服を申し立てることができない。
>
> 3　95条2項及び3項の規定は，1項の規定により担保を立てる場合における供託及び担保について準用する。

> **家事規則74条（法104条1項の申立て）**
>
> 　法104条1項の規定による申立てについては，67条の規定を準用する。

1　執行停止等の裁判の手続（家事法104条1項）

　一定の要件の下に「強制執行の一時停止」や「既にした執行処分の取消命令」について定めています。

2　不服申立ての禁止（家事法104条2項）

　家事法104条1項の裁判に対する不服申立てを禁じています。

3　準用規定（家事法104条3項）

　準用規定です。

第二編　家事審判に関する手続

4　手続関係（家事規則 74 条）

　規則の準用規定です。

第四節　審判前の保全処分

（一）　意義・要件・管轄等

> **家事法 105 条（審判前の保全処分）**
> 　本案の家事審判事件（家事審判事件に係る事項について家事調停の申立てがあった場合にあっては，その家事調停事件）が係属する家庭裁判所は，この法律の定めるところにより，仮差押え，仮処分，財産の管理者の選任その他の必要な保全処分を命ずる審判をすることができる。
> 2　本案の家事審判事件が高等裁判所に係属する場合には，その高等裁判所が，前項の審判に代わる裁判をする。

1　審判前の保全処分の意義等（家事法 105 条 1 項）

⑴　意義と目的

　家事法の審判前の保全処分は，別表第一（旧甲類）及び第二（旧乙類）の家事審判の本案事件について，第二編第二章各節の家事審判の各則の章において個別的に定める内容の保全処分です。例えば，第 1 節の成年後見に関する審判事件では家事法 126 条に定める後見開始の審判事件を本案とする保全処分，第 8 節の親権に関する審判事件では家事法 175 条の離婚者の指定の変更の審判事件を本案とする保全処分といった具合です。決定としたのではなく，審判の性質を有することとしました。ここではその総則的事項について規律しており，各保全処分の申立事項・申立ての実質的要

件・保全処分の具体的内容は，事件類型ごとに後述する第二編第二章各節
の個別的規定に委ねられています。

　昭和55（1980）年法律第51号によって新設された家事法の審判前の保
全処分は，旧家審法15条の3に規定されたもので，①本案審判が効力を
生ずるまでの間に，事件の関係人の財産に変動が生じた後の審判に基づく
強制執行に依る権利の実現が困難となることを防ぐこと（仮差押えと係争
物仮処分），又はその間における関係人の生活に困難を来したり危険に直
面したりすることを防ぐこと（仮の地位を定める仮処分）を目的として，
制度化されました。すなわち，一般の民事保全と同様の性質と効力を持つ
ものとして制度化され，旧家審法15条の3の6項では，明文で執行力と
形成力を認めましたが，もとより家事審判は非訟事件の性質を有し，被保
全権利の観念がないため，民事保全とは異なる種々の変容を受けます。

(2) 保全処分の四類型

　保全処分の内容は，家事法105条1項にあるように「仮差押え，仮処
分，財産の管理者の選任その他必要な保全処分」であり，以下の四類型が
あります。

［第Ⅰ類型］（管理者の選任等の処分）

　その典型が，①前述の家事法126条1項に規定するもので，「後見開始
の審判の申立てがあった場合において，成年被後見人となるべき者の生
活，療養看護又は財産の管理のために必要があるときは，家庭裁判所は，
申立てにより又は職権で，担保を立てさせないで，後見開始の審判の申立
てについての審判が効力を生ずるまでの間，財産の管理者を選任し，又は
事件の関係人に対し，成年後見人となるべき者の生活，療養看護若しくは
財産の管理に関する事項を指示することができる」とするものです。この
類型に属するものとして，本案審判の申立てが②保佐開始の審判の申立て
（家事法134条1項），③補助開始の審判の申立て（家事法143条1項），
④夫婦財産契約による管理者変更審判（家事法158条1項），⑤特別養子

第二編　家事審判に関する手続

縁組を成立させる審判の申立て（家事法166条1項），⑥遺産分割の審判の申立て（家事法200条1項）などの場合における審判前の保全処分があります。いずれも，仮の地位を定める仮処分の性質を有します。

［第Ⅱ類型］（後見命令等の処分）

その典型が，①家事法126条2項に規定する「後見開始の審判の申立てがあった場合において，成年被後見人となるべき者の財産の保全のため特に必要があるときは，当該申立てをした者の申立てにより，後見開始の審判の申立てについての審判が効力を生ずるまでの間，本人の財産上の行為（民法9条ただし書に規定する行為を除く。…）につき，財産の管理者の後見を受けるべきことを命ずることができる」とするものです。そのほか，この類型に属するものとして，本案の申立てが②保佐開始の場合（家事法134条2項），③補助開始の場合（家事法143条2項）などの場合に，それぞれ同趣旨の審判前の保全処分が可能です。いずれも仮の地位を定める仮処分の性質を有します。

［第Ⅲ類型］（職務執行停止等の処分）

その典型が，①家事法174条1項に規定するもので，「親権喪失，親権停止又は管理権喪失の申立てがあった場合において，子の利益のため必要があるときは，当該申立てをした者の申立てにより，親権喪失，親権停止又は管理権喪失の審判の申立てについての審判の効力が生ずるまでの間，親権者の職務の執行を停止し，又はその職務代行者を選任することができる」とするものです。これに類するものとして，②特別養子縁組成立審判の申立てがあった場合（家事法166条1項），③前述の親権者指定変更の審判申立てがあった場合（家事法175条1項），④後見人解任等の審判申立てがあった場合（家事法127条1項），⑤遺言執行者の解任申立ての場合（家事法215条1項）等において，同様の保全処分が可能です。いずれも仮の地位を定める仮処分です。

［第Ⅳ類型］（仮差押え・仮処分その他の保全処分）

その典型が，①家事法157条1項に規定する婚姻等に関する審判事件を本案とする保全処分として「強制執行を保全し，又は子その他の利害関係人の急迫の危険を防止するため必要があるときは，当該申立てをした者の申立てにより，当該事項についての審判を本案とする仮差押え，仮処分その他の必要な保全処分を命ずることができる」とするものです。これに類するものとして，②夫婦財産契約における管理者変更審判申立てがあった場合（家事法158条1項），③婚姻等に関する審判申立てがあった場合（家事法157条1項），④親権者指定変更の審判申立てがあった場合（家事法175条1項），⑤扶養審判の申立てがあった場合（家事法187条），⑥遺産分割審判の申立てがあった場合（家事法200条2項）等において，この保全処分が可能です。ここでは，民事保全にあるような仮差押え，係争物に関する仮処分又は仮の地位を定める仮処分が混在します。

(3) 本案調停・審判係属要件

旧家事審判法の時代にはその15条の3第1項の規定により，本案の家事審判の申立てがあることを要件としていましたが，家事法では審判の申立てがなくても家事調停の申立てがあれば，直ちに審判前の保全処分を命ずることとしました。一般の民事保全処分は，本案の訴訟の提起がなくても，また調停の申立てがなくてもそれ以前の段階から申立てが可能ですが，家事審判を本案とする保全処分は，そこまでは附従性を緩和せず，調停の申立ての手続だけは要するとしたものです。審判の申立てをしなくても，調停の申立てをすると同時に審判前の保全処分の申立てができるとしたものです。

調停の申立てと審判の申立ては異なる手続ですが，調停が不成立になれば何等の申立てを要することなく当然に審判手続に移行するため（家事法227条4項），調停の申立てには潜在的には審判の申立てがあったものと解することができますので，このような立法も合理的と思います。

第二編　家事審判に関する手続

⑷　保全処分の管轄裁判所

　審判前の保全処分は，本案の審判事件又は調停事件の係属している家庭裁判所が管轄権を有します。

2　本案高裁係属中の管轄裁判所（家事法105条2項）

　この場合は，その高等裁判所が前項の審判に代わる裁判として審判前の保全処分をします。

3　実務上の留意点

　家審法の審判前の保全処分は前述したように本案係属要件が改正されたことから，家事法施行後においては，全体としての数はそれほど多くはないものの，①婚姻費用分担調停事件の申立てがされた場合の婚姻費用仮払いを求める保全処分，子の監護者指定・引渡調停事件の申立てがされた場合の仮の引渡し等の保全処分事件等の申立てが現われ始めていること，②婚姻費用の仮払いを求める保全事件は，婚姻費用分担調停事件が増加していることを背景として存在する一方，子の仮の引渡保全処分事件は，夫婦関係調整調停事件が既に係属している当事者間において，いわゆる子の連れ去りがされた場合に限って申立てがされていること，③いずれの事件類型においても仮の地位を定める仮処分であることから，必要的陳述聴取の在り方が問題となるとともに，保全の必要性の評価，保全処分事件審理後の調停事件の進行の在り方等が，今後の実務上の課題となると指摘されています（文献⑫22頁以下参照）。

（二）　審判前の保全処分の申立て等

> **家事法106条（審判前の保全処分の申立て等）**
> 　審判前の保全処分（前条1項の審判及び同条2項の審判に代わる

第一章　総則

裁判をいう。以下同じ。）の申立ては，その趣旨及び保全処分を求
める事由を明らかにしてしなければならない。

2　審判前の保全処分の申立人は，保全処分を求める事由を疎明しな
ければならない。

3　家庭裁判所（前条2項の場合にあっては，高等裁判所）は，審判
前の保全処分の申立てがあった場合において，必要があると認める
ときは，職権で，事実の調査及び証拠調べをすることができる。

4　審判前の保全処分の申立ては，審判前の保全処分があった後で
あっても，その全部又は一部を取り下げることができる。

家事規則 75 条（審判前の保全処分の手続・法 106 条等）

　審判前の保全処分の申立ての取下げについては，52条1項の規
定は，適用しない。ただし，その取下げが，家庭裁判所（法105条
2項の場合にあっては，高等裁判所）が審判前の保全処分の事件に
おける審判を受ける者となるべき者に対し当該事件が係属したこと
を通知し，又は審判前の保全処分を告知した後にされたものである
場合は，この限りでない。

2　67条の規定は，法111条1項（法113条3項において準用する
場合を含む。）の規定による申立てについて準用する。

3　民事保全規則（平成2年最高裁判所規則3号）2条，12条及び
17条の規定は審判前の保全処分に関する手続における担保につい
て，同規則18条から20条までの規定（これらの規定（同規則19
条1項を除く。）を同規則23条において準用する場合を含む。）及
び同規則22条の規定は審判前の保全処分について，同規則24条2
項及び27条1項の規定は審判前の保全処分の取消しの申立てにつ
いて準用する。この場合において，同規則27条1項中「9条2項
二号又は六号」とあるのは，「家事事件手続法76条2項二号又は三

第二編　家事審判に関する手続

> 号」と読み替えるものとする。

1　保全処分の申立て（家事法 106 条 1 項）

　家事法の下における保全処分中，前記［第Ⅲ類型］の保全処分は一部職権でできるものもありますが，家事法では全ての保全処分について申立権を認めています。

　家事法における保全処分の申立ては，「保全の趣旨」と「保全処分を求める事由」を明らかにする必要があります。保全の趣旨は，申立人が求める保全処分の具体的内容が明示されないと，当該事案の解決に相応しい保全処分が命じられないため，本案の審判の申立てと異なり，例えば生活費など金銭の支払の仮処分の申立てでは「毎月金いくらの支払を求める」等と具体的金額を明示する必要があります。もちろん，その要求金額通り認められるとは限りませんが，ただ単に相当額の生活費を求めるというだけでは不十分とされています（審判の申立てなら本案審理が予定されていますのでそれが可能です。）。

(1)　本案認容の蓋然性（被保全権利）

　「保全を求める事由」には，①本案認容の蓋然性（民事保全でいう「被保全権利」）があること，②保全の必要性（生活費に困窮しているなど具体的理由を明示する）があることの 2 つがあります。前者の保全の蓋然性に関しては，非訟事件の性質上，以下のように説明されます。すなわち，例えば婚姻費用分担審判では，婚姻費用に関する権利義務関係の形成権の存否及び内容が判断の対象となり，既に存在する一定の請求権（実体的権利）の客観的存否や内容が判断の対象となるものではないため，その保全処分を命ずる場合には，被保全権利の蓋然性に代えて，本案の家事審判において一定の具体的な権利義務が形成される蓋然性が必要となるということにです（文献② 170 頁）。

286

第一章　総則

(2)　保全の必要性

　審判前の保全処分を求めるには，本案認容の蓋然性のほかに，「保全の必要性」が必要です。実務家の指摘によれば，最近の実務例では審判前の保全処分の認容率は 40％以下と低いが，これは申立人による保全の必要性の疎明が不十分であることも原因の一つとされています（文献⑫ 22 頁参照）。個別的な事件類型毎の保全の必要性については，本書第二巻の各論の中で取り扱います。

2　申立人の疎明義務（家事法 106 条 2 項）

　審判前の保全処分は，裁判所の心証は証明の程度に至らなくても「疎明」の程度で良いとされ（家事法 109 条 1 項），本案と同じような「証明」の程度までは要求されていません。審判前の保全処分は緊急性が高く，迅速処理が要請されますので，その申立人自身にせめて疎明義務を負わせているわけです。すなわち，申立人は本案認容の蓋然性や保全の必要性について，一応確からしいという程度にまで裁判所に心証を抱かせる疎明責任を負っているということです。なお，疎明は即時に取り調べる資料によることが必要ですから，実務的には関係書類等のほか本人や関係者の陳述書が多く利用されます。

3　職権調査（家事法 106 条 3 項）

　審判前の保全処分は，職権で行う場合はもちろん，申立てによって開始された事件でも，当事者が提出した資料のほか，裁判所が職権で必要と認める調査をすることができるものとされています。

　この家事法 106 条 3 項の意義は以下のように説明されています。すなわち，本条 2 項の規定により審判前の保全処分の申立人は，本案認容の蓋然性及び保全の必要性について疎明義務（責任）を負っているから，申立人が疎明義務を尽くさない場合，家庭裁判所はそれ以上に積極的に事実の調

287

第二編　家事審判に関する手続

査等をする義務を負わず，保全処分の申立てを却下することができるが，しかし審判前の保全処分の手続において，申立人が提出した資料のみによって却下した場合には，申立人の地位の保護に著しく欠けたり，子の利益の保護に欠けたりする場合が生ずるなど家庭裁判所の後見的機能に反する結果を招きかねないので，家庭裁判所の後見的機能を発揮させて事案に即した適正妥当な結果を得るために，家庭裁判所が必要に応じて，補充的に職権で事実の調査等をすることができるようにしたものである，ということです（文献①348頁）。特に子の親権や監護権をめぐる紛争では，子の利益の確保のため，このような後見的機能が発揮されることが望まれます。

4　保全処分申立ての取下げ（家事法106条4項）

審判前の保全処分はあくまで本案審判がされるまでの間の暫定的な処分ですから，審判が出された後であってもこれを取り下げることができるとされたものです。これは本案審判は，審判が告知されるまでしか取下げできない（家事法82条1項）ことに対する特則です。

5　審判前の保全処分の手続（家事規則75条）

家事規則75条は，審判前の保全処分の申立ての取下げの通知（1項），即時抗告に伴う執行停止の申立ての方式（2項），及び本条3項によって準用される民事保全規則について定めています（詳しくは文献③188頁以下参照）。

6　審判前の保全処分の書式例

文献⑬中の〔書式例254〕から〔書式例260の4〕の通りです。

第一章　総則

（三）　仮の地位を定める審判事件における陳述の聴取

> **家事法 107 条（陳述の聴取）**
>
> 　審判前の保全処分のうち仮の地位を定める仮処分を命ずるもの
> は，審判を受ける者となるべき者の陳述を聴かなければ，すること
> ができない。ただし，その陳述を聴く手続を経ることにより保全処
> 分の目的を達することができない事情があるときは，この限りでな
> い。

1　陳述聴取の原則（家事法 107 条本文）

　前述の後見命令や婚姻費用分担のための生活費仮払い命令など仮の地位
を定める仮処分は，本案の執行保全とは異なり，本案の審判事件で対象と
なっている権利や法律関係についての現在の危険や不安を除去するために
その権利内容自体を暫定的に定めるものであって，一種の満足的仮処分あ
るいは断行の仮処分の性質を有し，審判を受ける者となるべき者の手続保
障が重要ですので，その陳述の聴取を必要的としました。すなわち，本案
の審判事件の手続においては，当該審判を受ける者となるべき者の陳述の
聴取が必要的とされるか否かを問わず，保全処分においてそれが必要的と
されているのは，①仮の地位を定める仮処分が将来の本案の執行を現段階
で保全することを目的とするものではないこと，②本案よりも簡易迅速な
手続により自己に関係する法律関係が形成されることとなる者の手続保障
を図る必要があることによるとされています（文献① 349 頁）。

　しかし，その方法については限定していませんので，事案に応じて書面
照会等の簡易な方法によることも可能です。旧家審法時代には，原則とし
て債務者が立ち会うことができる審尋の期日を経ることが要件でしたが
（旧家審法 15 条の 3 第 7 項，民事保全法 23 条 4 項），家事法ではこの点要
件を緩和したことになります。

289

第二編　家事審判に関する手続

2　陳述聴取の例外（家事法 107 条ただし書）

　これは例えば，成年後見人が不当に財産処分をするおそれが高いとして申し立てられた成年後見人解任の審判事件を本案とする職務執行停止の保全処分の手続においては，審判を受けるべき者となるべき者である成年後見人に対して書面照会で陳述の聴取手続を取ったところ，当該成年後見人が職務執行停止の保全処分が発せられる可能性を察知して，直ちに不当な財産処分をしてしまうおそれがあるというような場合です。このような場合には，陳述の聴取をしないで直ちに保全処分をすることができることになります。

（四）　記録の閲覧等

> **家事法 108 条（記録の閲覧等）**
>
> 　家庭裁判所（105 条 2 項の場合にあっては，高等裁判所）は，47 条 3 項の規定にかかわらず，審判前の保全処分の事件について，当事者から同条 1 項又は 2 項の規定による許可の申立てがあった場合には，審判前の保全処分の事件における審判を受ける者となるべき者に対し，当該事件が係属したことを通知し，又は審判前の保全処分を告知するまでは，相当と認めるときに限り，これを許可することができる。

　これは，審判前の保全処分の密行性の確保の要請から，審判事件における原則的記録閲覧等の保障を制限するために設けられた規定です。相当と認めるときというのは，密行性を確保する必要がなくなったときという意味です。

　家事法 47 条 3 項では，一般の家事事件の場合，当事者が記録の閲覧等やその複製の許可の申立てがあったときは，原則としてこれを許可しなけ

第一章　総則

ればならないとしていますが，保全処分の申立てがあったときは，無制限にこれを認めると保全処分の実効性が保てません。そこで，本条は条文にある時期までは密行性を確保する必要があるものとして，その閲覧等を裁判所が相当と認めて許可した場合に限ることとしたものです。

（五）　保全処分の審判

家事法 109 条（審判）

　　審判前の保全処分は，疎明に基づいてする。

2　審判前の保全処分については，74 条 2 項ただし書の規定は，適用しない。

3　審判前の保全処分の執行及び効力は，民事保全法（平成元年法律91 号）その他の仮差押え及び仮処分の執行及び効力に関する法令の規定に従う。この場合において，同法 45 条中「仮に差し押さえるべき物又は係争物の所在地を管轄する地方裁判所」とあるのは，「本案の家事審判事件（家事審判事件に係る事項について家事調停の申立てがあった場合にあっては，その家事調停事件）が係属している家庭裁判所（当該家事審判事件が高等裁判所に係属しているときは，原裁判所）」とする。

1　疎明（家事法 109 条 1 項）

　審判前の保全処分の緊急性と暫定性から，証明の程度にまで高度のものを求めなくても，疎明程度の「一応の証明」で足りるとしたものです。

　審判前の保全処分も家事法 39 条にいう審判であり，第 2 編の適用を受けますが，保全処分の緊急性や暫定性に照らせば，その心証の程度は証明の程度に達しなくても「確からしい」という疎明の程度に達すればよいとしました。したがって，即時取調べが可能なものに限られ，書面審理が中

291

第二編　家事審判に関する手続

心となります。

2　即時の効力発生（家事法109条2項）

審判前の保全処分の緊急性・暫定性から，家事法74条2項を適用せず，同条本文の規定により，審判を受ける者に告知することによって直ちに効力が生じます。

3　保全処分の執行と効力（家事法109条3項）

審判前の保全処分も民事保全法上の仮処分の一種として，その執行及び効力については，民事保全法その他の仮差押え，仮処分の執行及び効力に関する規定に従うと定めています。その結果，その内容に応じて執行力及び形成力を有することになります。こうして，現在は審判前の保全処分の制度は，原則として民事保全処分の仲間入りをしたということになります。

（六）　即時抗告

> **家事法110条（即時抗告）**
> 　審判前の保全処分（105条2項の審判に代わる裁判を除く。次項において同じ。）の申立人は，申立てを却下する審判に対し，即時抗告をすることができる。ただし，次に掲げる保全処分の申立てを却下する審判については，この限りではない。
> 　一　126条1項（134条1項及び143条1項において準用する場合を含む。），158条1項（242条3項において準用する場合を含む。）及び200条1項の規定による財産の管理者の選任又は財産の管理等に関する指示の保全処分
> 　二　127条1項（135条，144条，181条及び225条1項において

第一章　総則

準用する場合を含む。），166条1項（同条5項において準用する場合を含む。），174条1項（242条3項において準用する場合を含む。），175条3項及び215条1項の規定による職務代行者の選任の保全処分

2　本案の家事審判の申立てについての審判（申立てを却下する審判を除く。）に対し即時抗告をすることができる者は，審判前の保全処分（前項各号に掲げる保全処分を命ずる審判を除く。）に対し，即時抗告をすることができる。

1　却下審判に対する即時抗告（家事法109条1項）

審判前の保全処分に対しては，審判前の保全処分を却下する裁判の場合は申立人が，保全処分を命ずる審判の場合は本案審判に対して即時抗告をすることができる者が，原則として即時抗告をすることができます。例外として，同項ただし書に規定する審判に対しては，即時抗告ができません。即時抗告期間は，2週間です（家事法86条1項）。

2　認容審判に対する即時抗告（家事法109条2項）

本案の家事審判の申立てについての認容審判に対して即時抗告をすることができる者も前項と同様の手続で，審判前の保全処分に対して即時抗告ができます。

（七）　即時抗告に伴う執行停止

家事法111条（即時抗告に伴う執行停止）

前条2項の規定により即時抗告が提起された場合において，原審判の取消しの原因となることが明らかな事情及び原審判の執行によ

第二編　家事審判に関する手続

> り償うことができない損害を生ずるおそれがあることについて疎明
> があったときは，抗告裁判所は，申立てにより，即時抗告について
> の裁判が効力を生ずるまでの間，担保を立てさせて，若しくは担保
> を立てることを条件として，若しくは担保を立てさせないで原審判
> の執行の停止を命じ，又は担保を立てさせて，若しくは担保を立て
> ることを条件として既にした執行処分の取消しを命ずることができ
> る。審判前の保全処分の事件の記録が家庭裁判所に存する間は，家
> 庭裁判所も，これらの処分を命ずることができる。
> 2　106条2項及び3項の規定は，前項の申立てについて準用する。

1　即時抗告に伴う執行停止（家事法111条1項）

　審判前の保全処分は，緊急性の要請から，即時抗告ができるか否かにか
かわらず，確定を待たずに審判の告知によって直ちに効力を生じます。同
様の理由から，即時抗告によっては当然には執行停止の効力は生じないこ
ととされていますが，他方で，具体的事情を考慮して，審判前の保全処分
によって償うことができない損害が生ずる場合には，当該審判前の保全処
分に伴ってその執行の停止等をすることができるとするのが相当ですか
ら，家事法111条1項はそのようなものとして執行停止の制度を設けまし
た。

　執行停止の申立ての実質的要件は，①審判前の保全処分の取消しの原因
となることが明らかな事情の存在，②審判前の保全処分の執行により償う
ことができない損害の発生のあることの2点です。

2　執行停止等の裁判手続（家事法111条2項）

　前項の実質的要件①②について，申立人には疎明義務（責任）がありま
す。裁判所の後見的機能を発揮させるために，裁判所が必要に応じて職権

第一章　総則

で調査することができます（家事法106条2項・3項の準用）。

3　執行停止申立ての書式例

文献⑬中の〔書式例264〕の通りです。

（八）　事情変更による審判前の保全処分の取消し

> **家事法112条（審判前の保全処分の取消し）**
>
> 　　審判前の保全処分が確定した後に，保全処分を求める事由の消滅その他の事情の変更があるときは，本案の家事審判事件（家事審判事件に係る事項について家事調停の申立てがあった場合にあっては，その家事調停事件）が係属する家庭裁判所又は審判前の保全処分をした家庭裁判所は，本案の家事審判の申立てについての審判（申立てを却下する審判を除く。）に対し即時抗告をすることができる者の申立てにより又は職権で，審判前の保全処分の取消しの審判をすることができる。
>
> 2　本案の家事審判事件が高等裁判所に係属する場合には，その高等裁判所が，前項の審判前の保全処分の取消しの審判に代わる裁判をする。
>
> 3　106条並びに109条1項及び2項の規定は，1項の審判前の保全処分の取消しの審判及び前項の裁判について準用する。

1　管轄と手続の開始（家事法112条1項）

　事情変更による審判前の保全処分の取消しは，審判前の保全処分が確定して効力が生じた後に，保全処分を求める事由が消滅する等の事情が生じたことを理由とする審判前の保全処分の効力を消滅させるために，その取消しを求める制度です。

295

第二編　家事審判に関する手続

　本項は，保全処分の取消しを求める審判事件の管轄は，本案の家事審判事件が係属する裁判所か，又は審判前の保全処分をした裁判所としました。これは，家事調停事件の係属中に（例えば新潟家庭裁判所で）審判前の保全処分がされたが，その後，家事調停の不成立により終了して（例えば東京家庭裁判所で）審判手続に移行したような場合において審判前の保全処分の取消しの申立てがされたような場合には，審判事件が現に係属している家庭裁判所（東京家裁）よりも，前に審判前の保全処分をした家庭裁判所（新潟家裁）で審理した方が適切であるようなケースもあるので，そこでもその取消しの審判をすることができるとしたものです。

　事情変更により審判前の保全処分を取り消す審判は，申立てにより，又は職権ですることができます。申立権者は，本案の家事審判の申立てについての審判（申立てを却下する審判を除く。）に対して，即時抗告をすることができる者（家事法 110 条 2 項）としています。また，職権による取消しも認められます。

2　本案が高裁に係属している場合（家事法 112 条 2 項）

　この場合には，その高裁が審判前の保全処分の取消しの審判に代わる裁判をすることができます。

3　保全処分取消しの申立てと審理手続等（家事法 112 条 3 項）

　審判前の保全処分の取消しの申立て及びその審理手続は，審判前の保全処分の申立ての手続規定である 106 条を準用し，また審判前の保全処分を取り消す審判又は審判に代わる裁判をするときは 109 条 1 項・2 項の規定を準用していますのでそれらの規定に従って手続を進めることになります。

第一章　総則

4　取消し申立ての書式例

文献⑬中の〔書式例262〕参照。

（九）　即時抗告等

> **家事法113条（即時抗告等）**
> 　　前条1項の審判前の保全処分の取消しの審判の申立人は，申立て
> を却下する審判（110条1項各号に掲げる保全処分の取消しの申立
> てを却下する審判を除く。）に対し，即時抗告をすることができる。
> 2　審判前の保全処分の申立人は，前条1項の審判前の保全処分の取
> 　消しの審判（110条1項各号に掲げる保全処分の取消しの審判を除
> 　く。）及び115条において準用する民事保全法33条の規定による原
> 　状回復の審判に対し，即時抗告をすることができる。
> 3　111条の規定は，前2項の規定による即時抗告に伴う執行停止に
> 　ついて準用する。

1　却下審判に対する即時抗告（家事法113条1項）

　審判前の保全処分の取消しの申立てを却下する審判に対しては，その申
立人が即時抗告をすることができますが，家事法110条1項各号に掲げる
保全処分の取消しの申立てを却下する審判に対しては即時抗告をすること
ができません。

　家事法110条1項各号に掲げる保全処分については，その申立てを却下
する審判に対しても，保全処分を命ずる審判に対しても即時抗告をするこ
とができないことと同じ趣旨だとされています。

297

第二編　家事審判に関する手続

2　取消審判に対する即時抗告（家事法 113 条 2 項）

　審判前の保全処分の取消しの審判に対しては，当該審判により審判前の保全処分が効力を失うことになりますので，審判前の保全処分の申立人が即時抗告をすることができます。もっとも，前項と同様に，家事法 110 条 1 項各号に掲げる保全処分を取り消す審判に対しては，これができません。

　また，家事法 115 条において審判前の保全処分の取消しの裁判について準用する民事保全法 33 条の規定による原状回復の審判についても，審判前の保全処分の申立人が即時抗告をすることができるとされています。

3　執行停止（家事法 113 条 3 項）

　審判前の保全処分を取り消す審判は，確定を待たずに審判を受ける者への告知により直ちに効力を生ずることから，これにより回復することができない損害が生ずることが起こり得ます。そこで，これに対処する方法として，このような場合には家事法 111 条に従い，当該取消しの審判に対する即時抗告に伴い執行停止の裁判をすることができるとされました。

（十）　調書の作成

> **家事法 114 条（調書の作成）**
> 　　裁判所書記官は，審判前の保全処分の手続の期日について，調書を作成しなければならない。ただし，裁判長においてその必要がないと認めるときは，この限りでない。
> 2　審判前の保全処分の手続については，46 条の規定は，適用しない。

1　裁判長の許可による調書不作成（家事法 114 条 1 項）

　家事法 46 条は，家事審判の手続一般について，裁判所書記官は原則的

298

第一章　総則

に調書を作成しなければならないこと，ただし，証拠調べ以外の期日については，裁判長においてその必要がないと認めるときは，その経過の要領を記録上明らかにすることで足りる旨を規定していますが，本条はその特則的規定です。

すなわち，審判前の保全処分は緊急性の要請が強いことから，その手続調書の作成に関しては，記録作成を原則としつつも，裁判長の裁量的判断によって調書の作成を省略することができるとしたものです。

2　家事法 46 条の不適用（家事法 114 条 2 項）

調書省略の場合，手続の経過の要領の作成も必要ないということです。

（十一）　民事保全法の準用

> **家事法 115 条（民事保全法の準用）**
> 　民事保全法 4 条の規定は審判前の保全処分に関する手続における担保について，同法 14 条，15 条及び 20 条から 24 条まで（同法 23 条 4 項を除く。）の規定は審判前の保全処分について，同法 33 条の規定は審判前の保全処分の取消しの裁判について，同法 34 条の規定は 112 条 1 項の審判前の保全処分の取消しの審判について準用する。

1　保全処分の手続に関する民事保全法の準用

審判前の保全処分に関して，担保を立てる場合の一般的規律である民事保全法 4 条を準用しつつ，立担保を認め，この場合において供託所に供託することが困難な事由があるときは，裁判所の許可を得て，債権者の住所地又は事務所の所在地その他裁判所が相当と認める地を管轄する地方裁判所の管轄区域内の供託所に供託することができることとしたものです（民

299

第二編　家事審判に関する手続

保法 14 条の準用)。そのほか,民事保全法 15 条,20 条から 24 条までの殆どを準用しています。

2　保全処分の取消しの裁判に関する民事保全法の準用

　審判前の保全処分の取消しの裁判については,原状回復の裁判を肯定する民事保全法 33 条の規定を,家事法 112 条 1 項の審判前の保全処分の取消しの審判については,取消決定の効力を 2 週間以内に限り停止させることができるとする民事保全法 34 条の規定を準用しています。

第五節　戸籍の記載等の嘱託

家事法 116 条

　裁判所書記官は,次に掲げる場合には,最高裁判所規則で定めるところにより,遅滞なく,戸籍事務を管掌する者又は登記所に対し,戸籍の記載又は後見登記等に関する法律(平成 11 年法律 152 号)に定める登記を嘱託しなければならない。ただし,戸籍の記載又は同法に定める登記の嘱託を要するものとして最高裁判所規則で定めるものに限る。

　一　別表第一に掲げる事項についての審判又はこれに代わる裁判が効力を生じた場合

　二　審判前の保全処分が効力を生じ,又は効力を失った場合

家事規則 76 条 (戸籍の記載の嘱託・法 116 条)

　法 116 条一号の審判又はこれに代わる裁判であって,同条ただし書の戸籍の記載の嘱託を要するものとして最高裁判所規則で定めるものは,次に掲げる審判及びこれに代わる裁判とする。

　一　親権喪失,親権停止又は管理権喪失の審判

第一章　総則

　　二　未成年後見人又は未成年後見監督人の選任の審判

　　三　未成年後見人又は未成年後見監督人の辞任についての許可の
　　　審判

　　四　未成年後見人又は未成年後見監督人の解任の審判

　　五　未成年後見人又は未成年後見監督人の権限の行使についての
　　　定め及びその取消しの審判

　　六　性別の取扱いの変更の審判

２　116条二号の審判前の保全処分であって，同条ただし書の戸籍の
　記載の嘱託を要するものとして最高裁判所規則で定めるものは，次
　に掲げる審判前の保全処分とする。

　　一　法166条１項（同条５項において準用する場合を含む。）の
　　　規定により親権者若しくは未成年後見人の職務の執行を停止
　　　し，又はその職務代行者を選任する審判前の保全処分及び同条
　　　３項（同条５項において準用する場合を含む。）の規定により
　　　職務代行者を改任する審判前の保全処分

　　二　法174条１項又は175条３項の規定により親権者の職務の執
　　　行を停止し，又はその職務代行者を選任する審判前の保全処分
　　　及び法174条３項又は175条５項の規定により職務代行者を改
　　　任する審判前の保全処分

　　三　法181条において準用する法127条１項の規定により未成年
　　　後見人若しくは未成年後見監督人の職務の執行を停止し，又は
　　　その職務代行者を選任する審判前の保全処分及び同条３項の規
　　　定により職務代行者を改任する審判前の保全処分

３　法116条の規定により戸籍の記載を嘱託する場合には，嘱託書に
　次に掲げる事項を記載し，裁判所書記官が記名押印しなければなら
　ない。

301

第二編　家事審判に関する手続

> 　一　審判（これに代わる裁判を含む。以下この号において同じ。）
> 　　を受ける者及び当該戸籍の記載に係る未成年者（1項六号に掲
> 　　げる審判にあっては，審判を受ける者に限る。）の氏名及び戸
> 　　籍の表示（審判を受ける者が法人である場合にあっては，名称
> 　　及び住所）
> 　二　戸籍の記載の原因及びその原因が生じた日
> 　三　戸籍の記載をすべき事項
> 　四　嘱託の年月日
> 　五　裁判所書記官の氏名及び所属裁判所
> 4　前項の嘱託書には，戸籍の記載の原因を証する書面を添付しなけ
> ればならない。

家事規則77条（後見登記法に定める登記の嘱託・法116条）

> 　法116条一号の審判又はこれに代わる裁判であって，同条ただし
> 書の後見登記法に定める登記の嘱託を要するものとして最高裁判所
> 規則で定めるものは，次に掲げる審判及びこれに代わる裁判とす
> る。
> 　一　後見開始，保佐開始又は補助開始の審判及びその取消しの審
> 　　判
> 　二　成年後見人，成年後見監督人，保佐人，保佐監督人，補助人
> 　　又は補助監督人（以下「成年後見人等」という。）の選任の審
> 　　判
> 　三　任意後見契約の効力を発生させるための任意後見監督人の選
> 　　任の審判並びに任意後見監督人が欠けた場合及び任意後見監督
> 　　人を更に選任する場合における任意後見監督人の選任の審判
> 　四　成年後見人等又は任意後見監督人の辞任についての許可の審
> 　　判

第一章　総則

五　成年後見人等，任意後見監督人又は任意後見人の解任の審判

六　成年後見人等又は任意後見監督人の権限の行使についての定め及びその取消しの審判

七　保佐人又は補助人の同意を得なければならない行為の定めの審判及びその取消しの審判

八　保佐人又は補助人に対する代理権の付与の審判及びその取消しの審判

2　法116条二号の審判前の保全処分であって，同条ただし書の後見登記法に定める登記の嘱託を要するものとして最高裁判所規則で定めるものは，次に掲げる審判前の保全処分とする。

一　法126条2項，134条2項又は143条2項の規定により財産の管理者の後見，保佐又は補助を受けることを命ずる審判前の保全処分並びに法126条8項，134条6項及び143条6項において準用する法125条1項の規定により財産の管理者を改任する審判前の保全処分

二　法127条1項（同条5項並びに法135条，144条及び225条1項において準用する場合を含む。）の規定により成年後見人等若しくは任意後見監督人の職務の執行を停止し，又はその職務代行者を選任する審判前の保全処分及び法127条3項（同条5項並びに法135条，144条及び225条1項において準用する場合を含む。）の規定により職務代行者を改任する審判前の保全処分

三　法225条2項において読み替えて準用する法127条1項の規定により任意後見人の職務の執行を停止する審判前の保全処分

3　後見開始，保佐開始若しくは補助開始の審判又はこれに代わる裁判が効力を生じた場合において，任意後見契約に関する法律（平成

303

第二編　家事審判に関する手続

11年法律150号。以下「任意後見契約法」という。）10条3項の規定により終了する任意後見契約があるときは，裁判所書記官は，遅滞なく，登記所に対し，その任意後見契約が終了した旨の後見登記法に定める登記を嘱託しなければならない。

4　法116条及び前項の規定により後見登記法に定める登記を嘱託する場合には，嘱託書に次に掲げる事項を記載し，裁判所書記官が記名押印しなければならない。

　　一　成年被後見人，被保佐人，被補助人，財産の管理者の後見，保佐若しくは補助を受けるべきことを命ぜられた者又は任意後見契約法2条二号の本人の氏名，出生の年月日，住所及び本籍（外国人にあっては，国籍）

　　二　登記すべき事項を記録すべき登記記録があるときは，その登記記録の登記番号

　　三　登記の事由

　　四　登記すべき事項

　　五　嘱託の年月日

　　六　裁判所書記官の氏名及び所属裁判所

　　七　登記所の表示

　　八　登記手数料の額

5　前項の嘱託書には，登記の事由を証する書面を添付しなければならない。

1　戸籍の記載の嘱託（家事法116条）

　本条は，家事審判の手続における一定の審判又は審判に代わる裁判による身分関係上の地位の得喪について，戸籍の記載又は後見登記に反映させるための裁判所からの嘱託につい定めています。昭和55年に改正された

第一章　総則

旧家審法 15 条の 2 における取扱いと変化はありません。同改正により裁判所書記官からの嘱託により戸籍を記載する制度ができたわけです。

2　家事規則の定め（家事規則 76 条・77 条）

家事規則 76 条は，戸籍の記載の嘱託を要する本案審判や審判前の保全処分等やその手続について，家事規則 77 条は，後見登記法に定める登記の嘱託を要する事項等について定めています（詳しくは文献③ 190 頁以下参照）。

305

著者略歴

梶 村 太 市（かじむら　たいち）

1941年 5月　愛知県に生まれる。
　船着村立乗本小学校，鳳来町立長篠中学校，愛知県立新城高等学校を経て
1962年 3月　裁判所書記官研修所（速記部）卒業
1962年 4月　名古屋地方裁判所速記官補
1966年 3月　愛知大学第二法経学部法学科卒業
1966年 4月　福井地方裁判所速記官
1968年10月　司法試験合格（修習地金沢）
1971年 4月　松山地方裁判所判事補（3年）
　以後，東京家裁，東京地裁，釧路家裁北見支部，東京家裁，那覇地裁，
　東京高裁，大阪法務局，福岡法務局，東京法務局，東京家裁，東京地
　裁を経て
2000年 4月　横浜家庭裁判所判事
2002年 9月　横浜地方法務局所属公証人（横浜駅西口公証センター）
2004年 4月　早稲田大学大学院法務研究科客員教授
2004年12月　第二東京弁護士会登録（弁護士法人早稲田大学リーガル・ク
　リニック所属）
2005年12月　東京都労働委員会公益委員
2010年 4月　桐蔭横浜大学法科大学院客員教授
2013年 4月　常葉大学法学部教授
2017年 3月　同退職

主 な 著 書

『判例コンメンタール民法Ⅳ　親族』（共著，三省堂，1978年）
『現代家族法体系1』（共著，有斐閣，1980年）
『家庭紛争と家庭裁判所』（共著，有斐閣，1982年）
『民事調停法　現代実務法律講座』（共編，青林書院，1985年）
『注解民事調停法』（共編著，青林書院，1986年）
『家族法と戸籍―その現在及び将来』（共著，テイハン，1986年）
『注解人事訴訟手続法』（共編著，青林書院，1987年）

『人事訴訟の実務』（共編著，新日本法規出版，1987年）

『講座・実務家事審判法2（夫婦・親子・扶養関係）』（共著，日本評論社，1988年）

『民事調停の研究』（共著，東京布井出版，1991年）

『民法基本論集　第7巻　家族法』（共著，法学書院，1993年）

『21世紀の民法―小野幸二教授還暦記念』（共著，法学書院，1996年）

『司法研修所論集98号』（共著，法曹会，1998年）

『国際結婚の法律Q＆A』（共著，有斐閣，1998年）

『遺産分割　現代裁判法体系11』（共編著，新日本法規出版，1998年）

『相続・遺言　現代裁判法体系12』（共編著，新日本法規出版，1999年）

『渉外養子縁組に関する研究―審判例の分析を中心に（司法研究報告書）』（共著，法曹会，1999年）

『家事関係裁判例と実務245題』（共著，判例タイムズ社，2002年）

『養子事件の法律事務』（編著，新日本法規出版，2003年）

『家族―ジェンダーと自由と法』（共著，東北大学出版会，2006年）

『改訂　人事訴訟法概説―制度の趣旨と運用の実情―』（共著，日本加除出版，2007年）

『21世紀の家族と法―小野幸司教授古希記念論文集』（共著，法学書院，2007年）

『基本法コンメンタール〔第5版〕親族』（共著，日本評論社，2008年）

『家族法学と家庭裁判所』（日本加除出版，2008年）

『新版注釈民法（22）親族（2）』（共著，有斐閣，2008年）

『新家族法実務大系5』（総編集，新日本法規，2008年）

『人事訴訟法書式体系』（共編著，青林書院，2008年）

『新・法律相談シリーズ　夫婦の法律相談（第2版）』（共編著，有斐閣，2010年）

『日本国憲法と裁判官―戦後司法の証言とよりよき司法への提言』（共著，日本評論社，2010年）

『判例プラクティスⅢ　親族・相続』（共著，信山社，2010年）

『遺言と遺留分　第2巻　遺留分〔第2版〕』（共著，日本評論社，2011年）

『新・リース契約法』（共編著，青林書院，2011年）

『家事事件手続法裁判例集』（共編著，有斐閣，2011年）

『新家事調停の技法　家族法改正論議と家事事件手続法制定を踏まえて』

（日本加除出版，2012年）

『家事審判・調停書式体系［改訂版］』（共編著，青林書院，2012年）

『新割賦販売法』（共編著，青林書院，2012年）

『家族法実務講義』（有斐閣，2013年）

『家事・人訴事件の理論と実務（第2版）』（共著，民事法研究会，2013年）

『離婚調停ガイドブック　第4版』（日本加除出版，2013年）

『新版　実務講座　家事事件手続法』（日本加除出版，2013年）

『公証Q&A 公証役場へ行こう！』（共著，民事法情報センター，2014年）

『民事法学の歴史と未来―田山輝明先生古稀記念論文集』（共著，成文堂，
　2014年）

『裁判例からみた 祭祀承継の審判・訴訟の実務』（日本加除出版，2015年）

『裁判例からみた「子の奪い合い」紛争の調停・裁判の実務』（日本加除出
　版，2015年）

『離婚調停・遺産分割調停の実務―書類作成による当事者支援』（日本司法
　書士連合会編，座談会発言，民事法研究会編，2015年）

『遺産分割のための相続分算定方法』（共著，青林書院，2015年）

『家事事件手続法〔第3版〕』（共編著，有斐閣，2016年）

『プラクティス交通事故訴訟』（共編著，青林書院，2016年）

『詳解遺産分割の理論と実務』（共著，民事法研究会，2016年）

『裁判例からみた 相続人不存在の場合における特別縁故者への相続財産分
　与審判の実務』（日本加除出版，2017年）

『それぞれの地方創生・課題と展望―愛知・三河を中心に静岡・東京』（共
　著，日本加除出版，2017年）

『離婚後の子の監護と面会交流 子どもの心身の健康な発達のために』（共
　編著，日本評論社，2018年）

『Q＆A　弁護士のための面会交流ハンドブック』（共編著，学陽書房，
　2018年）

『家事事件手続書式体系Ⅰ・Ⅱ［第2版］』（共編著，青林書院，2018年）

事 項 索 引

［あ］

相手方主義 …………………………… 36
相手方の取下げ同意の擬制 ………… 238

［い］

遺産分割の審判 ……………………… 34
意思尊重主義 ………………………… 61
医師である裁判所技官 ……………… 183
移送 …………………………………… 42, 43
一部審判 ……………………………… 218
一部本案審判 ………………………… 216
一般調停事件 ………………………… 6
医務室技官 …………………………… 183
医務室技官の診断 …………………… 176

［え］

閲覧謄写 ……………………………… 143
閲覧等不許可の場合 ………………… 143

［お］

応訴管轄 ……………………………… 39, 200
音声の送受信による通話の方法による
　手続 ……………………………… 168

［か］

外国裁判の承認 ……………………… 232
会社非訟法 …………………………… 2
回避 …………………………………… 45, 48, 51
科学的調査主義 ……………………… 172, 176
各自負担の原則 ……………………… 76
家事事件 ……………………………… 3
　——手続規則 ……………………… 2, 15
　——手続法 ………………………… 2
　——の個数 ………………………… 91
　——の手続の期日 ………………… 162
家事審判
　——官 ……………………………… 14

——事件 ……………………………… 2, 216
——事件に関する事項の証明書 …… 145
——の申立書 ………………………… 148
——の申立書の写し送付 …………… 202
——の申立書の記載事項 …………… 148
——の申立て ………………………… 148
——の申立ての取下げ ……………… 236
家事調停事件 ………………………… 2, 35
家事非訟法 …………………………… 2
家族主義 ……………………………… 12
家庭裁判所
　——機能論 ………………………… 13
　——調査官による事実の調査
　　……………………………… 176, 179
　——調査官の期日への立会い …… 181
　——調査官の調整権限 …………… 182
　——の地方裁判所化運動 ………… 13
仮の地位を定める審判事件 ………… 289
簡易迅速処理の要請 ………………… 94
管轄
　——権 ……………………………… 38
　——原因 …………………………… 35
　——合意書 ………………………… 202
　——裁判所の指定 ………………… 40
　——違いによる原裁判の取消し … 253
　——の合意 ………………………… 200
　——の合意の方式 ………………… 202
　——の標準時 ……………………… 41
関係人 ………………………………… 53

［き］

期間 …………………………………… 86, 87
　——の計算 ………………………… 89
　——の伸縮 ………………………… 86, 89
期日 …………………………………… 86, 87
　——調書の形式的記載事項 ……… 137
　——調書の実質的記載事項 ……… 138

311

事項索引

——の指定 ……………………… 87, 88
——の変更 …………………………… 88
——の呼出し ……………………… 89, 95
——変更 ……………………………… 86
規則事項 …………………………………… 15
忌避 ……………………… 45, 47, 49, 51
義務 ……………………………………… 14
記名 ……………………………………… 225
却下審判に対する即時抗告 ………… 297
旧家事審判法 ………………………………… 2
給付命令 ……………………………… 223
給付文言 ……………………………… 223
強制参加 ……………………………… 116
行政事件訴訟法 ……………………… 12
強制執行 ……………………………… 223
供託 …………………………………… 262
許可 ……………………………………… 26
　——抗告 …………………………… 264
　——抗告が可能な裁判 …………… 265
　——代理 …………………………… 66
記録の閲覧 ……………………… 140, 290

[け]
経過要領 ……………………………… 137
形式的当事者概念 ………………… 52, 53
決定 …………………………………… 241
厳格な証明 …………………………… 178
原裁判所による更正 ………………… 251
原裁判所による即時抗告の却下 …… 247
原裁判取消しの場合の移送の裁判 … 254
原裁判の執行停止 …………………… 261
検察官への通知 ……………………… 146
原審判取消しの場合の陳述聴取の
　必要性 …………………………… 250
健全な親族共同生活 ………………… 12
権利能力 ……………………………… 56

[こ]
合意管轄 …………………… 36, 39, 199, 200

合意管轄制度 ………………………… 199
合一確定 ……………………………… 94
合一審理 ……………………………… 94
合意に相当する審判 ………………… 37
公益性（実体的真実追求性）……… 14
後見的・福祉的機能 ………………… 13
後見登記法に定める登記の嘱託 …… 305
公告 …………………………………… 19
抗告
　——許可の対象となり得る裁判 … 265
　——裁判所裁判長の抗告状審査権
　　　……………………………… 248
　——裁判所による裁判 …………… 252
　——状の写しの送付 ……………… 249
　——状の記載事項 ………………… 270
　——審における当事者 …………… 243
　——理由書の提出期間 14 日 …… 248
公示送達 ……………………………… 95
更正決定 ……………………………… 225
更正決定の要件と手続 ……………… 225
高等裁判所が第一審として行う手続 … 240
高等裁判所による許可の要件 ……… 266
国際裁判管轄 ………………………… 20
国内管轄主義 ………………………… 36
故障による中止 ……………………… 96
個人主義 ……………………………… 12
戸籍の記載等の嘱託 ………………… 300
戸籍の記載の嘱託 …………………… 304
子ども代理人制度 …………………… 69
子どもの手続代理人 ………………… 68
子の意思 ……………………………… 195
　——の考慮 …………………… 193, 197
　——の考慮制度 …………………… 192
　——の把握 ………………………… 192
　——の把握の方法 ………………… 195
子の代弁人（手続代理人）制度 …… 197
子の手続代理人制度 ………………… 194
子の年齢及び発達段階 ……………… 196
子の必要的陳述の聴取 ……………… 196

子の利益 ……………… 38, 174, 175, 195, 196

[さ]

財産的紛争 ……………………………… 174
財産分与 ……………………………… 154
再審 ……………………………………… 275
　　——事由 …………………………… 275, 277
　　——の規定の明文化 ………………… 276
　　——の手続 ………………………… 275, 277
　　——を申し立てることができる裁判
　　………………………………………… 276
再度の考案 …………………………… 251
裁判書 ………………………………… 226
裁判所技官による診断 ……………… 183
裁判所書記官の処分 …………………… 98
裁判所書記官の処分に対する異議 …… 98
裁判書の正本等の交付 ……………… 144
裁判所の責務 …………………………… 13
裁判長による調査命令 ……………… 180
裁判長の指揮に対する異議 ………… 166
裁判長の訴訟指揮権 ………………… 165
裁判の第三者公開（一般公開）の
　原則 ……………………………………… 82
裁判の取消し …………………………… 93
債務名義 ……………………………… 223
参加 ……………………………………… 116, 122
参加の趣旨 …………………………… 121
参加の理由 …………………………… 121
参与員 ………………………………… 112
　　——の意見聴取 …………………… 112
　　——の期日の立会い ……………… 113
　　——の説明聴取 …………………… 113

[し]

事件の関係人 ………………………… 163
事件の関係人の呼出し ……………… 161, 162
事件本人 ……………………………… 193
死後離縁 ………………………………… 26
事実の調査 …………………………… 172

　　——主義 …………………………… 179
　　——中心主義 ……………………… 172
　　——の嘱託 ………………………… 184
　　——の通知 ………………………… 186, 210
　　——の通知制度の意義 …………… 211
事情変更による審判前の保全処分の
　取消し ………………………………… 295
自庁処理 ……………………………… 39, 42, 200
執行停止 ……………………………… 298
　　——等の裁判手続 ………………… 294
　　——の裁判 ………………………… 279
　　——の申立て ……………………… 262
実質的当事者概念（関係人概念）… 52, 53
失踪宣告審判事件 ……………………… 25
実体的真実主義 ……………………… 39, 191
実体的請求権 ………………………… 102
児童の権利条約 ……………………… 192
司法行政事務管掌者 …………………… 50
司法的機能 ……………………………… 13
自由な証明 …………………………… 177, 178
受継 …………………………………… 131, 132, 135
受継の申立ての方式 ………………… 133
受継申立て等の期間制限 …………… 135
受託裁判官 …………………………… 184
出頭 …………………………………… 164
出頭したものとみなす ……………… 170
出頭代理人 …………………………… 164
受動的手続行為 ………………………… 60
受動的当事者 …………………………… 52
受命裁判官 …………………………… 147, 185
　　——等の裁判に対する異議 ……… 272
　　——による手続 …………………… 167
　　——による手続処理 ……………… 167
　　——の権限 ………………………… 167
準拠法 …………………………………… 20
渉外事件 ………………………………… 20
証拠調べ ……………………………… 172, 188
情報の共有 ……………………………… 85
抄本 …………………………………… 145

313

事項索引

除斥 ……………………… 45, 46, 49, 51
除斥原因（事由）…………………… 45
職権 ………………………………… 135
　――探知主義 …………… 13, 173, 191
　――調査 ………………………… 287
　――調査事項 …………………… 59
　――付調停事件 ………………… 52
　――による利害関係参加（引き込み）
　　　　……………………………… 126
　――発動 ………………………… 43
処分権主義 ………………………… 158
署名 ………………………………… 225
書面主義 …………………………… 44
書面による申立て ………… 149, 262
書類の送達 ………………………… 95
書類の送付 ………………………… 97
人格紛争 …………………………… 174
信義誠実の原則 …………………… 14
親権に関する審判事件 …………… 28
人事訴訟法 ………………………… 12
申述 ………………………………… 19
診断命令 …………………………… 183
審判 ………………………… 215, 216
　――以外の裁判 ……… 216, 234, 235
　――以外の裁判の例と特別の定め
　　　　……………………………… 271
　――確定証明書 ………………… 222
　――事件 ………… 26, 27, 29, 30
　――事項 ………………………… 101
　――書 …………………………… 224
　――書その他の裁判書 ………… 144
　――書の記載事項 ……………… 225
　――手続非公開の違憲性 ……… 83
　――に代わる裁判 ………… 241, 253
　――の確定 ……………………… 221
　――の確定遮断 ………………… 222
　――の結果により直接の影響を
　　　　受ける者 ……… 116, 125, 127, 128
　――の告知 ………………… 95, 218

　――の告知の制度 ……………… 219
　――の告知の対象者と方法 …… 220
　――の執行力 …………………… 222
　――の取消し ……………… 227, 228
　――の変更 ………………… 227, 228
　――の方式 ……………………… 224
　――日 …………………………… 214
　――日指定の時期 ……………… 214
　――日指定の取消し・変更 …… 215
　――物 ……………… 91, 92, 116
　――物（審判事項）の特定 …… 152
　――物（申立事項）の特定 …… 152
　――前の保全処分 ……………… 280
　――前の保全処分の意義 ……… 280
　――前の保全処分の申立て …… 284
　――を受ける者となるべき者
　　　　……………… 115, 124, 126, 128
審問の期日 ………………………… 208
審問の期日の通知 ………………… 208
審問の申出 ………………………… 207
審理終結日 ………………… 212, 213
審理の終結 ………………………… 212

[せ]
制限列挙主義 ……………………… 101
成年被後見人法定代理人 ………… 61
正本 ………………………………… 144
責任 ………………………………… 14
責務 ………………………………… 14
専属管轄 …………………………… 39
専属的合意管轄 …………………… 201
選定当事者 ………………………… 58
選任 ………………………… 29, 69
全部審判 …………………………… 217
全部本案審判 ……………………… 216

[そ]
相続に関する審判事件 …………… 31
送達 ………………………………… 94, 95

事項索引

相当額の監護費用の分担 …………… 154
相当額の財産分与 ………………………… 154
相当な遺産分割 …………………………… 154
送付不能の場合 …………………………… 205
即時抗告（等）………… 242, 292, 297
　　──が可能な審判 ………………… 242
　　──期間 ………………… 244, 273
　　──期間の起算点 ………………… 245
　　──（の）提起の方式 ……… 245, 247
　　──に伴う執行停止 …………293, 294
即時の効力発生 ………………………… 292
訴訟
　　──代理 …………………………… 66
　　──能力 ………………… 55, 56
　　──無能力者 …………………… 55
その合意に相当する審判 ……………… 7
疎明 ……………… 177, 178, 179, 291

[た]
第一事件 …………………………… 102
第一事件審判事項 ……………… 103
第三者効 …………………………… 52
第二事件 …………………………… 102
第二事件審判事項 ……………… 110
代理権消滅の通知 ……………… 73
立会権保障の例外 ……………… 209
他の申立権者による受継の申立て … 134
担保 …………………………… 262

[ち]
嫡出否認の訴えの特別代理人の選任の
　審判事件 …………………………… 25
中間決定 …………………………… 233
中間決定事項 ……………………… 234
中間決定の方式 ……………… 234
中断 …………………………… 131
調査官意見 ……………………… 181
調査の記録化 …………………… 177
調査の嘱託 ……………………… 185

調査報告書 ……………………… 180
調査方法の限定 ………………… 176
調書の作成 ……………………… 136
調停に代わる審判 …………………… 7
調停物 ………………………… 91, 92
陳述聴取制度 ………………… 206
陳述聴取の原則 ………………… 289
陳述聴取の例外 ………………… 290
陳述の聴取 ……………… 206, 289

[つ]
追行 …………………………… 52
通知 …………………………… 188
通知制度 ……………………… 186
通訳人 ………………………… 170
通訳人の立会い ……………… 171

[て]
手続が著しく遅延する場合 ………… 160
手続からの排除（制度）……………… 129
手続経済 …………………………… 91
手続行為 ……………………… 54
　　──能力 ………… 54, 56, 59
　　──の追完 …………………… 90
手続指揮権 ……………………… 166
手続代理 ……………………… 66
　　──委任状 ………… 65, 66
手続代理人 ………… 64, 66, 164
　　──選任 …………………… 69
　　──の権限 …………………… 72
　　──の代理権 ……………… 70
　　──の代理権消滅 ………… 72
手続の受継 ……………………… 131
手続の中止 ………… 94, 95, 96
手続の非公開 …………………… 82
手続の分離 ……………………… 92
手続の併合 ………… 91, 92
手続費用の立替え ……………… 78
手続費用の負担 …………………… 76

315

事項索引

手続補佐人 ……………………… 198
手続上の救助 ……………………… 80
テレビ会議システム ……………… 168
電子情報処理組織 ………………… 99
電磁的方法 …………………………… 18
電話会議システム ………………… 168

[と]

登記手続 …………………………… 223
当事者 …………………… 44, 115, 163
　――公開 ………………………… 84
　――参加 ………… 53, 114, 116, 118
　――参加の手続 ………………… 121
　――となる資格を有する者
　　　　………………… 115, 125, 127, 128
　――能力 ………………… 54, 55, 59
　――の協議に代わる処分 ……… 102
　――の協力 ……………………… 174
　――の協力義務 ………………… 13
　――の衡平 ……………………… 38
　――の審問期日立会権 ………… 208
　――の責務 ……………………… 13
同席審判 …………………… 85, 208
同席調停 …………………………… 85
謄本 ………………………………… 145
特別委任事項 ……………………… 71
特別抗告 …………………………… 256
　――ができる裁判 ……………… 259
　――裁判所の調査の範囲 ……… 260
　――の手続等 …………………… 260
　――の場合の原裁判執行停止 … 261
　――理由書の提出 14 日以内 … 260
　――をすることができる裁判 … 257
特別授権 …………………………… 60
特別代理人 ………………………… 62
特別養子縁組 ……………………… 27
土地管轄 …………………………… 38
取消し …………………………… 228
取消し・変更審判の時的制限 …… 229

取消審判に対する即時抗告 ……… 298
取下げの擬制 ……………………… 239
取下げの通知 ……………………… 238

[に]

日本の法文化 ……………………… 12
任意参加 …………………………… 116
任意代理人 ………………………… 65
任意的付調停 ……………………… 52
人間関係調整 ……………………… 13
認容審判の効力発生時期 ………… 221

[の]

能動的当事者 ……………………… 52

[は]

判事補 ……………………………… 235

[ひ]

引き込み当事者参加 ……………… 119
非訟事件手続法 …………………… 2
必要的陳述聴取 …………………… 206
ビデオテープ ……………………… 142
非弁活動 …………………………… 67
非弁護士選任許可基準 …………… 66
費用額の予納 ……………………… 78
標準時 ……………………………… 38
費用負担の必要的裁判 …………… 77
費用不予納の場合の抗告状却下命令 … 250

[ふ]

ファクシミリ ……………………… 17
付加期間 ………………………… 89, 90
付加的合意管轄 …………………… 201
複数の審判物 ……………………… 153
不在者財産管理処分事件 ………… 24
不出頭の制裁 ……………………… 164
不定期間の故障 …………………… 96
不服申立ての対象 ………………… 270

316

事項索引

部分調査 …………………………… 177
不変期間 …………………………… 90
扶養 ………………………………… 30
扶養義務者 ………………………… 30
文書提出命令 ……………………… 191
紛争の一回的解決 ………………… 91

[へ]
併合 ………………………………… 91
併合管轄 …………………………… 39
併合の要件 ………………………… 155
併存的合意管轄 …………………… 201
別席調停 …………………………… 85
別表第一（旧甲類）事件 ………… 3
別表第一（旧甲類）審判事件 …… 6
別表第二（旧乙類）事件 ………… 3
別表第二（旧乙類）審判事件 …… 6
別申立て＝新申立て ……………… 116
変更 ………………………………… 228
変更不許の裁判 …………………… 160
弁護士代理人 ……………………… 69
弁護士報酬 ………………………… 70
弁論主義 …………………………… 173

[ほ]
包括的調査 ………………………… 176
方式 ………………………………… 122
法人でない社団 …………………… 56
法人の代表者 ……………………… 64
法定管轄 …………………………… 200
法定代理権の消滅 ………………… 63
法定代理人 ………………………… 65
法律事項 …………………………… 15
法令解釈の統一 …………………… 264
法令により手続を続行する資格のある
　者による受継 …………………… 132
補佐人 ……………………………… 75
保守 ………………………………… 12
補正命令 …………………………… 156

保全処分
　——の四類型 …………………… 281
　——の執行と効力 ……………… 292
　——の審判 ……………………… 291
　——の申立て …………………… 286
　——申立ての取下げ …………… 288
保全の必要性 ……………………… 287
本案裁判 …………………………… 216
本案調停・審判係属要件 ………… 283
本案認容の蓋然性（被保全権利）…… 286
本質的非訟事項 …………………… 83
本質的民事訴訟事項 ……………… 83
本人出頭主義 ……………………… 161
本人又は代理人の出頭 …………… 164
本来的人訴事件 …………………… 7

[み]
未成年後見人 ……………………… 29
未成年者 …………………………… 193
　——による利害関係参加 ……… 127
　——の法的地位 ………………… 193
　——法定代理人 ………………… 61
未特例判事補 ……………………… 235
身分関係上の事件 ………………… 34
民事訴訟法 ………………………… 12
民事非訟法 ………………………… 2
民事保全法 ………………………… 12

[も]
申立て ……………………………… 19, 118
申立却下審判 ……………………… 221
申立書
　——審査 ………………………… 156
　——送付制度 …………………… 203
　——送付の原則 ………………… 203
　——送付の例外 ………………… 204
　——の必要的記載事項 ………… 150
申立て
　——の趣旨 ……………………… 151

317

事項索引

——の趣旨の変更 …………………… 159
——の併合 ……………………………… 155
——の変更 ……………………… 157, 158
——の理由 ……………………………… 151
——の取下げ ………………………… 236
——取下げの方式 …………………… 239
——の取下げの原則的許容 ………… 237
申立の原因の変更 …………………… 159
申立の実情 …………………………… 151
申立変更 ……………………………… 158
申立変更の手続 ……………………… 159
申立人の疎明義務 …………………… 287
申出 ……………………………… 118, 122
目的規定 ………………………………… 12

[ゆ]
優先管轄 ………………………………… 40

[よ]
養子縁組 ………………………………… 26

[り]
離縁 ……………………………………… 27
利害関係
——参加 ……………… 53, 116, 124, 125
——参加人 ………………… 44, 163, 209
——参加人の地位 …………………… 128
——参加の手続 ……………………… 126
——人参加 …………………………… 123
リベラル ………………………………… 12

[れ]
例外的公開 ……………………………… 84

[ろ]
ロイヤルティ・コンフリクト ………… 198
録音テープ …………………………… 142

家事事件手続法規逐条解説（一）

2018年11月 9 日	初版第 1 刷印刷　定 価：本体 3,900円（税別）
2018年11月15日	初版第 1 刷発行
2020年10月14日	初版第 3 刷発行

不 複　　著 者　梶　村　太　市
許 製　　発行者　坂　巻　徹

発行所　東京都文京区　株式　テイハン
　　　　本郷 5 丁目 11-3　会社
　　　　電話 03(3811)5312 FAX 03(3811)5545/ 〒113-0033
　　　　ホームページアドレス　http://www.teihan.co.jp/

〈検印省略〉　　印刷／日本ハイコム㈱　ISBN978-4-86096-103-9

本書のコピー，スキャン，デジタル化等の無断複製は著作権法上での例外を除き禁じられています。本書を代行業者等の第三者に依頼してスキャンやデジタル化することは，たとえ個人や家庭内での利用であっても著作権法上認められておりません。